한글자 중국

중국의
탄생

한글자 중국

중국의 탄생

한 지역 한 글자만 알면 중국이 보인다

김용한 지음

Humanist

중국을 이해하는 열쇠, 한 글자 약칭

중국에서 횡단보도를 건너는 것은 전쟁터를 헤쳐나가는 것과 같다. 보행자 녹색등이 켜져서 수많은 사람들이 우루루 길을 건너려 할 때에도 차들이 지나가기 일쑤다. 마치 보행자들은 춘추전국시대의 창병 같고, 자동차들은 전차부대 같다. 창병들이 진군할 때, 전차부대는 맹렬한 속도로 달려들어 창병들의 허리를 끊는다.

나는 마음속으로 외친다.

'창병들이여, 전열을 흩뜨리지 마라! 밀집대형을 유지해야 전차부대를 막을 수 있다!'

그러나 거친 전차부대 앞에서 겁먹은 창병들은 이리저리 흩어지기 일쑤다. 그 사이로 전차부대들이 거침없이 난입한다. 참전한 전차부대들은 어느 나라들이지? 노나라, 진나라에 초나라? 전국칠웅들이 다 납시었다.

어라? 전국칠웅?

자동차 번호판에 쓰여진 글자들을 찬찬히 다시 들여다보았다. 공자의 고향인 노(魯)나라, 천하를 통일한 진(秦)나라, 남방의 맹주 초(楚)나라…….

중국은 34개 행정구역들을 한 글자의 약칭으로 표기한다. 그런데 그 약칭들은 지방색을 물씬 풍기고 있었다. 그때 직감했다. 중국의 지역 약칭을 이해하면 중국의 역사와 문화, 더 나아가 중국인들의 멘털리티를 이해할 수 있음을.

물론 거대한 통일제국을 지향하는 중국은 지방색이 강한 것을 달가워하지 않는다. 중국 정부는 이미 상당수의 전통적인 약칭을 바꾸었다. 강한 지방색을 탈색시키는 방향으로. 그래서 산시성(陝西省)의 약칭은 '진(秦)'에서 '섬(陝)'으로, 후베이성(湖北省)의 약칭은 '초(楚)'에서 '악(鄂)'으로 바뀌었다.

그럼에도 불구하고 각 지역의 뿌리 깊은 역사마저 탈색시킬 수는 없다. 삼천만 산시인들은 팔백리 진천(秦川)에서 민요 진강(秦腔)을 노래하고, 팔천만 쓰촨인들은 유비와 제갈량이 세운 촉(蜀)나라를 자랑스럽게 여긴다. 각 지역의 약칭 속에 녹아 있는 역사는 여전히 지역민들에게 강한 정체성을 불어넣어준다.

그러나 각 지역의 독특한 개성을 살피는 한편, 중국의 통일성도 유념할 필요가 있다. 각 지역 사람들은 저마다 고향을 자랑스럽게 여기지만, 동시에 '위대한 중화민족'임을 자부한다. 경상도 사람이나 전라도 사람이 저마다 고향을 사랑하면서도 '한국인'이라는 정체성을 확고하게 갖고 있는 것과 같다.

이제 어떻게 중국을 이해해야 할지 감이 잡힌다. 황허 중류의 작은 지역인 중원에서 출발한 중국이 어떻게 주변의 나라들을 흡수해가는지, 저마다 강한 개성을 갖고 있는 지역들을 어떻게 '하나의 중국'이라는 틀 속에 녹여내는지 이해해야 한다.

만만찮은 과제다. 그러나 테세우스가 한 가닥의 실에 의지해 미노타우로

스의 미궁을 탈출할 수 있었듯이, 작은 실마리가 복잡한 미로를 탈출할 수 있는 결정적 단서가 되기도 한다. 각 지역의 한 글자 약칭은 중국이라는 거대한 미로를 헤쳐가는 데에 좋은 실마리다.

이 책은 크게 두 부분으로 나누어 출간했다. 1권 격에 해당하는 '중국의 탄생' 편은 황허 중류의 작은 마을이 어떻게 큰 나라로 성장해 중원이 되었는지 살펴보는 순서로 구성했다. 2권 격에 해당하는 '중국의 확장'에서는 유목민족의 정복제국을 거쳐 중국의 외연이 크게 확장되는 과정에 있었던 지역들을 살펴볼 것이다. 책의 구성은 역사적 의미를 따랐지만, 역사적 교양뿐만 아니라 중국인들의 마음과 문화, 오늘날 중국 각 지역의 가장 첨예한 문제까지 들여다볼 수 있도록 했다. 독자들은 역사서부터 문학작품, 경제보고서까지 두루 망라한 입체적인 중국을 만날 수 있을 것이다.

2018년 10월
김용한

중국의 탄생

차례

머리말   중국을 이해하는 열쇠, 한 글자 약칭   5

1 豫   **허난성(河南省) 중원의 탄생, 중국의 시작**   15
중원의 탄생 / 중원을 얻는 자가 천하를 얻는다 / 1942 대기근 / 허난,
우리는 요괴가 아니다 / 꺾이지 않는 중원의 자부심

2 陝   **산시성(陝西省) 따스한 장안의 봄**   35
주(周)의 인문 혁명, 진(秦)·한(漢)의 천하 통일 / 대당장안의 영광 /
열악함 속에서 나온 호방함 / 삼성이 시안으로 간 까닭은

3 魯   **산둥성(山東省) 하나의 산, 하나의 강, 하나의 사람**   57
제나라와 노나라 / 타이산, 호연지기를 기르다 / 칭다오에 남아 있는 독
일의 흔적 / 인천광역시 칭다오 구

4 晉   **산시성(山西省) 중원의 울타리, 오호의 근거지**   77
군사강국 진(晉)의 탄생 / 떠돌이 진 문공, 북방의 패자가 되다 / 진
(秦), 삼진(三晉)을 삼키다 / 오호(五胡)의 근거지 / 관우와 진상(晉
商) / 석탄대국의 석탄대성 / 석탄, 미세먼지, 차이징

5 鄂   **후베이성(湖北省) 중국의 배꼽, 병가필쟁지지**   99
남방의 맹주, 초나라 등장하다 / 삼국시대의 화약고, 형주 / 상업과 전
쟁 사이에서 / 우창 봉기, 신해혁명을 낳다 / 욕쟁이 후베이 사람들 /
힘겨운 세상살이, 도교와 강호를 꿈꾸다

6 苏　장쑤성(江蘇省) 창장은 남북을 가른다　119

강남, 강북을 압도하다 / 치세의 번영, 난세의 학살 / 창장은 남북을 가른다 / 미녀는 돈을 좋아해 / 물은 배를 띄울 수도 있지만…

7 浙　저장성(浙江省) 오월쟁패의 무대, 중국의 살림 밑천　135

오랑캐 중의 오랑캐, 월나라 / 저장성, 중국의 중심이 되다 / 부동산 투기의 온상 / 시호는 서시일까, 흡혈귀일까?

8 皖　안후이성(安徽省) 강남의 머리, 중원의 목구멍　151

안후이의 거친 야성, 산월족 / 건륭제도 감탄한 휘상 / 농촌의 아픔, 농민의 희생

9 冀　허베이성(河北省) 800년 수도권, 중원과 북방의 접점　165

연나라의 위태로운 행보 / 유비·장비·조운의 고향, 원소의 근거지 / 북방 유목민족, 800년 수도권의 역사를 열다 / 강희제의 완리장성, 피서산장 / 베이징을 위해 존재하는 허베이 / '위대한 중화민족'의 궤변

10 京　베이징(北京) 오랑캐의 수도, 천하의 중심이 되다　185

인공 도시 베이징, 천하의 질서를 말하다 / 생산하지 않고 군림하는 도시, 베이징 / 오랑캐의 변방, 천하의 중심이 되다 / 베이징의 정치, 반쪽짜리 자유

11 津　톈진(天津) 천자의 나루터, 베이징의 항구　201

영락제의 루비콘 / 조계지 톈진 / 베이징과 허베이 사이의 샌드위치 / 톈진 대폭발

12 川　쓰촨성(四川省) 험한 고산준령, 풍요로운 천부지국　219

천부지국(天府之國)의 촉(蜀)나라 / 진(秦)·한(漢) 통일의 밑거름 / 유비와 제갈량, 촉한(蜀漢)을 세우다 / 활달하고 소탈한 쓰촨 사람들 / 개혁개방의 영웅, 덩샤오핑 / 여유를 위한 실용주의

13 渝 **충칭(重慶) 화끈한 파의 땅, 서부 제일의 메트로폴리스** 237

촉(蜀) 문화의 극단화, 파(巴) 문화 / 유비·장비의 영욕이 어려 있는 산
수지성(山水之城) / 싼샤 댐의 빛과 그림자 / 국부민궁(國富民窮)이
불러온 보시라이 열풍 / 서부 제일의 메트로폴리스

14 湘 **후난성(湖南省) 중국의 스파르타, 중국의 프로이센** 255

두려운 장우만연(瘴雨蠻烟)의 땅 / 삼묘(三苗)의 고향, 호상(湖湘) 문
화를 꽃피우다 / 난팡 장성을 아시나요? / 계속 패배하면서도 계속 싸
우다 / 신중국의 아버지, 마오쩌둥 / 중국인에게 마오쩌둥이란? / 존재
하는 것은 합리적인 것이다?

15 粤 **광둥성(廣東省) 우링산맥 밖의 남월, 변혁의 땅이 되다** 275

베트남의 뿌리, 남월 / 남쪽의 오랑캐, 불법을 깨닫다 / 변방, 변혁의 땅
이 되다 / 고단한 선전속도

16 桂 **광시좡족자치구(廣西壯族自治區) 천하제일의 산수, 동남아로 가
는 길** 291

남월왕 조타, 사왕 사섭 / 하느님의 중국인 아들, 예수의 아우 홍수전 /
아름다운 카르스트의 땅 / 한족에게 밀려난 소수민족들 / 동남아로 가
는 길

17 甘 **간쑤성(甘肅省) 사막의 오아시스, 대륙의 복도 허시주랑** 309

호(胡)와 강(羌)이 통하는 길 / 한나라 대 흉노 / 서량 군벌과 읍참마속 /
현장 법사, 사막을 횡단하다 / 서북 늑대의 악전고투

◆ 주 330

중국의 확장 차례

1 贛 장시성(江西省): 도자기의 메카, 신중국의 요람

2 閩 푸젠성(福建省): 민월, 바다를 밭으로 삼다

3 瓊 하이난성(海南省): 중국 최남단, 하늘의 끝 바다의 끝

4 云 윈난성(雲南省): 독천의 남만, 힐링의 샹그릴라

5 貴 구이저우성(貴州省): 가난한 오지, 소외된 이들의 고향

6 遼 랴오닝성(遼寧省): 멀고도 멀어 랴오닝, 대문도 마당도 없는 경계

7 吉 지린성(吉林省): 만주의 중심, 중국과 한국이 함께 키워낸 사과배

8 黑 헤이룽장성(黑龍江省): 검은 용이 휘도는 백산흑수의 땅

9 澳 마카오(澳門): 동방무역의 중심에서 카지노 왕국으로

10 台 타이완(台灣): 타이완성인가, 중화민국인가

11 港 홍콩(香港): 아편과 영국이 키운 국제무역항, 요원한 항인치항

12 滬 상하이(上海): 농어 잡던 어촌, 국제도시가 되다

13 宁 닝샤후이족자치구(寧夏回族自治區): 탕구트의 대하제국, 중국의 할리우드

14 蒙 네이멍구자치구(內蒙古自治區): 세상의 중심에서 중국의 변방으로

15 新 신장웨이우얼자치구(新疆維吾爾自治區): 아득한 서역, 대일통의 물결

16 藏 시짱자치구(西藏自治區): 티베트에는 달라이라마가 없다

17 青 칭하이성(青海省): 티베트 아닌 티베트

러시아

몽골

黑
헤이룽장성

吉
지린성

辽
랴오닝성

북한

蒙
네이멍구자치구

京
베이징

冀
허베이성

津
톈진

대한민국

일본

宁
후이족자치구

晋
산시성

鲁
산둥성

陕
산시성

豫
허난성

苏
장쑤성

皖
안후이성

沪
상하이

鄂
후베이성

渝
충칭

浙
저장성

贵
구이저우성

湘
후난성

赣
장시성

闽
푸젠성

桂
광시좡족자치구

粤
광둥성

台
타이완

港 홍콩
澳 마카오

琼
하이난성

베트남

필리핀

일러두기

1. 본 책의 '중국 본토 31개 지역'은 34개 지역 중 홍콩·마카오·타이완을 제외한 지역을
   일컫는다.
2. 책에 언급되는 인명과 지명(행정구역명)은 신해혁명을 기준으로 그 이전의 인물과 지
   명은 한자어 독음으로, 그 이후의 인물과 지명은 현대 중국어 발음으로 표기했다. 단,
   지명의 경우 현대에도 동일한 지역명을 사용하는 경우 현대 중국어 발음을 우선으로
   표기했다.
3. 책에 언급되는 지명과 행정구역명, 인명은 중국 현대어를 기준으로 표기하되, 필요한
   경우 독자들의 이해를 돕기 위해 한자 독음을 덧붙였다.
   예) 완리창청(萬里長城, 만리장성), 황허(黃河, 황하), 창장(長江, 장강) 등

豫

편안할 **예**

허난성

河南省

중원의 탄생, 중국의 시작

❶ 북송을 그리며 카이펑은 북송 시대의 영광을 그리워한
다. 개봉부의 무용 공연.
❷ 뤄양 노성 옛 뤄양의 모습을 비교적 잘 보전하고 있다.
❸ 대륙의 교차로, 허난 베이징부터 후베이성 우한까지 대
륙을 세로로 가로지르는 한복판에 허난이 있음을 보여준
다. 정저우 2·7광장.

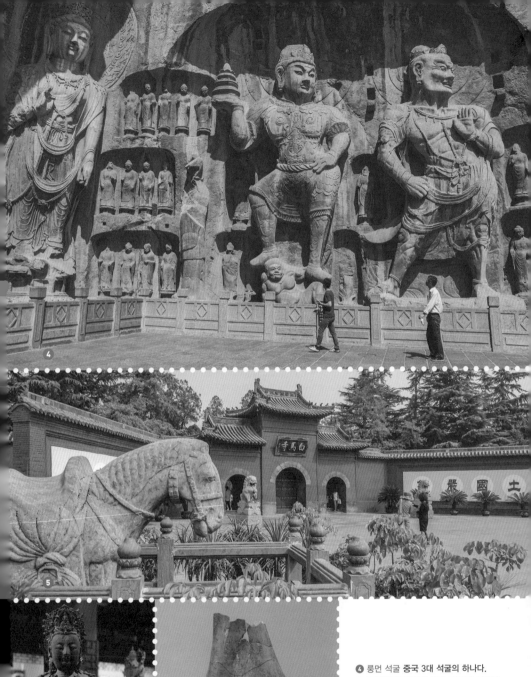

❹ 룽먼 석굴 중국 3대 석굴의 하나.
❺ 바이마쓰(백마사) 서기 67년에 건립된 중국 최초의 사원이다. 많은 이들이 찾아 불공을 드린다.
❻ 카이펑 박물관 중국인들은 불상 유물에 돈을 쥐여주고 소원을 빌었다.
❼ 은허 갑골문 전설로만 전해지던 상나라가 역사적으로 존재했음을 입증해준 유물이다. 정저우 허난성 박물관 소장.

안양

후커우
○산현
한구관
뤄양
후라오관
정저우
카이펑
쑹산
쉬창

허난성

난양

황허 중류의 황토 평원. 코끼리가 노닐던 이 땅에 사람들이 모여 농사를 짓기 시작했다. 황허의 풍부한 생산력은 찬
란한 황허 문명을 낳았고, 동서남북으로 탁 트인 사통팔달의 땅은 중원이 되었으며, 허난성의 화하족은 한족의 뿌리
가 되었다. 오늘날 중국의 민족문화적 원류가 모두 허난성에서 시작되었다. 인구대성(人口大省) 허난성은 농민공을
가장 많이 배출한 지역으로서 예나 지금이나 중국의 발전에 크게 기여해왔다. 황토는 보잘것없지만 만물을 키워내
고, 기나긴 시련을 이겨낸다. 허난성 사람들은 바로 이런 황토를 닮았다.

허난성(河南省, 하남성) 뤄양(洛陽, 낙양)의 지도에서 뤄수이(洛水, 낙수)를 본 순간, 나는 이곳을 꼭 가기로 결심했다. 여행 가이드북에서 전혀 언급하지 않는 이곳에 왜 꽂혔냐고? 바로 조식(曹植)의 〈낙신부(洛神賦)〉 때문이다. 난세의 간웅 조조(曹操)의 셋째 아들인 조식은 탁월한 시인이었다. 소문에 따르면, 조식은 큰형 조비(曹丕)의 아내, 즉 형수인 문소황후(文昭皇后) 견씨를 남몰래 사모한 나머지, 〈낙신부〉에서 그녀를 낙수의 여신으로 그렸다.

  보일듯 말듯 엷은 구름이 달을 가린 듯하고,

  한들한들 바람에 휘도는 눈송이 같네.

  멀리서 그녀를 바라보면,

  환하기가 태양이 아침놀에 오르는 듯하고,

  가까이서 그녀를 살펴보면,

  선명하기가 연꽃이 맑은 물결 위로 나온 듯하네.[1]

그러나 2015년에 뤄수이는 개발 공사 때문에 온통 파헤쳐져 있었다. 황량한 공사 현장은 당장이라도 귀신이 튀어나올 듯 을씨년스러웠고, 콘크리트로 포장된 산책로는 삭막하기만 했다. 조식이 "향기로운 풀에서 말에게 여물을 먹이며 버드나무 숲에서 조용히 쉬"던 정취는 찾아볼 수 없었다.

중국 여행은 종종 허무 개그가 된다. 아름다운 시와 전설에 이끌려 찾은

곳이 관광객과 상점으로 가득 차 있거나 삭막한 공사판 또는 황량한 폐허인 경우가 흔하다. 중화 문명의 요람인 중원(中原) 허난성도 예외는 아니었다. 여신의 흔적을 찾아볼 수 없는 안타까움을 조식의 글로 달랠 수밖에……

　　좋은 만남이 영원히 끊어짐을 슬퍼하고
　　한번 가면 서로 있는 곳이 다르게 됨이 애달프네.[2]

중원의 탄생

허난성의 약칭은 '편안할 예(豫)' 자다. 사람[予]이 코끼리[象]를 끌고 가는 모습을 본뜬 글자다. '황허[河]의 남쪽[南]'인 허난성(河南省)은 코끼리를 먹여 살릴 만큼 풍요로운 땅이었다. 자연스레 사람이 살기에도 편한 땅이었으리라.

　고대 허난성은 오늘날의 동남아시아 같은 열대성·아열대성 기후 지역이었다. 드넓은 평야 지대에는 온갖 기화요초(琪花瑤草)가 자라고, 코끼리나 거북 등 다양한 동물이 살았다. 그 위에 거대한 젖줄 황허가 흐른다. 황허가 누런 이유는 '물이 열 말이면 진흙이 여섯 말[水一石 泥六斗]'이라고 할 만큼 황토를 담뿍 담고 있기 때문이다.[3]

　황토는 흡수성이 좋아 물과 양분을 잘 빨아들이기 때문에 수준 낮은 농사 기술로도 풍작을 거둘 수 있었다. 황허 중류의 황토지대는 지력이 고갈되지 않는 화수분 같은 땅이었다. 코끼리가 뛰놀던 시절의 허난성은 《산해경(山海經)》 속의 전설 같은 땅이 부럽지 않았을 것이다.

　이곳에는 기름진 콩·벼·기장·피 등이 있고, 온갖 곡식이 절로 자라며, 겨울과 여름에도 씨앗을 뿌린다. 난조(鸞鳥)가 스스로 노래 부르고, 봉조(鳳鳥)가

스스로 춤을 추며, 영수(靈壽)가 열매를 맺고 꽃을 피우며, 풀과 나무가 모여 자란다. 이곳은 온갖 짐승이 서로 떼를 지어 산다. 이곳의 풀은 겨울이고 여름이고 죽지 않는다.[4]

이 땅에서 중국의 모든 것이 시작되었다. 대제국 중국의 근원인 중원이 바로 허난성이다. 그래서 중국인들은 말한다. "중국의 100년 역사를 보려면 상하이에 가야 하고, 500년 역사는 베이징에, 3000년을 보려면 시안에 가야 한다. 그러나 5000년 역사를 보기 위해서는 허난에 가야 한다."[5]

황허는 "낙양을 살찌게 하여 천 가지 꽃을 자라게 하고, 양원(개봉)의 만 경 땅을 기름지게[滋洛陽千種花, 潤梁園萬頃田]" 했다.[6] 그러나 이 거대한 강은 평소에는 중원을 풍요롭게 하다가도 한번 화가 나면 무지막지한 시련을 내렸다. 그래서 홍수와 범람의 피해를 방지하는 치수(治水)는 황허 유역 사람들에게 절박한 과제였다.

이때 등장한 영웅이 바로 전설 속의 성군이며 하(夏)나라의 시조인 우(禹)임금이다. 전설 속의 우임금은 산처럼 우람한 몸으로 한 걸음에 2리 반(1킬로미터)을 가고, 큰 손으로 1000석(180톤)의 돌을 들었다. 그런 능력자에게도 치수는 버거운 숙제였다. 우임금은 결혼한 지 나흘 만에 집을 떠나서 천하 방방곡곡으로 치수 출장을 다녔고, 13년간 집 앞을 세 번 지나치면서도 한 번도 집에 들어갈 수 없을 정도로 바빴다. 우임금의 신화는 치수 사업이 막대한 인력을 투입하여 광범위한 지역을 관리해야 하는 대역사(大役事)였음을 상징한다.

시련을 이겨내려는 분투 속에서 역사는 발전한다. 중국은 초기 단계부터 치수 사업 때문에 대규모의 인력을 동원하는 체제가 필요했으며, 이는 국가 제도의 정비로 이어졌다. 광활한 대륙에 살며 큰 나라를 이룬 수많은 사람들. 이들은 큰 것을 숭상하여 자신들의 나라 이름을 '큰 나라', 즉 '하(夏)'나

허난성 河南省

라라고 지었다.

'하(夏)'는 '큰 머리에 큰 도끼를 든 사람'을 형상화한 문자다. 큰 머리는 관을 쓴 제사장이나 투구를 쓴 전사의 모습을 형상화한 것으로 보인다. 하늘과 인간을 중재하는 제사장이나 힘센 전사는 모두 강한 힘을 자랑한다. 이처럼 '하(夏)'는 '크고 강하다'는 뜻이다.

이들은 스스로를 크고 강할 뿐만 아니라 아름답다고 여겼다. 그래서 '온 천지에 만발한 꽃처럼 화려하다'는 뜻으로 '화려할 화(華)' 자를 덧붙여, 스스로를 화하족(華夏族)이라 불렀다.

후대의 중국인은 《서경(書經)》의 주석에서 화하의 뜻을 더욱 미화시켰다. "관복의 문채가 아름다웠기 때문에 '화(華)'라 하였고, 대국이었기 때문에 '夏(하)'라 하였다(冕服采章日華, 大國口夏)."[7]

'크고 아름답다'는 자신감으로 충만한 화하족은 화려한 여름처럼 번성했다.[8] 훗날 통일 제국 한(漢) 이후 화하족을 중심으로 90여 개 민족이 통합하여 한족(漢族)이 탄생했다. 오늘날 중국인의 뿌리가 바로 허난성의 화하족이다.

화하족은 황허의 풍족함과 많은 인구, 수준 높은 과학기술과 문화, 일찍 정비된 국가 제도 등을 바탕으로 눈부신 발전을 이루었다. 주변에 자신과 견줄 만한 세력이 없어지자 이들은 자신의 터전을 천하의 중심이라 자부했고, 한 걸음 더 나아가 이러한 생각을 철학적·과학적으로 포장했다.

《주례(周禮)》는 말한다. "하지에 그림자가 1척 5촌인 곳을 地中(천하의 중심)이라 한다. 천지가 화합하는 곳이고, 사시가 교차하는 곳이고, 풍우가 만나는 곳이고, 음양이 조화되는 곳이다. 그러하므로 백물(百物)이 풍성하고 편안하여 이에 왕국을 세운다."[9]

따라서 화하족의 땅은 천하의 중심이고 근원이 되는 중원이며, 여기 세워진 나라는 중국(中國)이다. 이 논리에 따르면, 중원은 천지만물의 조화가 아름답게 이루어진 땅이고, 변방은 음양의 조화가 깨져 있어 상서롭지 못한 땅이다. 중앙일수록 고귀하므로 동서남북 사방의 만이융적(蠻夷戎狄)은 천하다 천한 오랑캐[四夷]다.

순자(荀子)는 이를 이데올로기적으로 정식화했다. "사방에서 두루 가깝게 하고자 한다면 중앙만 한 곳이 없다. 이 때문에 왕자(王者)는 반드시 천하의 한가운데 거처하니, 이것이 예(禮)다."[10]

중원에 살면 그 자체로 예를 지키는 것이고, 변방에 살면 그 자체로 예를 어기는 것이다. 따라서 중원의 중국인은 예를 지키는 고귀한 존재이지만, 변방의 오랑캐는 예를 어기는 천한 존재다. 매우 오만하고 편협한 생각이긴 하지만, 그만큼 자기의 땅에 대한 애착이 큰 탓이리라. 화하족은 황허의 물을 마시고, 황토 진흙으로 집을 짓고 성을 쌓으며, 들판에 누렇게 익어가는 곡물을 먹고 살았다.

모든 것을 길러내며 포용하는 흙에 대한 사랑은 중국인의 과학적 인식론인 음양오행론(陰陽五行論)에도 반영되었다. 나무·불·흙·쇠·물 등 5개 요소가 상생상극하며 천지의 조화가 빚어진다는 오행론에서 중심을 차지하는 것은 바로 흙이다. 흙은 물이나 불만큼 확연히 드러나는 특성이 없어 밋밋해 보인다. 그러나 오히려 그 때문에 자기 자신을 앞세우지 않고 다른 이들을 다 받아들이면서도 본연의 성질은 잃지 않는다. 바로 공자(孔子)가 말한 군자의 덕, 화이부동(和而不同)이다. 중국인은 토덕(土德)을 구현한 황제(黃帝)를 민족의 시조로 여기고 스스로를 '황제의 자손'이라 부른다.

중원을 얻는 자가 천하를 얻는다

우임금은 천하를 9주(九州)로 나누고 기주(冀州, 지금의 산시성山西省)와 예주(豫州, 지금의 허난성 남부)를 통치의 중심으로 삼았다. 9주 중에서 기주의 세금이

1등, 예주가 2등이었다. 정치·경제·인구 등 모든 면에서 허난성은 고대 중
국의 중심이었다.

허난성의 약칭인 '편안할 예(豫)' 자도 바로 예주에서 따왔다. 예주는 곧
중주(中州)로도, 신주(神州)로도 불렸다. 중원의 중요성을 단적으로 보여준다.
이후 허난은 줄곧 중원을 대표하는 성이 되었다.

중국 8대 고도(古都) 중 네 곳이 허난에 있다. 베이징(北京, 북경), 시안(西安,
서안), 항저우(杭州, 항주), 난징(南京, 남경) 등 쟁쟁한 도시들과 어깨를 나란히
하는 허난의 4대 고도는 어디인가? 아홉 개 왕조의 수도 뤄양, 북송(北宋)의
수도 카이펑(開封, 개봉), 다섯 개 왕조의 수도이자 허난성의 성도인 정저우(鄭
州, 정주), 일곱 개 왕조의 수도 안양(安陽)이다.

중국의 오악(五岳) 중 허난의 쑹산(嵩山, 숭산)은 동악(東岳) 타이산(泰山, 태산)
의 수려함도, 서악(西岳) 화산(華山)의 웅장함도 없다. 그러나 중원인들은 쑹
산이 천하의 중심인 중원에 있기 때문에 중악(中岳)으로 우러러보았다. 중원
의 높은 산에서 기도하면 소원이 하늘에 쉽게 닿을 것이라고 생각했는지 쑹
산에 큰 절을 지었다. '천하 무술의 근원'으로 유명한 천년고찰 샤오린쓰(少
林寺, 소림사)다.

대륙 한복판에 탁 트인 대평원, 어디든 사통팔달로 열린 땅. 풍부한 자원
과 많은 인구, 게다가 천하의 중심이라는 상징성까지. 중원을 얻는 자가 곧
천하를 얻었다. 그래서 천하를 차지하려는 이들이 이 땅에서 숱한 싸움을
벌였다. 유방(劉邦)이 항우(項羽)에게 승기를 잡기 시작한 성고(成皋) 전투, 후
한(後漢)의 광무제(光武帝) 유수(劉秀)가 1만 농민군으로 신(新)나라의 43만 정
규군을 격파한 곤양(昆陽) 전투 등 굵직굵직한 전쟁이 중원에서 일어났다.

무엇보다도《삼국지연의(三國志演義)》의 독자라면 허난성은 매우 친숙한
장소다. 후한 말 변방의 일개 군벌에 불과하던 동탁(董卓)이 뤄양에 입성해
폭정을 일삼자, 원소(袁紹)와 조조를 중심으로 한 18로 제후 연합군은 그를

타도하기 위해 뤄양으로 진격했다. 천하무적 여포(呂布)는 뤄양의 관문인 후라오관(虎牢關, 호뢰관)에서 유비(劉備)·관우(關羽)·장비(張飛) 삼형제와 대결했고, 중원의 샛별 조조는 관도대전(官渡大戰)에서 허베이(河北, 하북)의 패자 원소를 격파하며 삼국시대 최강자가 되었다.

애초에 조조가 허난의 쉬창(許昌, 허창)을 근거지로 삼은 이유도 중원을 기반으로 천하를 장악하기 위해서였다. 군웅할거의 시대에 중원은 사방이 모두 적으로 둘러싸여 있었기 때문에, 조조는 그 누구보다도 바빴고 또 많은 위험에 처했다. 그러나 북쪽의 원소와 오환족(烏桓族)·선비족(鮮卑族), 동쪽의 유비와 여포, 남쪽의 원술(袁術)과 유표(劉表), 서쪽의 장로(張魯)와 마초(馬超) 등 주변의 강적을 모두 평정하자, 조조는 그 누구와도 견줄 수 없는 압도적인 세력을 구축했다. 비록 조씨의 위(魏)나라는 사마씨의 진(晉)나라에 찬탈당했지만, 결국 그 진나라가 천하를 통일해 삼국시대를 끝냈다.

1942 대기근

하(夏)·상(商)·주(周)부터 송(宋)나라까지 중원은 명실상부한 천하의 중심이었다. 그러나 세상에 영원한 것은 없다. 북방 유목민족이 득세하고 강남(江南)이 개발되자 중국의 중심은 동쪽으로 옮겨갔다. 원(元)나라 이후부터 중국 정치의 중심은 동북부의 베이징, 경제의 중심은 동남부의 강남이 되었다.

중원의 영광이 사라지고 오욕의 역사가 시작되었다. 명판관 포청천(包青天)이 활약한 북송의 화려한 수도 카이펑은 2700년 동안 전쟁과 천재지변으로 118번 진흙탕을 뒤집어썼고, 일곱 번이나 궁성까지 진흙 속에 파묻혔다.[11]

현대에는 전쟁과 수재, 가뭄, 정부의 수탈, 기근, 이 모든 일이 한꺼번에

허난성 河南省

터졌다. 중국 현대사 최대 비극 중 하나가 바로 1942년에 발생한 허난성 대기근이다.

중일전쟁(中日戰爭)에서 일본군에 밀리던 장제스(蔣介石, 장개석)는 1938년에 허난성 화위안커우(花園口, 화원구)의 제방을 비밀리에 폭파했다. '물로 병사를 대신한다[以水代兵]'는 작전이었지만, 일본군의 진격은 막지 못하고 허난성 주민들만 엄청난 피해를 입었다. 이 사건으로 89만 명이 사망했고, 800만 명이 집을 잃었으며, 1250만여 명이 피해를 입었다. 허난의 비옥한 농토 8000제곱킬로미터가 황폐화되었고 가뭄과 노동력 부족이 겹쳤다. 게다가 방치된 땅에서 엄청난 메뚜기 떼가 쏟아져나와 간신히 키운 작물을 먹어치웠다.

여기끼지리면 그나마 대참극은 피했을 것이나, 국민당의 부정부패가 상황을 걷잡을 수 없게 만들었다. 국민당은 허난성을 구제하기는커녕 가혹하게 쥐어짰다. 허난성은 징병수 전국 1위(260만 명), 곡물 징수 전국 2위를 차지했다. 곡물 징수 1위인 쓰촨성은 천부지국(天府之國)이라 불릴 만큼 물산이 풍부하고 후방인 데다 농사에 문제가 없었음을 감안하면 허난성의 인민들이 얼마나 가혹하게 수탈당했는지 짐작할 수 있다. 그중에서도 부사령관 탕언보(湯恩伯, 탕은백)의 착취가 가장 심해서 허난인들은 '수해·가뭄·메뚜기·탕언보'를 4대 해악으로 꼽았고, "적군에게 불타 죽는다고 해도 탕언보 부대가 들어오는 것보다는 낫다."고 말했다.

허난성이 현지 사정을 탄원하자 국민당 관료는 현지에 사람을 파견해 조사한 뒤에도 '중앙의 뜻'만을 앵무새처럼 반복했다. '허난성에 재난이 닥친 것은 사실이지만, 군용 식량은 면제할 수도 감면해줄 수도 없으므로 할당량을 채워야 한다.' 한 관료는 이렇게까지 말했다. "주민이 죽으면 땅은 여전히 중국 것이지만 사병이 굶어 죽으면 일본군이 그 땅을 차지할 것이다."[12]

대기근으로 인한 파국은 걷잡을 수 없이 커져갔다. 중일전쟁이 발발한

1937년 전에는 밀과 좁쌀이 한 근에 0.6위안이었지만, 1943년 봄에는 300위안으로 폭등했다. 집에 있는 모든 물건을 내다 팔고 끝내 자식마저 팔았다. 한 노인은 회고했다. "먹을 것이 없던 사람들은 배추를 팔듯 자식을 팔았어. 아주 자연스러운 일이었지."[13]

너도나도 사람을 팔자, 사람 값이 옷이나 가구 값만도 못했다. 아이를 팔려던 부모들 중 일부는 팔리지 않는 아이를 그냥 버리고 가기도 했다. 허난에서 희망을 찾을 수 없자 주민들은 정든 고향을 등지고 피난길에 올랐다.

허난 대기근은 일본군이 점령한 40여 군데 현을 제외한 국민당 통치 지역 통계로만 300만 명의 아사자가 발생한 대참사였다. 그러나 이런 아비규환 속에서 허난성 정부는 우수한 '곡물 및 현물 징수' 실적으로 중앙정부의 표창을 받았다. 돈 있는 사람들은 이때 헐값에 땅과 사람을 사들여 오히려 더 큰 부자가 되었다.

관궈펑(關國鋒, 관국봉) 〈허난상보(河南商報, 하남상보)〉 기자는 1974년생 허난 토박이인데도 대기근 사건에 대해 전혀 몰랐다가, 2009년 말 홍콩 인터넷에 올라온 당시의 기록사진을 보고 충격을 받아 《1942 대기근》을 쓰게 되었다. 국민당의 큰 오점이라 선전에 활용하기 좋았을 텐데, 공산당은 왜 이 사건을 언급하지 않았을까? 자연재해로 시작되었지만 정부의 실책으로 확대된 인재(人災)성 대기근이라는 점에서 공산당 최대의 실책인 대약진운동(大躍進運動)을 떠올리게 하기 때문이었을까?

관궈펑은 헤겔의 말을 의미심장하게 인용한다. "인류가 역사에서 얻을 수 있는 유일한 교훈은, 인간이 역사에서 아무 교훈도 얻지 않는다는 사실이다."[14]

허난성 河南省

허난, 우리는 요괴가 아니다

허난성 정저우역은 사통팔달의 중원답게 인파가 넘쳐난다. 수많은 사람들이 열차를 기다리며 자기 몸만큼 큰 짐에 기대어 졸고 있다. 삶의 고단함이 물씬 풍긴다. 이제 이들은 어디로 갈까? 무슨 일을 하며 살까? 그곳에서의 삶도 결코 녹록지 않으리라.

오늘날 중국의 발전은 실로 경이롭다. 그러나 그 화려함을 떠받치고 있는 수많은 중국인의 험난한 삶을 본다면 세상에 공짜가 없음을 깨닫게 된다. 중국의 성장을 일궈낸 농민공들은 말한다. "우리는 닭보다 먼저 일어나고 고양이보다 늦게 잔다. 또 당나귀보다 힘들게 일하고 돼지보다 나쁜 음식을 먹는다."[15]

허난성은 농민공을 가장 많이 배출한 지역이다. 중원답게 사람이 많은 '인구대성(人口大省)'이다. 2000년대 초반만 하더라도 허난성은 단연 중국 내 인구 1위(9256만 명) 지역이었다. 개혁개방 후 연안 경제권으로 인구가 유입되어 2015년 기준 중국 내 인구 1위 지역은 광둥성(1억 1000만 명), 2위는 산둥성(9847만 명)이 되었다. 그러나 허난성은 인구가 유출되었음에도 불구하고 3위(9480만 명)다.[16]

약 1억의 인구. 중국인 13명 중 한 명, 지구인 73명 중 한 명은 허난인이다. 이처럼 인구가 많으니 GDP도 만만치 않다. 2014년 기준 허난의 명목 GDP는 5687억 달러로, 중국 내 5위이며 스웨덴과 비슷한 수준이었다. 그러나 스웨덴 인구는 1000만 명이 채 안 되어 1인당 GDP가 5만 달러인 반면, 허난의 1인당 명목 GDP는 5000달러에 불과했다. 중국 본토 31개 지역 중 27위. 서아시아 요르단 수준의 GDP였다.[17]

가진 것이 노동력뿐인 많은 허난인이 외지로 나가 일자리를 찾았다. 가난이 죄라고 허난인들은 중국 내의 이주 노동자 신세였다. 더욱이 일을 시켜

놓고 임금을 주지 않는 '먹튀' 사업가들이 생기자 허난 농민공들은 일하고 굶어 죽을 판이었다. "사흘 굶어 도둑질 아니할 놈 없다."고, 이들이 생계형 범죄를 저지르거나 거지가 되자 당장 사방에서 비난이 쏟아졌다.

"베이징과 톈진 거지는 대부분 허난 사람들이다."

"불과 도둑과 허난 사람은 막아라."

허난인은 어느새 좀도둑·범죄자·요괴 취급을 받았다. "허난인은 이력서를 제출하지 마시오."라는 말이 버젓이 쓰인 구인 광고가 심심치 않게 나왔다. 이미지가 워낙 좋지 않자 허난성은 외자 유치와 경제개발에 곤란을 겪을 지경이었다. 2001년 허난성 정부는 "우리는 요괴가 아니다."라며 캠페인을 벌였다.

그런 노력을 비웃듯 2005년 3월 광둥성 선전시(深圳市, 심천시)의 한 공안국은 "허난 출신 사기꾼들을 때려잡자[堅決打擊河南籍敲詐勒索團]!"는 현수막을 걸었다. 참다못한 허난 변호사 두 명은 국가기관이 공공연하게 특정 지역 출신을 범죄자로 취급한 것은 명예훼손에 해당된다며 소송을 제기했다.

그러나 신중국 건설 후 최초의 지역 차별 소송 사건인 이 사건은 법원의 중재로 유야무야되었다. 선전시 공안국이 원고에게 사과하는 대신 원고가 소송을 취하했기 때문에 어떤 판례도 남기지 못했다. 공안국 누군가가 책임을 지지도 않았고, 사과도 허난인 전체에 대한 공개 사과가 아니라 원고 두 명에 한정된 사적 사과였다.

원고는 소송 과정을 이렇게 설명했다.

여러 가지 상황이 유리했지만 우리는 밝힐 수 없는 여러 곳으로부터 압력을 받았다. 법원은 공안국의 불법적 지역 차별 행위에 대한 재판을 제대로 진행하지 않았다. 결국 앞으로 또 일어날 수도 있는 다른 지역 차별 행위가 처벌받지 않을 수도 있다는 나쁜 선례만 남긴 셈이다.[18]

인민의 인권보다 국가기관의 체면을 중요시한 결과로, 허난에 대한 차별과 편견은 나아지지 않았다. 2011년에 개봉한 로맨틱 코미디 영화 〈실연 33일(失戀33天)〉에서는 허난 여자가 주인공을 괴롭히는 '진상' 고객으로 나왔다. 그녀는 겉멋만 잔뜩 들어 신기한 것과 명품만 찾고, 새벽 5시에 주인공을 불러내 어이없는 요구를 늘어놓는 꼴불견으로 그려졌다. 화가 난 허난인들은 영화 불매운동을 벌였다.

허난인은 허난성 안에서는 농사를 짓고, 성 밖에서는 농민공으로서 온갖 궂은일을 도맡아했다. 외성인들은 허난인이 키운 농산물을 먹고, 허난인이 지은 집에서 살며, 허난인이 만든 상품을 쓰고 산다. 그런데도 오히려 허난인을 조롱하다니!

많은 중국인은 허난인이 음흉하고 가짜를 잘 만든다고 매도한다. 실제로 그러한가? 그런 면이 없지는 않다. 허난성 작가 리페이푸(李佩甫, 이패보)의 소설 《양의 문(羊的門)》은 허난의 모습을 생생하게 그려냈다. 이 소설에서 한 촌장은 마을 전체가 가짜 담배를 만들도록 지휘했는데, 단속 나온 현 서기에게 당당히 궤변을 늘어놓는다.

"담배는 사람을 해치는 물건이라고 생각합니다. 그렇다면 진짜 담배는 진짜 해가 되는 물건이고, 가짜 담배는 가짜 해가 되는 물건이 아닐까요? 이 두 가지를 비교해볼 때 어느 것이 더 좋다고 생각하십니까?"[19]

그렇다면 다른 성은 가짜를 만들지 않는가? 다른 지역은 깨끗한가? 소설 말미에 나오듯, 개혁개방 초기 중국의 사정은 시 서기의 항변대로 전국이 피장파장이었다.

"시장경제는 누구도 해보지 않은 새로운 시도라구! …… 지금 상황은 전국이 다 똑같네. 조사해서 문제없는 곳은 없어. 조사하면 할수록 더 큰 문제가 나올 거네. 가만히 접어두면 아무 문제가 안 되지만 들춰내기 시작하면 누구도 자유로울 수 없네."[20]

당장 이웃 산시성(陝西省) 작가 자핑아오(賈平凹, 가평요)만 하더라도 소설 속에서 시안의 가짜 유해 만두를 풍자했다.

놀랍게도 만두 하나 쪄내는 데도 심오한 학문이 있었다. 생밀가루에 소금과 물만 붓고 찐다고 다 만두는 아니었다. 거기에다 일정량의 이스트, 가루비누, 화학비료를 섞어서 반죽해야 되며 찌는 과정에 있어서도 결정적인 순간에 유황 연기를 쐬어야 된다는 것이다.[21]

결국 허난이 가짜의 대명사, '추한 중국인'의 대명사가 된 것은 희생양 만들기와 동족 혐오에 가깝다. 피차일반이면서 자기는 깨끗하고 저놈만 더럽다고 욕하는 것이다. 허난인은 추악한 중국인의 대표라기보다, 오히려 전체 중국인의 대표다. 교육학자 양둥핑(楊東平, 양동평)은 말한다.

'중국인'이라는 개념 또한 무척 광범위하여, 결코 베이징인이나 상하이인과 같은 범주 안에 담아낼 수 없습니다. 중국인의 총체적인 형상, 문화적 근간이 어디에 있느냐에 대해 굳이 말하자면, 아마도 그것은 북방의 농민이 되겠지요. 상하이인 혹은 베이징인이 대표성을 갖는다고 할 수는 없습니다.[22]

북방의 농민, 그중에서도 허난성이야말로 중국의 참모습을 대변한다. 허난성은 중국의 축소판이며, 중국은 허난성의 확장판이다. 중국은 인구대국이고, 허난성은 중국 내에서도 손꼽히는 인구대성이다. 많은 인구 덕에 GDP 총량은 높지만, 1인당 GDP는 낮은 점도 같다. 2014년 중국의 명목 GDP는 10조 달러로 세계 2위이지만, 1인당 GDP는 7589달러로 불가리아보다도 낮은 79위였다.[23] 또한 중국이 급속히 산업화되긴 했지만 여전히 농업 비중이 높은 점도 허난성과 판박이다.

따라서 허난인은 지적한다. "중국에서 다른 지방 사람들이 허난인을 대하는 시각은 외국인이 중국인을 바라보는 이미지와 다를 바 없다."[24] 예나 지금이나, 좋은 면이나 나쁜 면이나 허난은 중국의 진면목을 고스란히 보여준다.

꺾이지 않는 중원의 자부심

가난과 낙후, 외성인들의 따가운 눈총까지, 허난의 수난은 눈물겹다. 그러나 그 어떤 역경 속에서도 이들의 자존심은 굳건하다. 중국에서 지역 은행의 이름은 보통 그 지역의 이름을 붙일 뿐이지만, 허난성 은행의 이름은 당당하게도 '중원은행(中原銀行)'이다.

다른 지역이 오랜 역사를 자랑할 때, 허난은 조용히 중국 최초의 문자인 은허 갑골문과 상(商)나라[25]의 성벽인 정저우 상성(鄭州商城, 정주상성)을 보여준다. 산시성(陝西省)이 현장 법사(玄奘法師)가 천축국에서 얻어온 불경을 보관한 츠언쓰(慈恩寺, 자은사)를 자랑할 때, 허난성은 중국 최초의 절인 바이마쓰(白馬寺, 백마사)를 보여준다.

산둥성이 인류의 스승 공자를 자랑할 때, 허난성은 말한다. "주공(周公)이 예악(禮樂)을 정하다. 공자가 주나라에 와서 예(禮)를 묻다[周公制禮作樂, 孔子入周問禮]."

공자는 주나라의 예법을 복원해 천하의 평화를 되찾는 것을 필생의 과제로 삼았고, 주나라의 예법을 만든 주공을 평생토록 흠모했다. 노나라 촌놈이었던 공자는 주나라의 수도 뤄양에서 유학하며 예악을 더욱 깊이 이해했다. 비유하자면 주공이 '구약성서'를 써놓았기에, 공자는 이를 기반으로 '신약성서'를 쓸 수 있었던 셈이다. 결국 허난이 없었다면 공자도 없었다는 말이다.

상하이(上海, 상해)와 광둥성 등 연안 지역이 압도적인 경제력을 자랑할 때, 허난성은 말한다. "초 장왕이 구정(九鼎)에 대해 묻다[楚莊王問鼎]."

춘추전국시대(春秋戰國時代)의 패자(覇者) 초 장왕(楚莊王)은 주나라의 왕손 만(滿)이 찾아왔을 때 말했다. "구정은 얼마나 큽니까? 그 정도는 우리 초나라 군대의 부러진 창날만 모아도 만들 수 있습니다."

구정(九鼎)은 주나라 왕실의 상징인 청동 솥이다. 당시 청동은 매우 희귀한 귀금속이어서, 청동으로 그토록 크고 정교한 물건을 만들 수 있다는 것은 국력이 그만큼 강하다는 것을 보여주는 증거였다. 그러나 기고만장해진 신흥강국 초나라에서는 주 왕실의 권위도, 구정도 별것 아니게 보였다.

이때 왕손 만은 말했다. "천자의 권위란 덕에 있는 것이지 구정에 있는 것이 아닙니다. …… 천자가 덕을 밝히면 정이 작더라도 그 무게(권위)는 무거우며, 난잡하고 어두우면 정이 비록 크다 해도 가벼운 것입니다."[26]

급속히 부국강병을 이룬 초나라는 졸부와 같다. 비록 껍데기는 따라 할 수 있을지 몰라도, 그 안에 담고 있어야 할 정신은 채우지 못한다. 경제력이나 군사력만으로는 넘지 못하는 것이 문화다. 연안 지역이 오늘날 풍요로운 경제를 뽐내지만, 옛날 초나라와 다를 바가 없지 않은가? 어차피 달은 차면 기울고, 세력은 흥하다가도 쇠한다. 중요한 것은 흥망성쇠의 시험을 견딜 수 있는 문화를 만드는 것이다. 꿋꿋이 전통을 지켜온 중원의 자부심이 읽힌다.

허난성의 성도 정저우는 중원답게 교통의 중심지다. 남북으로 베이징과 광저우(廣州, 광주)를 잇는 징광선, 동서로 장쑤성 롄윈강(連雲港, 연운항)과 신장(新疆, 신강) 우루무치(烏魯木齊, 오로목제)를 잇는 룽하이선이 지나는 '대륙의 교차로'다.

허난성 셰푸잔 성장은 2015년 양회에서 '미(米)' 자형 고속철 건설 구상을 발표해 호평을 받았다. 정저우에 방사형 고속철 네트워크를 건설하여 중국 각지를 사통팔달 연결한다는 구상이다.

허난성 河南省

2017년 현재 허난성의 명목 GDP는 6093억 달러(중국 본토 내 5위)이고, 1인당 GDP는 6980달러(중국 본토 내 19위)다. 발전의 가속도가 돋보인다. 중국이 '세계의 공장'에서 '세계의 시장'으로 변하고 있듯이, 허난 역시 '대륙의 허브'로 재도약하며 광활한 농촌 지역을 '중원도시군(中原都市群)'으로 변신시키려 하고 있다. 늘 중국의 영광과 오욕을 함께 해왔던 중원 허난이 어떤 내일을 맞을지 기대된다.

땅이름 **섬**

산시성
陝西省

따스한 장안의 봄

❶ 시안시 전경 다옌타에서 바라본 시안시 전경.
❷ 병마용 박물관 진시황릉을 호위하는 군대인 병마용 출토지다.
❸ 화칭츠(화청지) 현종과 양귀비가 사랑을 나눈 온천으로 유명하다.
❹ 명대 성벽 널따란 성벽 위를 자전거로 둘러보는 것은 시안에서 꼭 해봐야 할 경험이다.

❺ 파먼쓰(법문사) 당나라의 황실 사찰로 부처의 손가락뼈 사리가 안치된 것으로 유명하다.
❻ 서악 화산 오악 중 가장 가파르고 험난한 산이다.
❼ 후이족 춤 시안 성벽을 배경으로 후이족 광장무를 추는 시안 사람들을 보노라면, 이슬람 문화가 유행했던 대당 장안의 영화가 떠오른다.
❽ 건릉 당 고종과 측천무후의 합장묘.

험준한 산이 둘러친 분지 안에 황허 최대의 지류 웨이수이가 흐르고 광활한 관중 평야가 펼쳐져 있다. 밖으로 지키기 쉽고, 안으로 힘을 키우기 쉬운 땅이라, 장량은 산시성을 "금성천리(金城千里)요, 천부지국(天府之國)"이라고 극찬했다. 유교 예법의 기초를 마련한 주나라, 최초로 중국 대륙을 통일한 진나라, 한족의 정체성을 확립한 한나라, 장안을 세계의 중심으로 만든 당나라, 이 모두가 산시성을 기반으로 대업을 이루었다. 산시인은 열악한 환경을 딛고 천하를 통일한 진나라의 웅지를 품고, 장안의 봄을 그리워하며 장안성 앞에서 이슬람풍의 춤을 춘다.

'주(周)·진(秦)·한(漢)·당(唐)'

셴양(咸陽, 함양) 국제공항에서 시안(西安, 서안)으로 가는 길목에 큰 글자들이 위풍당당하게 서 있다. 셴양에서 시안으로 가는 이 길은 곧 진(秦)나라의 수도 함양에서 당(唐)나라의 수도 장안(長安)으로 가는 길이다. 중국 초기의 통일 왕조가 모두 이 땅을 근거지로 삼았다. 중화의 인문학을 태동시킨 주나라, 최초의 통일제국 진나라, 중국의 뿌리인 한족 문화를 창출한 한나라, 세계로 열린 대제국 당나라. 게다가 마오쩌둥(毛澤東, 모택동) 역시 이 땅을 근거지로 삼아 끝내 장제스를 물리치고 신중국을 세우지 않았던가. 산시성(陝西省, 섬서성)은 혁신의 바람을 일으키며 천하를 제패한 땅이다.

산시성의 약칭은 '땅이름 섬(陝, 정체자는 陝)' 자다. '섬(陝)' 자는 '언덕과 언덕[阜/阝] 사이에 끼어 있는[夾] 골짜기가 좁다'는 뜻에서 '좁다/골짜기 협' 자로 쓰이기도 한다. 지도를 살펴보면 그 뜻대로 산시성이 골짜기 사이에 끼인 분지임을 알 수 있다.

산시(陝西)는 '허난성 산현(陝縣)의 서쪽[西]에 있다'는 뜻이다. 여기서부터 중국의 지형이 크게 달라진다. 허난성이 황토 평원이라면 산시성은 황토 고원이다. 산시의 동쪽에는 친진대협곡(秦晉大峽谷, 진진대협곡)이 산시성(陝西省)과 산시성(山西省, 산서성)을 가르고, 남쪽에는 친링산맥(秦嶺山脈, 진령산맥)이 북중국과 남중국을 가른다. 그 사이에 놓인 관중 평원(關中平原)은 3만 9000제곱킬로미터(한국의 약 39퍼센트)의 면적에 황허 최대의 지류인 웨이수이(渭水,

위수)가 흐르는 비옥한 땅이다. 인근의 유목민족인 북적(北狄)과 서융(西戎)으로부터는 중요한 전략자원인 말을 얻을 수 있다.

동쪽의 한구관(函谷關, 함곡관)만 잘 막으면 산시성은 철벽의 요새였다. 약할 때는 방어를 굳히고 관중(關中, 지금의 산시성 웨이수이 분지 일대)에서 착실히 힘을 키우다가, 강할 때는 불시에 밖으로 치고 나왔다. 산시성에서 팽팽하게 압축된 공기는 한구관 밖으로 빠져나가자마자 태풍이 되어 중원을 삼키고 대륙을 휩쓸었다. 주·진·한·당은 산시를 근거로 천하를 호령했다. 18로 제후군에게 몰린 동탁이 재기한 곳도, 8개국 연합군을 피해 서태후(西太后)가 달아난 곳도 산시성이었다.

주(周)의 인문 혁명, 진(秦)·한(漢)의 천하 통일

산시의 중원 공략사를 살펴보자. 중원의 상나라는 강한 국력과 화려한 문화를 자랑했지만 시대적 한계 역시 컸다. 상나라는 약탈 경제사회로서 주변의 약소국들을 침략해 노예를 확보했고, 상제(上帝)를 기쁘게 하려고 많은 사람들을 제물로 바쳤다. 그 결과 끊임없이 전쟁을 치르며 주위를 온통 적으로 만들었다.

상나라에 반기를 든 주나라는 주변 세력을 규합하고 '목야(牧野) 전투' 한판으로 강대한 상나라를 물리쳤다. 이후 주나라의 행보는 상나라와 크게 달랐다. 상나라는 무력 지배와 정복에 힘썼지만, 주나라는 '덕이 있는 자만이 하늘의 보살핌을 받는다'는 천명사상(天命思想)에 입각하여 덕치와 교화를 중요시했다. 상나라는 거북이 등껍질이 우연히 불에 갈라지는 흔적으로 길흉을 점치는 갑골점을 애용했지만, 주나라는 64가지 상황, 384가지 입장 속에서 최선의 길을 찾는 주역(周易)을 만들었다. 상나라는 인신공양으로 하늘을 기쁘게 하려 했지만, 주나라는 "조상(귀신의 힘)을 믿지 말고 스스로의 덕을 닦으라."고 노래했다. 이 같은 합리성·인본주의·덕치교화의 사상은 공자의 유교(儒敎)로 더욱 발전해 중국의 지배 이데올로기가 된다. 이처럼 상주혁명(商周革命)은 단순한 왕조 교체를 넘어선 인문 혁명(人文革命)이었다.

그러나 무왕(武王)과 주공 등 사려 깊은 통치자들이 세상을 뜬 후, 주나라는 초심을 잃고 상나라의 전철을 밟았다. 주나라는 불필요하고 소모적인 원정 전쟁으로 국력을 낭비하며 쇠약해졌다.

중원이 약해지자 변방이 나래를 폈다. 산시·간쑤(甘肅, 감숙) 일대의 융족(戎族)은 문자 그대로 '갑옷[甲]과 창[戈]'을 능수능란하게 다루는 전사들이었다. 융족이 주나라 수도 호경(鎬京, 지금의 시안)을 함락시켜서 주나라 유왕(幽王)이 뤄양으로 천도하자, 서주(西周)가 끝나고 동주(東周)가 열렸다. 무력한 동주는 곧 지방에 대한 통제력을 잃었고, 여러 제후국이 난립해 춘추전국시대가 되었다.

고대에는 중원과 사이(四夷), 즉 동이(東夷)·북적·남만(南蠻)·서융이 대립했다. 주나라가 약해진 춘추전국시대에는 동쪽의 제나라(齊, 지금의 산둥성 일대), 북쪽의 진나라(晉, 지금의 산시성山西省 일대), 남쪽의 초나라(지금의 후베이성 일대), 서쪽의 진나라(秦, 지금의 산시성陝西省 일대)가 4파전을 벌였다. 즉, 고대의 사이는 춘추전국시대의 4강으로 레벨업하여 다시 등장했다.

융족이라고 다 같은 융족은 아니다. 주나라 초기, 주나라에 협력적인 융족 일파는 목축 전문가로 인정받아 지역 정권인 진(秦)나라를 세웠다. 서주가 망할 때 진나라 지도자는 몸소 주나라 왕의 마차를 몰며 왕실을 호위했다. 그는 이 공로로 진나라 최초의 제후인 진 양공(秦襄公)으로 봉해져 융족으로부터 동주의 서쪽을 지키는 울타리가 되었다. 그러나 진나라는 어디까지나 융족일 뿐, 중국의 일원으로 대접받지 못했다. 일찍부터 찬란한 발전을 이룬 중원의 여러 나라는 진나라를 오랑캐로 여겨 '진융(秦戎)'이라 불렀다.

그러나 진나라는 역설적으로 아무것도 없었기에 중원에서 잉여 취급받던 인재들을 재상으로 삼으며 과감하게 혁신할 수 있었다. 25명의 진나라 재상 중 외국 출신이 17명, 평민 출신이 아홉 명이었다. 상앙(商鞅)의 변법개혁, 장의(張儀)의 연횡책, 범저(范雎)의 원교근공에 진 시황의 웅대한 비전과 추진력이 더해졌다. 전국칠웅 중 가장 후진국이던 진나라는 여섯 나라를 멸망시키고 끝내 천하 통일의 위업을 달성했다.

진나라의 천하 통일은 중국사에서 가장 중요한 사건 중 하나다. 황허 중류만 지배하던 중국 왕조는 이때부터 비로소 광활한 대륙 전역에 세력이 미쳤다. 엄청난 변화를 가혹하게 밀어붙인 탓에 진나라의 통일은 불과 15년 만에 끝났지만, 진나라가 창조한 질서는 중국 역대 왕조의 근간이 되었다. 중앙집권적으로 전국을 통치한 군현제(郡縣制)는 2000년의 세월을 뛰어넘어 오늘날의 행정구역에도 그 흔적이 남아 있다.

또한 진 시황(秦始皇)은 문자와 도량형, 도로 폭, 마차 규격 등을 통일했다. 이러한 표준화 덕분에 상인은 한 대의 마차로 전국에 뻗친 약 6500킬로미터의 도로를 오가며, 언어가 다른 곳에서도 글자로 의사소통을 하면서, 공통된 기준으로 상품을 거래할 수 있었다. 이때 형성된 일체감은 중국의 구심력이 되었다.

따라서 사마천(司馬遷)은 말한다.

진나라는 천하를 취하려고 매우 난폭하였으나 세상이 바뀌고 변하면서 변법을 단행하여 공을 이룬 것이 크다. …… 학자들은 들은 바에만 얽매였으며 오직 진나라가 제위를 누린 날이 얼마 되지 않았다는 것을 보고 그 처음과 끝을 살피지 않아 모두들 비웃으면서도 말은 하지 않았으니 이는 귀로 음식을 먹는 것과 차이가 없다. 슬프구나![1]

다만 진의 학정이 심하긴 심했다. 잔인하지만 근면성실한 군주 진 시황이 죽자마자 진나라는 파국으로 치달았다. 진승(陳勝)·오광(吳廣)이 "왕후장상에 씨가 있더냐."라고 외치며 일어서자 사방에서 반란이 봇물 터지듯 일어났다. 진승·오광의 난은 평정되었지만, 그들의 뒤를 이은 항우·유방의 손에 끝내 진은 멸망했다.

천하의 패권을 장악한 항우는 셴양을 버리고 고향인 강남과 가까운 팽성 (彭城, 지금의 장쑤성 쉬저우시 부근)을 근거지로 택했다. 항우의 신하는 철벽 요새 인데다 관중 평원에서 인력과 자원을 풍부하게 조달할 수 있는 산시를 근거 지로 삼아야 한다고 주장했지만, 항우는 "성공하더라도 고향에 돌아가지 않으면, 비단옷을 입고 밤길을 걷는 것과 같다[錦衣夜行]."며 고집을 꺾지 않았다. 어이없어진 신하는 항우를 비웃었다. "사람들이 초의 사람들은 원숭이에 게 관을 씌워놓은 꼴[沐猴而冠]이라고 하더니 과연 그렇구나." 이 소문을 들은 항우는 그를 솥에 삶아 죽였다.[2]

항우는 꼴보기 싫은 유방을 산간벽지인 파(巴)·촉(蜀)·한중(漢中)[3]의 왕으로 봉하고, 관중을 셋으로 나누어 진나라의 장군 장한(章邯)·사마흔(司馬欣)·동예(董翳)를 관중의 세 왕에 봉했다. 파·촉·한중을 감옥으로 삼고 관중삼왕 (關中三王)을 감옥의 간수로 삼아 유방을 가두는 책략이었다.

그러나 산으로 둘러싸인 분지인 한중은 작은 산시성이었다. 유방은 명장 한신(韓信)을 기용하고 한중에서 은밀히 힘을 키웠다. 항우는 불세출의 명장 이었으나 정치에는 소질이 없었다. 중원의 제후들이 항우에게 반기를 들자, 유방은 불시에 한중에서 뛰쳐나와 관중삼왕을 격파하고 산시를 얻었다. 관중과 파촉의 풍부한 물자 덕분에 유방은 패왕 항우를 물리치고 근거지 한중의 이름을 따서 한(漢)나라를 세웠다.

다만 유방도 수도를 정할 때 갈등을 겪었다. 신하들 다수가 뤄양을 선호했고, 일부만 관중을 편들었다. 신하 대부분이 산시성 사람이 아니어서 중원

을 좋아했다. 사실 화려한 문화를 꽃피웠고 사방으로 탁 트인 중원은 수도로서 매우 매력적이었다. 그러나 장량(張良)은 논의를 최종 정리하며 "천 리에 걸친 철옹성인 금성천리(金城千里)요, 천하의 창고인 천부지국(天府之國)"[4] 관중의 손을 들어주었다.

한나라 초기에 황실이 아직 안정되지 않았을 때, 지방 제후들이 반란을 일으켰다. 그러나 장량의 혜안대로 관중의 중앙정부는 지방의 반란을 수월하게 진압할 수 있었다. 최대 최후의 반란인 오초칠국(吳楚七國)의 난을 평정한 후, 한나라는 광활한 대륙을 통치하고 90여 민족을 융합하여 한족을 탄생시키며 대제국의 위용을 뽐냈다.

그러나 흥망성쇠는 덧없이 흘러간다. 오래 나뉘어 있으면 반드시 합쳐지고, 오래 합쳐져 있으면 반드시 갈라진다[分久必合, 合久必分]. 400년 한실이 쇠퇴하고 치열한 군웅할거의 역사가 펼쳐졌다.

조조의 손에 천하의 군웅들이 하나씩 스러져갈 때, 유비는 오랜 역경을 딛고 형주(荊州, 지금의 후베이성과 후난성, 광둥성 북부, 구이저우성, 광시좡족자치구의 동부 지역)와 익주(益州, 지금의 쓰촨성)를 차지했다. 유비는 하후연(夏侯淵)을 죽이고 한중을 차지한 후 '한중왕(漢中王)'을 자처했다. 유방이 한중에서 제업을 이루었듯이, 한 황실의 후예인 유비가 한중에서 일어나 한실을 재건하겠다는 선언이었다.

그러나 관우가 양양(襄陽, 지금의 샹양)을 공략할 때, 오나라가 후방을 습격해 형주를 빼앗았다. 복수심에 불탄 유비는 촉의 전 국력을 기울여 출정했지만, 육손(陸遜)에게 참패를 당했다. 결국 촉은 천하에서 익주 하나만을 차지했고, 많은 인재와 물자를 잃어 최약체로 전락했다.

가장 약한 세력인 촉나라가 어떻게 가장 강한 세력인 위나라를 꺾을 수 있을까? 제갈량(諸葛亮)은 고민 끝에 산시 공략에 나섰다. 촉과 관중을 아우르면 다시 한 번 진(秦)·한(漢)의 통일을 재현할 수 있었다.

물량이 풍부한 위(魏)나라가 지구전으로 촉의 침공을 거듭 막아내자, 제갈량은 아예 산시 남부의 우장위안(五丈原, 오장원)에서 농사를 지으며 주둔했다. 산난(陝南, 섬남) 지역을 실효 지배하면서 어떤 틈만 생긴다면 바로 관중을 장악하고 여세를 몰아 중원을 차지한 후 천하를 통일한다는 원대한 구상이었다. 그의 전략은 틀림없었다.

그러나 제갈량은 촉의 승상으로서 나라와 대규모 원정군의 크고 작은 일들을 도맡아 처리하니 몸이 배겨낼 재간이 없었다. 결국 그는 우장위안에서 쓰러졌다. "공명은 여섯 번이나 기산으로 나아갔으나[孔明六出祁山前]" "출사하여 이기기 전에 몸이 먼저 가니[出師未捷身先死]", 제갈량은 산시성을 차지하려 애쓰다가 결국 산시성에서 생을 마감했다.

사마염(司馬炎)의 진나라가 삼국을 통일해서 안정을 누리나 싶었지만, 곧 중국사 최악의 난세인 5호16국 시대가 되었다. 이를 종식시킨 것 역시 관중을 기반으로 한 무천진(武川鎭) 군벌이었다. 무천진 연합 군벌 중 하나인 양견(楊堅)은 수(隋)나라를 세우고 천하를 재통일했다. 그의 아들 수 양제(隋煬帝)는 나라의 기반이 다져지기도 전에 고구려(高句麗)를 원정하고 대운하와 궁궐을 건설하는 등 무리한 사업을 한꺼번에 벌이는 바람에 곧 단명했지만, 역시 무천진 군벌의 하나인 이연(李淵)이 당(唐)나라를 세운 뒤, 중국은 최고의 번영을 누렸다.

대당장안의 영광

시안은 사각형 성벽이 온전히 남아 있는 것으로 유명하다. 둘레 14킬로미터에 달하는 성벽 위에서는 매년 11월에 시안 성벽국제마라톤대회(西安城墻國際馬拉松比賽)가 열린다. 1993년부터 개최되어온 이 대회는 빼어난 유적을

산시성 陝西省

십분 활용하는 문화 상품이다. 마라톤이 힘든 일반인들은 자전거로 성벽 위를 달린다.

시안을 여행할 때 만난 한 초로의 미국인은 시안에 반해 영어 교사로 일하며 살고 있었다. "저 성벽을 보라고. 눈요기용 관광지일 뿐인 베이징의 자금성에 비하면, 시안은 전통이 생활 속에서 살아 숨 쉬고 있는 곳이지. 스케일도 더욱 크고. 중국에서 가장 아름다운 대도시야."

그의 옆에 있던 시안 토박이 중국인은 자랑스럽게 웃으며 화답했다. "당나라 때의 장안성은 이보다 열 배는 더 컸답니다. 지금 성벽은 명(明)나라 때 축소되어 지어진 것이거든요."

열 배는 과장 아니냐고? 정확히 말하면 당나라 때 장안성의 면적은 약 84제곱킬로미터로, 오늘날 시안 성벽(약 12제곱킬로미터)보다 일곱 배 컸다.

주·진·한·당, 모두가 산시성의 자랑스러운 역사다. 그러나 그중에서도 산시인들이 가장 자랑스러운 역사로 꼽는 것은 당나라다. 시안 시내 곳곳에 '대당장안(大唐長安)'의 영광을 그리는 흔적이 보인다. 시안인은 다탕푸룽위안(大唐芙蓉園, 대당부용원)으로 나들이 가고, 다탕시스(大唐西市, 대당서시)에서 쇼핑을 즐기며, 아프면 다탕의원(大唐醫院, 대당의원)에서 진료를 받는다.

중국의 중심이 동부로 옮겨간 뒤 시안은 서쪽 변방이 되어 이름에 '서(西)'자가 붙었다. 그러나 당나라 때 시안은 중국의 중심을 넘어서 세계의 중심인 장안(長安)이었다. 만인의 입에 오르내리면 '장안의 화제'라고 할 만큼, 장안은 수도의 대명사이자 세상의 중심이었다.

한국인은 고구려를 치고 백제(百濟)를 멸망시킨 당나라에 대해 그다지 호의적이지 않다. 군기 빠진 군대를 '당나라 군대'라고 부르고, 고구려를 치다 실패한 당 태종(唐太宗)을 수 양제와 마찬가지로 여긴다. 그러나 당 태종 이세민(李世民)은 막장군주 수 양제와 차원이 다른 위인이다. 그는 고구려 침공 이외에는 전쟁에서 져본 적이 거의 없는 전쟁 영웅일 뿐만 아니라, 중국의 오랜 난세를 끝내고 태평성대의 대명사인 정관지치(貞觀之治)를 연 명군이었다.

당의 영광을 뒷받침한 것도 산시였다. 산시는 진왕(秦王) 이세민의 근거지였고, 당의 군사 제도인 부병제(府兵制)의 핵심이었다. 60퍼센트 이상의 부병이 수도권 관중에 집중되어 관중 이외의 모든 병력으로도 관중을 당할 수 없었다. '관중의 힘으로 사방을 다스리는' 전략이 천하를 안정시키자, 두보(杜甫)의 말처럼 "구주(九州)의 도로에는 도적이 없어 먼 길을 떠나는 데 길일을 택할 필요가 없었다."[5]

명재상 위징(魏徵)과 적인걸(狄仁傑) 등 많은 인재들이 나라를 튼튼히 하자, 당나라는 국력이 세계 으뜸이 되어 화려한 성당기상(盛唐氣象)을 자랑했다. 당나라의 율령격식(律令格式)은 동아시아 법전의 전형이었고, 장안성은 동아시아 도성의 모범이었다. 신라(新羅)의 서라벌(徐羅伐), 발해(渤海)의 상경용천부(上京龍泉府), 일본의 나라(奈良)와 교토(京都)가 모두 장안성을 본받아 주작대로를 중심으로 한 사각형 도성을 세웠다.

5호16국 시대는 중국사 최고의 혼란기이기도 했지만, 다양한 민족이 서로 섞이며 새로운 문화를 창출한 활력의 시기이기도 했다. 당나라의 황족과 귀족 들은 한화(漢化)한 호인(胡人)이라 외래문화에 거부감이 없었다. 그 결과 당나라는 놀라운 개방성과 자유로움을 보여주었다.

장안의 봄은 화려했다. "도성의 대로마다 꽃피는 시절, 만 마리 말과 천 대수레가 모란을 보러" 가니 "비단수레 구르는 소리, 마른천둥이 치는 듯"[6]했다. 꽃놀이하는 이들은 낙화를 즈려밟으며 페르시아 여자의 술집으로 향했다. "피부는 옥 같고 콧날은 송곳 같"[7]은 호인[8]이 "흰 뿌리 잘린 다북쑥이 회오리바람에 구르듯"[9] 빙빙 도는 호등무(胡騰舞)를 추었고, "푸른 옥처럼 빛나는 두 눈동자, 황금빛 곱슬머리에 붉은 구렛나룻"[10]의 호인이 피리를 불었다. 《구당서(舊唐書)》는 민관(民官)을 초월한 서역 문화 사랑을 이렇게 전하고

산시성 陝西省

있다. "개원 이래 태상(太常, 국가 의전 집행 부서)의 음악은 호곡(胡曲)을 숭상하고, 귀인의 밥상은 모두 호식(胡食)을 올리며, 사녀(士女)는 전부 호복(胡服)을 입는다."[11]

여성들도 외출할 때 얼굴을 드러내고 말을 즐겨 타는 등 자유롭고 활달한 기풍을 한껏 누렸다. 중국 유일의 여황제인 측천무후(則天武后)가 이때 나타난 것도 결코 우연이 아니다.

활력이 넘치는 분위기에서 인재들도 쏟아져나왔다. 당 태종과 위징은 정관지치를 열었고, 측천무후를 보필한 적인걸은 1만 7000여 건의 장기 미결 과제를 1년 안에 해결했는데 단 한 명도 억울함을 호소하지 않았다.[12]

역사는 신화가 되었다. 현장 법사가 인도에서 불경을 얻어온 모험담은 중국 4대 기서 《서유기(西遊記)》가 되었고, 당 현종(玄宗)과 양귀비(楊貴妃)의 로맨스는 백거이(白居易)의 《장한가(長恨歌)》가 되었다.

"봄에는 봄놀이에 밤에는 잠자리에, 후궁에 미인이 3천이나 되지만, 3천 명에 내릴 총애를 한 몸에 받았네."[13]

개방적인 당나라는 세계 각국의 인재를 품에 안았다. 당나라는 세계 70여 국과 교류하며 외국 상인이 장기간 머무르고 내국인과 결혼하는 것을 허용했고, 외국인 유학생들도 과거 시험을 보아 성적이 우수하면 채용했다. 당나라에는 3만 명의 유학생이 있었고, 빈공과(賓貢科)에 급제한 신라 선비만 해도 최치원을 포함해 50여 명이나 되었다. 신라의 의상 대사(義湘大師), 일본의 엔닌(圓仁) 등 승려들도 당나라에서 불법을 닦았다. 고구려계인 고선지 장군은 안서사진절도사(安西四鎭節度使)가 되어 서역 전선을 관할했고, 안사의 난을 일으킨 하동절도사 안녹산(安祿山)은 페르시아계였다.

대당장안은 100만 인구를 자랑하는 세계 최고의 대도시였다. 그러나 성장은 극에 달하면 쇠퇴한다. 장안의 봄은 성장의 한계 역시 명확하게 보여주었다. 관중 평원은 비옥하긴 해도 중국 기준으로는 그리 넓지 않아, 당나라 때 불어난 인구를 감당할 수 없었다. 당 전반기인 고종 때부터 이미 황제들이 이따금 문무백관을 이끌고 허난성 뤄양까지 행차해서 곡식을 얻어갔기에 '식량을 쫓아다니는 천자[逐糧天子]'란 말을 들었다. 결국 송(宋)나라가 카이펑을 수도로 삼은 후, 장안은 더 이상 천하의 중심이 되지 못했고, 서쪽의 대도시인 '시안(西安)'은 중심에서 멀어져갔다.

21세기에도 산시인들이 세계의 중심이었던 옛날을 그리는 것은 인지상정이다. 그러나 냉정히 따져보면 나라의 영광이 곧 인민에게 얼마나 실질적으로 이익이었을까? 국가의 대업을 이루기 위해 인민은 큰 희생을 감수하고 열악한 삶을 견뎌야 했다.

열악함 속에서 나온 호방함

산시인은 호방하다. "국수 면발이 허리띠만 하고 밀전병 하나가 웬만한 가마솥 뚜껑만 하며 찐빵은 큰 사발만 하고 사발은 세숫대야만 하다."[14] 그러나 그 호방함은 풍요와 여유가 아니라 열악함에서 나왔다.

양러우파오모는 찢은 빵을 양고기 탕에 넣고 끓여 먹는 요리로 산시성의 명물이다. 진나라가 양러우파오모 덕분에 천하를 통일했다는 전설을 들어보자.

진나라 사람들은 뉴양러우파오모를 좋아했어요. 전쟁이 일어나서 진나라 병사들은 소고기와 양고기를 메고 말린 찐빵을 들고 출발을 했어요. 그래서 전쟁터에 도착해서 재빨리 식사를 할 수 있었던 반면 육국의 병사들은 쌀을 씻어서 밥을 하랴, 야채를 씻어서 반찬을 만들랴 수선을 피웠죠. 어쨌든 밥이며 반찬을 부랴부랴 해서 밥공기며 접시에 밥과 반찬을 담자 진나라 병사

들이 이들 군영으로 쳐들어왔죠. 진나라는 음식 덕분에 육국을 이길 수 있었던 거예요.[15]

'솥뚜껑만 한 밀전병' 궈쿠이의 전설도 비슷하다. 건릉(乾陵)은 당 고종(高宗)과 측천무후의 합장묘로서 어마어마한 위용을 자랑한다. 이 거대한 무덤을 지을 때 감독관은 인부들이 공사 시간을 엄수하지 않으면 무거운 처벌을 내렸다. 한 병사가 작업에 쫓긴 나머지 요리할 시간이 없자 급한 마음에 밀가루 반죽을 투구에 넣고 구워 먹었다. 이것이 궈쿠이의 유래라고 한다.

그런가 하면 요즘도 산시의 시골 사람들은 세숫대야만 한 대접[老碗]을 든 채 쪼그리고 모여앉아 수다를 떨며 식사를 한다. 이를 '밥그릇 모임[老碗會]'이리고 한다. 밥을 양껏 먹은 다음에 농사일을 나가면 밥 먹으러 다시 집에 돌아오지 않아도 되기 때문이다. 이처럼 산시의 농민은 느긋하게 탁자에 그릇을 놓고 의자에 앉아 식사하지 못하고, 그릇을 든 채 쪼그려 앉아 밥을 먹는다. 밥 먹을 시간을 희생하며 농사를 짓는다. 얼마나 마음이 급하면 그럴까?

이를 종합해보면 산시인들은 자기 자신을 돌보지 못하고 전쟁과 토목 사업, 농사 등 바깥일에 쫓기며 살아왔다. 덕분에 성격 역시 급하다.

산시 사람들은 직설적이므로 이쪽에서도 우회 전략 대신 정공법으로 대해야 한다. 그들은 할 말이 있으면 기피하지 않고 바로 해버리며, 이야기를 하다가 뜸을 들이는 것을 절대로 참지 못한다. 주변에 이런 사람이 있으면 조바심이 나서 견디지 못한다. 그뿐 아니라 뜸 들이는 사람은 틀림없이 무슨 꿍꿍이가 있다고 생각해서 멀리한다.[16]

일은 바쁘고 성격은 급하니 한가롭게 좋은 음식을 만들고 즐길 여유가 없다. 대신 최대한 시간을 절약하며 생존할 수 있는 음식을 개발했다. 워낙 열악하게 살다 보니 웬만한 일쯤은 대수롭지 않게 넘겨버리는 것이 산시인의 호방함이라고 할까?

2010년 시안 여행을 할 때 하루는 외식 대신에 숙소에서 저녁을 먹으려고 마트에서 찐빵과 오리구이를 샀다. 점원이 진열대에 찐빵을 꺼내준 다음에 유리 덮개를 닫을 때, 덮개가 쪼개지며 떨어졌다! 원래 금이 쩍 가 있는 덮개를 셀로판테이프를 붙여놓고 썼는데 테이프의 접착력이 약해서 다시 떨어진 것이다.

이제 덮개와 빵을 모두 치우겠지? 웬걸? 점원은 아무 일도 아니라는 듯, 빵 위에 떨어진 비교적 굵은 유리 파편을 한두 개 골라내고서는 다시 덮개를 닫았다. 이번에는 유리 덮개에 테이프를 새로 붙이지도 않았다.

아니, 세상에. 미세한 유리 파편도 떨어졌을 텐데! 손님이 그걸 먹고 다치면 어쩌려고? 허름한 시골 구멍가게도 아니고, 대도시 시안 중심 상권의 번듯한 마트에서 이런 일이 벌어지다니! 그다음부터 중국에서 물건을 살 때 유리 진열대가 온전한지부터 살펴보는 버릇이 생겼다.

숱한 중국 여행 중 이런 일은 다행히도 한 번뿐이었지만, 중국의 안전 불감증에 대해 매우 충격적인 인상을 받았다. 여기에는 산시인의 열악함에 대한 인내력, 특유의 호방함이 한몫하기도 했으리라.

관중평야는 비옥하되 그 산출물이 인민에게 돌아가지 않고 군량미로 쓰인 것처럼, 산시의 역사는 찬란하되 그 영광은 인민의 것이 아니라 권력자의 것이었다. 진나라의 정복전쟁, 아방궁·병마용·완리창청(萬里長城, 만리장성) 등의 대규모 건축 등으로 가장 큰 희생을 치른 사람들도 역시 산시인들이었다.

그럼에도 불구하고 산시인은 진나라를 의외로 자랑스럽게 여기는 듯하다. 산시의 또 다른 약칭이 바로 '진(秦)'이다. 산시인은 노래한다.

팔백 리 진천(秦川)에 흙먼지 휘날린다.

삼천만 민중이 진강(秦腔, 진의 민요)을 불러댄다.

국수 한 그릇에도 기분은 그만이야.

고춧가루 없이도 후룩후룩 잘도 먹네.[17]

사람이란 참으로 묘한 존재여서 꼭 자신이 직접 겪어야만 욕구를 충족할 수 있는 것은 아니다. 진의 천하 통일을 떠올리면 웅장한 패기가 용솟음친다. 열악함 속에서도 대업을 성취했음을 생각하면 자신감이 넘친다. 당의 영광은 오래전에 사라졌어도 그 시절의 영화(榮華)를 상상하면 나 자신도 페르시아 여자와 술을 마시던 부자처럼 느껴진다. 장안의 봄은 이미 오래전에 끝났지만, 산시인들은 아직도 따스했던 장안의 봄을 잊지 못하고 있다.

꿈은 약일까, 독일까? 둘 다 된다. 꿈은 현실도피의 몽상이기도 하고 현실을 딛고 일어서게 하는 이상이기도 하다. 관건은 어떤 현재를 만들어가느냐에 있다. 그렇다면 산시가 만들고 있는 오늘은 어떤 모습인가?

삼성이 시안으로 간 까닭은

당나라 이후 산시의 전성기는 끝났지만, 이 땅에 서린 왕기(王氣)는 죽지 않았다. 산시에서 농민 반란을 일으킨 이자성(李自成)은 명나라를 멸망시키고 순(順)나라를 열어 잠시나마 황제가 되었다. 비록 그는 군율을 바로잡지 못해 민심을 잃고 청나라에 패해 사라졌지만, 마오쩌둥은 그를 농민 반란 지도자로서 높이 평가했다. 정규군이 아닌 공산당의 홍군을 이끈 마오에게는 주·진·한·당보다 이자성의 중원 정복이 더 많은 힌트를 주었으리라.

장시의 징강산(井岡山, 정강산)에서 양산박(梁山泊)을 재현하려던 마오는 장

52

제스의 토벌을 피해 도망다녔다. 마오가 9600킬로미터의 대장정을 마치고 정착한 곳이 산시의 옌안(延安, 연안)이다. 장제스가 마오에게 최후의 일격을 가하려고 시안에 왔을 때, 장쉐량(張學良, 장학량)은 화칭츠(華淸池, 화청지)에 묵던 장제스를 연금하고 국공합작을 종용했다. 대장정의 종착점이며 2차 국공합작이 시작된 산시는 공산당의 기적적인 승리를 불러온 땅이 되었다.

이때 활약한 걸출한 산시인이 시진핑(習近平, 습근평)의 아버지인 시중쉰(習仲勳, 습중훈)이다. 그는 1913년 산시의 푸핑현(富平縣, 부평현) 시자장(習家莊, 습가장)에서 출생하여 열세 살에 이미 농민운동에 참여했고, 열네 살에 공산당원이 되었으며, 열일곱 살에 량당(兩當, 양당) 무장봉기를 일으켰다.

마흔두 살의 젊은 혁명가 마오쩌둥도 스물두 살의 시중쉰을 처음 만났을 때 깜짝 놀랐다. 그토록 쟁쟁한 명성을 날리며 견실하게 기반을 다진 시중쉰이 이토록 어릴 줄은 몰랐기 때문이다. 시중쉰은 서북 지역을 호령하던 서북왕(西北王)이었으며, 부총리로서 저우언라이(周恩來, 주은래)의 오른팔이었다.

시진핑은 금수저를 물고 베이징에서 태어났다. 주말이면 온 가족이 권력의 심장 중난하이(中南海, 중남해)에 놀러갔다. 중난하이는 당정 주요 기관, 최고 지도부의 거주지와 집무실이 있는 곳으로, 인민들은 절대로 갈 수 없는 현대판 쯔진청(紫禁城, 자금성)이다. 시진핑 일가가 얼마나 권력에 가까웠는지 알 수 있다. 그러나 시중쉰이 하루아침에 실각하자, 온 가족이 고난을 겪었다. 대약진운동 이후 권위가 실추된 마오쩌둥이 권력을 되찾기 위해 정치 사건을 일으켰고, 시중쉰이 그 희생양으로서 억울하게 모함당했기 때문이다.

반동 가족의 일원으로 몰린 시진핑은 열다섯 살에 생산대에 자원입대해서 산시에 갔다. "밭을 매러 가려면 20리 길은 족히 걸어야 밭이 나오고, 땔감을 주우려면 30리 길을 걸어야 숲이 보이며, 소금을 사려면 40리 길을 걸어야 시장이 나오"[18]는 깡촌에서 7년을 보내며 주위의 신임을 얻었다. 부친이 태어나고 묻힌 고향인 데다 가장 감수성이 예민한 청소년기를 보냈고,

인생의 커리어를 본격적으로 시작한 곳이기에 시진핑은 '산시는 나의 뿌리이고, 옌안은 나의 영혼'이라고 말했다.

삼성이 70억 달러를 투자해 시안에 반도체 공장을 세우고 연달아 대규모 배터리 공장을 세운 것은 우연이 아니다. 당이 국가를 이끄는 중국에서 공산당 최고 권력자의 환심을 사는 것은 매우 중요하다.

과연 무엇을 하면 시진핑이 좋아할까? 현재 중국의 과제는 전 국토 균형 개발이고, 산시는 시진핑의 고향이다. 따라서 시안에 최첨단 반도체 공장을 건설하며 대규모 투자를 한다면, 국가 시책인 서부 대개발에도 부합하고 최고 권력자의 애향심도 만족시킬 수 있다. 최고 권력자가 좋아하는 것은 부하도 좋아하게 마련이니, 사업하며 생기는 온갖 문제에 대해서 전폭적인 협조를 얻을 수 있을 것이다.

삼성으로서도 산시의 인건비가 상대적으로 저렴하고 서부 개발에 협조하며 이미지 제고도 할 수 있으니 누이 좋고 매부 좋은 일이다. 2015년 삼성전자 시안 반도체 공장은 연간 생산액 100억 위안(약 2조 원)을 돌파했다. 중국 언론은 '산시 속도, 시안 효율'이라며 2년 안에 거둔 대성공을 극찬했다.

산시는 문화 외교 기지로도 각광받는다. 자크 시라크(Jacques Chirac) 전 프랑스 대통령이 병마용을 보고 "피라미드를 못 봤다면 진정 이집트에 간 것이 아니고, 병마용을 보지 않고는 진정 중국을 본 것이 아니다."라고 찬사를 보낸 후, 중국은 레이건(Ronald Reagan)·클린턴(Bill Clinton)·박근혜 등 숱한 외국 정상들을 '병마용 외교'로 맞이했다.

2015년 시진핑은 인도의 나렌드라 모디(Narendra Modi) 총리를 시안에서 영접하고 츠언쓰 다옌타(大雁塔, 대안탑)를 찾았다. 다옌타는 현장 법사가 인도에서 구해온 불경을 보관한 곳으로, 중국과 인도의 뿌리 깊은 교류와 협력의 역사를 보여준다. 비록 최근에 양국 관계가 서먹했지만, 오랜 친구였던 역사를 돌이켜보면 아무것도 아니지 않느냐는 메시지가 읽힌다.

중국의 일대일로(一帶一路) 전략에서도 산시는 매우 중요하다. 일대일로 전략은 중국의 낙후한 서부 지역을 개발할 뿐만 아니라, 중앙아시아의 자원과 유럽의 시장을 차지하려는 대전략이다. 중원과 서역을 잇는 핵심적 위치에 있는 산시는 당나라의 비단길을 재현하려고 한다.

오늘날 중국의 영어 이름 'China'는 진나라의 중국식 발음 '친(秦)'에 기원을 두고 있다. 또한 차이나타운은 중국어로 '탕런제(唐人街, 당인가)'다. 일찍이 중국을 해외에 알렸던 산시는 다시 해외를 향해 기지개를 켜고 있다. 산시는 성당기상 장안의 봄을 21세기에 다시 재현할 수 있을까?

산시성 陝西省

魯

나라 이름 **노**

산둥성

山東省

하나의 산, 하나의 강, 하나의 사람

❶ 칭다오 전경 칭다오는 전통 중국 정자, 근대 독일 건물, 현대 건축이 모두 어우러져 독특한 개성을 발산한다.

❷ 성 미카엘 성당 독일인들이 1934년 세운 성당으로 칭다오 구시가지의 대표적인 랜드마크다.

❸ 고풍스러운 칭다오 고풍스러운 건물에 애매하게 현대화된 상점들이 혼재된 모습.

❹ 산둥인 산둥인들은 술 좋아하고 호방하기로 유명하다.

❺ 라오산 칭다오 사람들은 "타이산의 구름이 비록 높다고 하나, 라오산의 동해만 못하다."라며 라오산을 자랑스럽게 생각한다.

❻ 칭다오 뒷길 낡고 서민적인 칭다오의 뒷길.

❼ 타이안의 대묘 역대 황제들이 제사를 지냈던 유서 깊은 곳이다.

❽ 타이산 산의 대명사, 타이산.

황허 하류에 살던 동쪽 오랑캐. 중원 사람들은 이들을 '동이(東夷)'라고 불렀다. 중원 평야와 황해 바다가 만나는 곳, 황허가 황해로 흘러들어가는 곳. 이 땅에서 강태공과 관중은 춘추전국시대에 가장 부유한 제나라를 일구었고, 공자는 유교를 창시해 동아시아 정신세계의 근간을 마련했다. 타이산에 올라 천하를 한눈에 내려다보며 호연지기를 기른 산둥인은 난세에는 용감한 군인으로, 치세에는 성실한 일꾼으로서 중국사에서 중요한 역할을 수행해왔다.

"바닷물이 짜다는 말이 사실이었네!"

중국 소녀들은 산둥성(山東省, 산동성) 칭다오(靑島, 청도)의 바닷물을 맛보며 즐거워했다. 바닷물이 짜다는 말을 듣더라도 내륙에 사는 중국인들은 바다를 접할 일이 없으니 그 말이 진짜인지 아닌지 몸소 확인할 도리가 없다. 저 소녀들은 세상이 얼마나 넓고 신기한지를 깨달았기 때문에 저토록 즐거워하는 것이리라.

어린 소녀뿐만이 아니었다. 칭다오에 놀러온 중국인들은 남녀노소를 가리지 않고 바닷물을 만져보고 발로 차보고 바닷가에서 조개를 캐는 등 평생 경험하기 힘든 바다 체험을 즐겼다. 내륙 국가 중국답다.

그렇다면 바닷가에 사는 중국인은 산둥이 별로 신기하지 않을까? 푸젠성(福建省, 복건성)에서 2박 3일 동안 기차를 타고 온 친구는 "산둥에 오니 온통 평야구나." 하며 감탄했다. 산이 많은 푸젠성, 그중에서도 장저우(漳州, 장주) 산골에서 태어난 이 친구에게는 산둥의 넓은 평야가 마냥 신기하게만 느껴졌나 보다.

넓은 평야와 황해, 타이산(泰山, 태산)이 만나 어우러지는 곳. 산둥성은 땅과 물의 이점을 십분 활용하여 중국 역사 초기부터 부강함을 자랑했던 곳이다.

산둥성의 약칭은 '나라 이름 노(魯, 정체자는 魯)' 자다. 우리에게 공자의 고향인 노나라로 친숙한 곳이다. '산둥(山東)'은 타이항산(太行山, 태행산)의 동쪽에 있다는 뜻이다. 화하족들이 황허 중류, 타이항산 서쪽의 중원에 살 때 동

쪽에 사는 오랑캐들을 뭉뚱그려 '동이(東夷)'라고 불렀다. 즉, 산둥 지역은 내이(萊夷)를 비롯해 여러 이민족이 살고 있던 동이의 땅이었다.

화하족이 중원을 장악하고 제일 먼저 눈독을 들인 땅이 바로 이곳이다. 북적과 서융은 험한 산과 고지를 끼고 날랜 말을 타는 전사들이다. 남만은 무덥고 습지가 많은 남방에 산다. 이에 반해 동이는 황허를 낀 평야 지대라 중원과 환경이 비슷하고, 위도가 같으므로 기후도 같다. 기후·지형적 접근성이 좋은 산둥성은 중원 세력이 진출하기 딱 좋았다. 반대로 산둥 세력도 중원에 진출하기 좋았다. 그래서 화하의 동진(東進)과 동이의 서진(西進)이 충돌했다. 황제(黃帝)가 탁록(涿鹿) 전투에서 치우(蚩尤)를 격파했다는 신화는 중원이 동이를 제압했음을 말해준다.

그러나 동이는 결코 만만한 존재가 아니었다. 황허 하류의 생산력은 중원 못지않았고, 일찍부터 베이신(北辛) 문화, 다원커우(大汶口) 문화, 룽산(龍山) 문화 등을 꽃피웠으며, 활을 잘 쏘는 전사들도 많았다.

동이족의 용사들은 그 막강한 하나라의 명맥을 일시적으로 끊어버리기도 했다. 하나라의 3대 왕인 태강(太康)은 정치를 돌보지 않았고, "노는 것에 빠져서 그 정도가 지나쳐 낙수의 물 건너로 사냥을 나가서 백 일이 지나도록 돌아오지 않았다."[1] 유궁국(有窮國)의 왕 후예(后羿)는 이 틈을 타서 하나라를 쳤다.

비록 후예 정권은 오래가지 못했고 하나라는 복원되었지만, 후예의 활 솜씨와 용맹은 사람들의 뇌리에 깊이 새겨졌다. 결국 용사 후예는 천신(天神)으로 신격화되었다. 후예의 전설은 말한다. 하늘에 태양 열 개가 한꺼번에 떠올라 세상이 불지옥으로 변했을 때, 후예가 활을 쏴서 태양 아홉 개를 떨어뜨리고 하나만 남겨놓아 세상을 구했노라고.

제나라와 노나라

서부에서 발흥한 주나라는 중원의 상나라를 정복했지만, 동쪽에서 완강한 저항에 부딪혔다. 상나라 유민과 동방의 토착 세력은 강했고, 건국 초기의 주나라는 아직 안정되지 않았다. 초기 주나라로서는 동방의 안정이 최우선 과제였다.

주나라는 '하늘 아래 왕의 땅이 아닌 곳이 없다'는 왕토사상(王土思想)에 따라 천하 지배를 정당화했다. 주 무왕(周武王)은 일등 공신 강태공(姜太公)을 제나라의 제후로 삼았다. 황해와 맞닿은 곳, 중원에서 가장 먼 땅. 당시 이 지역은 화하족의 미개척지이며 동이의 터전이었다. 따라서 주나라는 실질적으로 강태공이 새로운 식민지를 개척하도록 한 것이다.

또한 주 무왕은 조카를 노나라의 제후로 봉했다. 가장 강력한 신하 강태공을 주나라에서 가장 먼 땅으로 보내고도 안심이 안 되어, 주나라와 제나라 사이에 노나라를 세워 주나라 왕실의 친척이 제나라를 감시·견제하게 한 것이다.

당시 제후국은 각 지역의 요충지에 요새를 건설해 기반을 굳힌 뒤 주위를 정복해나갔다. 800년 주나라를 연 대전략가 강태공은 군략과 내정에 모두 뛰어났다. 사마천이 경제를 논하며 제나라를 첫 번째 사례로 꼽을 만큼 제나라의 성장은 눈부셨다.

이전에 태공망이 영구(營丘)에 봉해졌을 때, 그곳 땅은 소금기가 많고 백성들이 적었다. 그래서 태공망은 부녀자들의 길쌈을 장려하여 기술을 높이고 또 각지로 생선과 소금을 유통시켰다. 그러자 사람과 물건이 돌아왔으며, 줄을 지어 잇달아 모여들었다. 그리하여 제나라는 천하에 관, 띠, 옷, 신을 공급하였고, 동해와 태산 사이의 제후들은 옷과 관을 바로하고 제나라로 가서 조회

하였다.[2]

사마천은 제나라 성장의 공로를 전적으로 강태공에게 돌리지만, 실제로는 제나라가 현지 내이족의 산업과 기술을 받아들인 것을 무시할 수 없을 것이다. 화하족이 오랑캐라고 멸시한 내이족은 매우 얇은 도기를 만들고 물레를 사용하는 등 탁월한 기술력을 자랑했다. 산둥성 작가 장웨이(張煒, 장위)는 말한다. "오직 제나라에만 어업·염업·제철업·방직업 등 탄탄한 공업 기초가 있었다. 이 기초는 동이의 내나라에서 처음으로 다져졌으며 나중에 수도 임치(臨淄) 일대로 확장된 것이다."[3]

제나라는 명재상 관중(管仲)을 만나 전성기를 맞았다. 상인 출신으로 경제에 밝았던 관중은 부국강병의 계책을 묻는 제 환공(齊桓公)에게 명쾌하게 답했다. "농민들이 일할 시간을 빼앗지 않으면 백성들은 부유해질 것입니다."[4]

제 환공은 관중의 보필을 받으며 춘추시대의 패권을 장악한 첫 번째 패자(覇者)가 되었다. 관중이 꿈꾼 '패자'는 그저 힘만 센 제후가 아니었다. 강호(江湖)에서 무공만 뛰어나면 일개 고수에 불과하지만, 무공과 덕행이 모두 뛰어나면 대협이 된다. 관중이 추구한 패자는 대협과 같았다. 강력한 힘으로 약소국을 위협하지 않고, 천하의 질서를 바로잡고 안정을 꾀했다. 실리와 대의명분을 동시에 잡는 현명한 전략이었다.

제 환공은 아홉 차례나 중원의 제후국들을 모아 회맹을 주관하며 국제 질서를 세웠다. 연합군을 이끌고 북방의 산융을 몰아내고, 남방의 초나라를 제어해 중원을 수호했다. 이로써 강국 제나라는 천하를 안정시키고 '한 번에 천하를 바로잡았다[一匡天下]'는 칭송을 들었다. 공자는 관중이 검소하지도 않고 예의를 안다고도 할 수 없지만, 이민족을 물리치고 중원을 지킨 공적만큼은 높이 샀다.

한편, 노나라는 주 왕실과 가까운 친척으로서 정통성이 강했다. 노나라는 주 왕실과 밀접한 관계를 유지하며 주변 강대국들의 역학 관계를 살폈다. 뛰어난 정보력과 대의명분에 입각한 외교로 명분과 실리를 모두 챙겨 국력 이상의 실력을 발휘했다.

공자는 노나라의 역량을 학문적으로 체계화했다. 공자의 육예(六藝)인 예(禮)·악(樂)·사(射)·어(御)·서(書)·수(數)는 정치외교, 문화예술, 국방, 행정, 경제 등을 망라한 실용 학문이었다.

고래가 개울에 살 수 없듯이, 당시의 제후국들은 너무 큰 인물인 공자를 쓸 수 없었다. 공자는 끝내 자기 이상을 스스로의 손으로 이룰 수는 없었다. 그러나 한나라 이후 중국의 왕조들은 줄곧 유교를 국가 이념으로 삼아왔다. 중국의 질서는 천하의 질서였기에 유교는 중국을 넘어서 동아시아 세계 질서의 기본 원리로 자리 잡게 되었다. 조선만 하더라도 500년 역사의 유교 국가가 아니었던가.

노나라는 공자의 고향으로 기사회생했다. 역대 중국의 왕조들은 공자의 고향 취푸(曲阜, 곡부)에서 공자를 추모하며 뛰어난 선비들이 자기네 왕조를 떠받쳐줄 관료와 학자가 되어주기를 희망했다.

오늘날 산둥성의 약자는 '노나라 노(魯)' 자. 결국 노나라의 문화가 제나라의 국력을 이겼으니, 노자의 말대로 지극히 부드러운 것이 지극히 강한 것을 이긴 셈이다.

제나라는 춘추시대 140여 나라 중 '베스트 5'인 춘추오패(春秋五覇)였고, 전국시대의 전국칠웅(戰國七雄) 중에서도 가장 부유한 나라였다. 전국시대 말기 합종책(合縱策)을 주장한 소진(蘇秦)은 제나라의 부유함을 생생하게 증언했다.

(제나라의 수도인) 임치는 매우 부유하고 실합니다. 백성들은 모두 우를 불거나 슬을 연주하고, 투계와 개 경주를 하며, 쌍륙 놀이와 공차기를 즐깁니다.[5]

산둥성 山東省

춘추전국시대 가장 부유한 나라. 직하학궁(稷下學宮)에 제자백가의 석학들을 다 모아놓은 나라. 이런 제나라는 왜 멸망했을까?

제나라는 거시적인 전략이 없고 단기적인 이익을 탐했다. 진(秦)나라가 서쪽에서 일어나 삼진(三晉, 조趙·위魏·한韓)을 칠 때, 제나라는 불난 집에서 도둑질하듯 삼진을 협공하거나 이웃 나라를 쳐서 작은 이익을 취했다.

진나라도 제나라의 기회주의적 태도를 십분 활용했다. 원교근공(遠交近攻). 진나라는 멀리 있는 제나라와 친하게 지내고, 가까이 있는 삼진과 초나라를 쳤다. 진나라는 침략의 성과를 착실히 쌓아나가 여섯 나라를 능가하는 최강국으로 성장했다.

그러나 제나라는 단기적 성과에 도취되어 국가를 성장시키지 못했다. 안으로는 권신이 왕권을 위협하고 백성들을 쥐어짜 불화에 시달렸고, 밖으로는 기회주의적 태도를 일삼아 이웃 나라들의 원한을 샀다. 평원인 제나라는 이웃 나라를 정벌하기도 쉬웠지만, 침략에 시달리기도 쉬웠다.

제나라는 연(燕)나라를 쳐서 얻었나 싶었지만, 연나라 사람들의 마음을 사지 못해 기껏 차지한 영토를 다시 토해내야 했다. 제나라가 송(宋)나라를 친 사이, 연나라의 명장 악의(樂毅)는 제나라 70여 개 성을 떨어뜨려 사실상 제나라를 거의 멸망시켰다. 다만 제나라 역시 막판에 사력을 다해 저항했고, 연나라 왕이 악의를 파직시키도록 반간계를 꾸며 기사회생했다.

그러나 이때쯤 제나라는 겉만 화려한 속 빈 강정이 되었고, 후대의 왕들도 제나라를 바로잡지 못했다. 한편 진나라는 제나라의 협력 아래 조·위·한·초·연 다섯 나라를 멸하고, 끝으로 제나라를 멸해 천하 통일을 완수했다.

부강함을 믿고 교만에 빠지고, 단기적 이익에 눈이 멀어 장기적 위협(진의 침공)을 무시하며, 상류층은 향락에 빠지고 하층민은 희망을 잃어버린 제나라. 제나라의 멸망은 부유함만을 추구하는 오늘의 우리에게도 깊은 시사점을 준다.

진나라의 짧은 천하 통일이 끝나고 유방과 항우가 격돌했다. 이때 유방은 항우를 맡고, 한신은 주변 세력을 평정해 항우의 세력을 잠식하며 유방의 세력을 늘리는 전략을 썼다. 명장 한신은 순조롭게 조·연·제를 평정했다.

그런데 한신은 부강한 제나라를 얻자 욕심이 생겼다. 한신은 유방에게 사자를 보내, 제나라 정세를 안정시키기 위해 자신을 제나라 가왕(假王, 임시 왕)으로 삼아달라고 청했다. 마침 항우에게 밀리고 있던 유방은 한신의 말을 듣고 불같이 화를 냈다. 이때 장량과 진평(陳平)은 실수로 유방의 발을 밟아 사과하는 척하면서 한신 없이는 항우를 물리칠 수 없다고 귀엣말을 했다. 기민한 유방은 재빨리 말을 바꾸며 한신을 제나라 왕으로 삼았다.

모사 괴통(蒯通)은 한신에게 강한 제나라에 의지해 유방·항우와 천하를 삼분(三分)하라고 조언했지만, 의리남아 한신은 유방을 배반할 수 없다며 거절했다. 그러나 유방은 해하(垓下)에서 항우를 물리치자마자, 바로 한신의 병사를 빼앗고 한신을 제나라 왕에서 초나라 왕으로 바꾸었다. 이때, 신하 전긍(田肯)은 유방에게 친자제가 아니면 왕으로 삼아서는 안 된다고 조언했다.

훗날 유방은 한신이 모반을 꾀한다고 모함하며, 초나라 왕의 직위도 박탈하고 회음후(淮陰侯)로 삼았다. 장안에서 따가운 감시를 받던 한신은 정말 모반을 일으킬 궁리를 하다가 발각되어 삼족이 멸해졌다. 의리남아 한신의 눈을 어둡게 만들었고, 끝내 한신을 파멸시킨 단초가 되었던 제나라. 이 모든 이야기는 역설적으로 산둥성의 중요성과 강력함을 알려준다.

산둥성은 '제노의 땅(齊魯之地)'으로서 제나라의 하드 파워(Hard Power)와 노나라의 소프트 파워(Soft Power)가 조화된 땅이다. 드넓은 평야에 황허와 지수이(濟水, 제수)가 흐르고 삼면이 바다다. 풍부한 물산은 많은 사람들을 길러낸다. 중국 1위의 농수산업은 중국 2위의 인구(9637만 명)를 부양하고 있다.[6] 값싼 농수산물 덕분에 생활 물가도 중국 다른 지역에 비해 더 저렴한 편이다.

지하자원도 풍부하여 금·은·유황·석고 매장량이 중국 1위, 석유는 2위
다.[7] 자원이 풍부하니 옛날부터 기초산업과 교역이 발달했다. 지리적 요충
지이기도 해서 내륙으로 중국의 양대 도시 베이징과 상하이를 잇고, 바다로
중국의 동부 연안 도시뿐만 아니라 한국이나 일본과 통한다.

인재들도 많다. 800년 주나라를 연 강태공, 제나라를 춘추시대 첫 번째
패자로 만든 관중, 지략의 대명사 제갈량은 중국사 최고의 명재상들이다. 그
뿐만 아니라 유가의 공자·맹자(孟子), 묵가의 묵자(墨子), 병가의 손무(孫武)·
손빈(孫臏)·오기(吳起) 등 제자백가의 대표적인 인물들이 산둥에서 활약했다.

산과 바다를 끼고 있는 신비로운 자연은 도교와 문학에도 영향을 주었다.
전진교(全眞教)를 발전시킨 구처기(丘處機)와 왕처일(王處一) 등 전진칠자(全眞
七者), 중국 최고의 새담가로 손꼽히는 동방삭(東方朔), 판타지 소설《요재지
이(聊齋志異)》를 쓴 포송령(蒲松齡)도 산둥인이다.

이처럼 산둥은 자랑거리가 많다. 그러나 호방한 산둥인은 한마디만 한다.
"하나의 산, 하나의 강, 하나의 사람[一山一水一聖人]!" 하나의 산이란 산의 대
명사 타이산이요, 하나의 강이란 중화 문명의 젖줄인 황허요, 하나의 사람이
란 지고무상의 성인인 공자다. 중화 문명의 정수가 모두 산둥에 있다는 말
이다.

타이산, 호연지기를 기르다

'갈수록 태산', '걱정이 태산', '티끌 모아 태산.'

타이산에 대한 말은 너무나도 많이 들어 마치 옆 동네에 있는 산 같다. 높
은 산의 대명사인 타이산은 얼마나 높을까? "태산이 높다하되 하늘 아래 뫼
이로다."라는 말이 생길 만큼 높다면 3000미터? 5000미터? 의외로 타이산

의 최고 높이는 1532미터에 불과하다. 백두산이나 한라산은 고사하고, 덕유산이나 태백산보다도 낮다. 북한을 제외하고 한국의 산만 따져도 타이산은 10위권 안에도 못 든다.

그렇다면 왜 타이산이 산의 대명사가 되었을까? 동쪽은 태양이 떠오르고 만물이 시작되는 곳이다. 중국인들에게 황해가 시작되는 산둥반도는 세상의 끝이었다. 타이산은 화베이(華北, 화북)평야에 우뚝 서서 태양이 솟구치는 바다를 바라본다. 삼라만상을 기르는 태양에 소원을 빌기에 완벽한, 천연의 제단이다. 진 시황이 타이산에서 천하 통일을 완수했음을 하늘에 고하고[封] 땅에 알리는[禪] 봉선의식을 행한 이래, 한 무제(武帝), 광무제, 강희제(康熙帝), 건륭제(乾隆帝) 등 걸출한 황제들이 타이산에서 천하의 안녕을 빌었다. 게다가 공자는 '타이산에 올라 천하가 작다[登泰山小天下]'고 말했다. 유교가 동아시아의 지배 사상이 되자 타이산은 중화 문명의 정수가 깃든 곳으로 승화되었다.

만주족(滿洲族)의 청나라가 중국을 정복한 후 강희제는 "타이산 산줄기의 맥은 창바이산에서 온다[泰山山脈自長白山來]."고 주장했다.[8] 타이산은 한족의 산이고 창바이산은 만주족의 산이지만 본래 한 뿌리에서 나온 것처럼, 한족과 만주족은 한집안이나 다름없다는 주장이다. 그러면서도 타이산의 근본이 창바이산이듯 만주족이 한족보다 우월함을 암시했다. 이처럼 타이산은 단순한 산이 아니라 고도의 정치·문화적 상징인 '중국의 올림포스산'이다.

"공자가 동산에 올라 노나라를 작게 여기고 태산에 올라 천하를 작게 여겼다. 그러므로 바다를 본 자에게 물이 되기 어렵고, 성인의 문하에서 노닌 자에게 말이 되기 어렵다."[9]라는 맹자의 말은 산둥인의 호방함을 대변한다. 산둥인은 타이산에 올라 천하가 작음을 알고, 바다를 보고 큰물을 알며, 공맹의 가르침을 받아 의로움을 안다. 이런 이들이 호연지기 가득한 대장부가 되지 않을 수 있겠는가. 중국에서 산둥인들은 호방하고 의리가 있어 친구로

산둥성 山東省

사귀기에 좋다는 평을 듣는다. "남방인은 한 푼의 돈을 지키기 위해 싸우지만, 산둥인은 한 마디의 말을 지키기 위해 싸운다."

산둥인은 체격이 커서 대장부다운 풍모가 더욱 돋보인다. '산둥대한(山東大漢)'답게 공자는 9척 6촌, 제갈량은 8척의 장신이었다. 튼튼한 체격에 강인한 생활력을 갖춘 산둥인은 난세와 치세에 극명하게 역할이 나뉜다. 난리를 일으키는 도적이 되기도 으뜸이고, 난리를 평정하는 군인이 되기도 으뜸이다. 평화로울 때는 척박한 땅을 앞장서 일구는 개척자이자 궂은일을 마다하지 않는 일꾼이다.

후한 말 청주(青州, 지금의 산둥성 일대)에서 황건적이 크게 활개쳤다. 조조는 토벌한 황건적을 청주병(青州兵)으로 조직하여 휘하에 거느렸다. 청주병은 조조의 최정예 부대로서 조조를 삼국시대 최강자로 군림하게 해주었다.

송나라 말기 산둥의 양산박에서는 송강(宋江) 등 36인의 도적이 날뛰었다. 송 조정은 도적 토벌에는 성공했으나 금(金)나라에 밀려 강남으로 쫓겨나자, 산둥의 잔존 관군과 도적을 충의군(忠義軍)이라는 유격부대로 만들어 금나라의 후방을 교란케했다. 훗날 이들의 이야기는 중국 4대 기서 중 하나인 《수호지(水滸誌)》의 모티프가 되었다. 청나라 말기 의화단운동(義和團運動)이 시작된 곳 역시 산둥이었다. 중국 인민 해방군에는 산둥 출신의 장군이 많아 '산둥방(山東幫, 산동방)'을 형성했다.

한편 산둥인은 평화 시에는 성실한 일꾼이다. 청나라 때 베이징은 급수시설이 좋지 않아 물장수가 많았는데 대부분이 산둥인이었다. 그래서 베이징 사람들은 노래했다. "산둥인이 장사 안 하면 베이징의 우물물 모두 마르리."[10]

둥베이 삼성(東北三省, 동북삼성)을 개발할 때는 많은 산둥인이 이주하여 황무지를 개간했다. 영국은 홍콩을 통치할 때 남부 중국인보다 체격 좋고 규율이 잘 잡힌 산둥인을 홍콩 경찰로 많이 채용했다.

칭다오에 남아 있는 독일의 흔적

항저우 친구와 함께 칭다오를 여행했다. 독일의 조계지와 바닷가를 산책하는데 그가 말했다.

"칭다오가 항저우보다 더 아름다운 것 같아."

중국인은 자기 고향에 대한 자부심이 강한데다, "하늘에는 천국이 있고, 지상에는 쑤저우와 항저우가 있다."고 할 만큼 항저우는 중국에서 아름답기로 유명하다. 그런데 항저우 친구가 이토록 칭다오를 칭찬하는 것이 재미있었다.

작은 어촌 마을 칭다오가 항저우를 감탄시킬 만큼 멋지게 변한 것은 독일 덕분이다. 1897년 빌헬름 2세(Wilhelm II)는 칭다오를 99년간 할양받고 대대적으로 개발했다. 중국 공략을 위한 핵심 군항이자 무역항으로 만들려는 야심 찬 계획이었다. 붉은 지붕, 화강암 벽의 독일 고전 건축물이 즐비하게 들어섰다. 캉유웨이(康有爲, 강유위)는 칭다오를 보고 칭찬을 아끼지 않았다. "붉은 기와에 푸른 나무, 파란 바다에 쪽빛 하늘, 중국 제일이로다[紅瓦綠樹, 碧海藍天, 中國第一]."[11]

칭다오와 독일의 인연은 뿌리 깊다. 독일이 1903년에 세운 칭다오 양조장은 중국의 대표 맥주인 칭다오 맥주가 되었고, 비스마르크 병영은 중국 해양대학교가 되었다. 개혁개방 시기 칭다오의 한 중소기업은 독일의 립벨(Liebherr)사와 합작하여 냉장고를 만들었고, 훗날 립벨의 중국식 발음으로 이름을 고쳤다. 오늘날 세계 최대의 백색가전 회사인 하이얼이다.

타이완(臺灣, 대만) 지식인 우샹후이(吳祥輝, 오상휘)가 만난 칭다오 여성은 말했다. "칭다오는 홍수가 날 염려가 없어요. …… 독일인들이 100년 전에 지은 건물도 아직까지 아주 튼튼해요. 그런데 중국인들이 지은 건물은 완공하고 입주도 하기 전에 금이 가고 무너진다니까요."[12]

산둥성 山東省

우샹후이는 평가했다. "칭다오 사람들이 독일에 느끼는 친근함은 타이완 인들이 일본에 느끼는 친근함에 결코 뒤지지 않을 것이다."[13]

굴욕적인 역사로 식민지가 되었지만, 식민 유산이 오늘날 오히려 저력이 되었다. 강제 개항된 많은 중국 조계 항구의 특성을 칭다오 역시 갖고 있다. 세상만사 새옹지마인가.

인천광역시 칭다오구

노태우 전 대통령은 중국의 산둥성 관계자를 만났을 때, "산둥이 사실은 우리 할아버지의 고향"이라고 말했다. 노(盧)씨가 강태공의 강(姜)씨에서 나온 성씨라는 의미였다. 2000년 6월 노태우는 산둥성을 방문해 강태공의 유적을 참배했다.[14] 중국 언론은 중국을 뿌리로 여기는 한국인들에게 관심을 보이며 말했다. "나무가 천 척 넘게 자라도 잎사귀는 떨어져 뿌리로 돌아간다 [樹高千尺落葉歸根]."[15] 산둥과 한국의 인연을 희극적으로 보여주는 일화다.

산둥과 한반도는 역사의 첫 단계부터 질긴 인연을 맺어왔다. 고조선(古朝鮮)이 기원전 2333년에 건국되었다고 하지만 역사적 근거는 부족하다. 고조선의 존재를 역사적으로 증명해준 것은 바로 산둥이었다. 기원전 7~6세기에 쓰인 《관자(管子)》에 제나라가 고조선과 교역했다는 기록이 있다. 고조선이 최소한 기원전 7~6세기에는 외국과 교역하는 세력으로 성장했음을 보여준다. 동시에 양자 교역의 역사가 얼마나 뿌리 깊은지도 보여준다.

그럴 수밖에. 백령도와 산둥 청산토(成山頭, 성산두)의 거리는 불과 180킬로미터다. 서울-전주 간 직선거리와 비슷하다. "인천에서 닭이 울면 산둥인의 잠이 깬다."는 속담이 있을 정도다. 산둥과 한국은 서로의 흔적을 곳곳에서 찾아볼 수 있다. 전 세계에 퍼진 화교의 상당수는 푸젠성과 광둥성 출신이지만, 한국의 화교는 산둥성 출신이 많다.

산둥성은 우리의 식생활에도 큰 영향을 미쳤다. 한국인이 사랑하는 배추 김치와 짜장면도 산둥에 빚지고 있다. 배추의 원산지가 산둥이고, 배추라는 이름 자체도 중국어 '바이차이(白菜, 백채)'에서 파생되었다. 짜장면은 원래 인천부두에서 일하던 산둥 노동자의 끼니였다.

역으로 한국인도 산둥에 많이 살고 있다. 칭다오에서 우연히 한 한국인을 만났는데, 10년째 칭다오에서 살고 있는 프로그래머였다.

"칭다오는 참 한국인 만나기도 쉽고 한국 간판도 많이 볼 수 있네요."

그는 내 말에 답했다.

"인천광역시 칭다오구죠."

산둥성은 중국에서 가장 많은 한국인이 살고, 둥베이 삼성을 제외하면 가장 많은 조선족이 사는 곳이기도 하다. 2013년 현재 중국에 거주하는 35만 명의 한국인 중 8만 명(23.8퍼센트), 조선족 222만 명 중 20만 명(9.2퍼센트)이 산둥에 산다. 그만큼 교역도 활발하다. 2012년 기준, 한국의 중국 성·시별 직접투자 누계액 비중에서 산둥은 22.1퍼센트를 차지하여 1위인 장쑤성(22.3퍼센트)과 거의 차이가 없었다.

가까운 만큼 다투기도 쉽다. 한 무제가 고조선을 치려고 창해군(滄海郡)을 설치할 때, 산둥의 백성들이 크게 반발했다. 창해군을 설치하기 위한 인프라를 마련하는 데 인근 지역인 산둥의 인력과 물자를 크게 소모해야 했기 때문이다.

오늘날에도 산둥은 한반도 위기관리를 위한 핵심 지역이다. 중국은 전국을 전쟁에 대비해 총 5개의 전구(戰區)로 나누어 관리한다. 북부 전구는 산둥성을 비롯해 둥베이 삼성과 네이멍구(內蒙古, 내몽고)를 아우른다. 러시아·북한·몽골과 국경을 맞대고 있으며, 황해를 장악하고 수도 베이징을 보위하기 위한 최고의 요충지다.

수도 베이징이 중국의 목구멍이라면, 그 목구멍을 감싸며 보호하고 있는 이빨은 산둥반도와 랴오둥반도(遼東半島, 요동반도)이고, 입술은 황해와 보하이(渤海, 발해)다. 산둥반도는 베이징을 방어하는 해양 저지선인 동시에 밖으로 뻗어나갈 수 있는 전진기지다. 반대로 점령군의 입장에서는 중국의 숨통을 거머쥘 수 있는 요충지다.

더욱이 산둥의 인접 국가는 한국·북한·일본·러시아다. 모두 만만찮은 군사 강국이다. 만약 전쟁이 발발한다면 파급효과가 엄청날 것이다. 이미 역사적으로도 청일전쟁(淸日戰爭)과 러일전쟁(露日戰爭)의 격전지가 된 곳이 아닌가. 한반도의 불안정한 상황, 러시아와 일본의 잠재적 위협, 미국의 군사적 개입 가능성 등 여러 정황 때문에 산둥은 핵심 요충지다.

산둥과 한국은 너무나도 가까워 평화적이든 적대적이든 교류를 끊으려야 끊을 수 없는 관계다. 모쪼록 언제나 화목하게 술잔을 나누는 사이기를 바란다. 둘의 공통점으로 빼놓을 수 없는 것이 술을 좋아한다는 것이다.

다원커우 유적의 133개 무덤들 중 42개에서 수장품으로 고병배, 통형배, 손잡이가 있는 잔 등 각종 잔이 171개나 나왔는데, 그중 대부분은 술잔이었어. 따판좡(大范庄) 유적에서 나온 725개 도기들 중 술과 관련된 것은 644개로, 전체의 88.2퍼센트나 차지하지. 참 놀라운 숫자 아냐. 출토 수량만 보면 밥보다 술을 더 좋아한 게 아닌가 싶어.[16]

공자도 엄청난 애주가였다. 《논어(論語)》에 따르면, 공자는 "술의 양에 제한이 없었지만 취하지 않았다[唯酒無量 不及亂]."

삼국시대 조조가 곡물이 부족해 금주령(禁酒令)을 내리려 할 때, 공자의 20대손 공융(孔融)은 금주령에 반대했다.

술의 아름다운 덕은 실로 오래되었소. 하늘에는 주성(酒星)이 빛나고, 땅에는 주천(酒泉)이라는 군(郡)이 있소. 사람이라면 마땅히 술의 덕을 찬양해야 할 것이오. 요 임금께서 1000잔의 술을 마시지 않았더라면 태평천하를 세울 수 없었을 것이고, 공자도 100곡의 술을 들지 않았더라면 성현으로 불리지 못했을 것이오. …… 이로 보건대, 술이 어찌 정치를 저버린단 말이오?[17]

그 후손답게 오늘날의 산둥인도 술을 사랑한다. 오죽하면 "산둥의 경제는 술의 바다 위에 떠 있고, 산둥 사람은 이 바다의 선원"[18]이라는 말이 있겠는가? 매년 여름 칭다오에서는 국제 맥주 축제(青島國際啤酒節)가 열린다. 호방한 산둥인과 술을 마시며 친구가 되어보는 것이 어떤가? 물론 중국의 엄청난 인파를 감당해야겠지만.

산둥성 山東省

나라 이름 **진**

산시성

山西省

중원의 울타리, 오호의 근거지

❶ 윈강 석굴 1킬로미터의 석굴에 5만 1000개의 불상이 조각된 산시의 대표적인 문화유산이다.
❷ 북악 헝산 중국 오악 중 하나인 명산이다. 중원의 북방한계선이 산시성이었음을 보여준다.
❸ 쉬안쿵쓰(현공사) 허공에 매달린 듯 절벽에 붙여 지은 절이다.
❹ 핑야오 고성 명대의 성벽을 잘 간직하고 있는, 한족의 대표적인 고성이다.
❺ 산시의 젖줄 펀허 산시성의 성도 타이위안에 흐르고 있는 펀허의 노을 풍경.
❻ 핑야오 고성의 경극 공연 경극 배우들이 공연을 하고 있다.
❼ 타이위안 많은 사람들이 먹자골목에서 저녁을 즐기고 있다.

완 리 창 청
윈강 석굴 •다퉁
옌먼관   △헝산
쉬저우
핑허   낭쯔관
타이위안 ○ •진중
•핑야오 고성
산시성
(山西省)
린펀 •
황 허

타이항산은 산둥성과 산시성(山西省)을 가른다. 산시성은 중원 평야와 몽골 초원을 잇는 황토 고원이다. 북방 유목민과 중원 농경민이 어우러지며 독특한 문화를 창출한 산시성은 춘추전국시대에는 두 번째 패권국 진(晉), 5호16국시대에는 '오호(五胡)의 근거지', 명·청 시대에는 '중국의 월스트리트', 개혁개방 시기에는 '석탄대성[煤炭大省]'으로 현란한 변신을 보여주었다. 이제 산시성은 '미세먼지 배출의 주범'이라는 오명을 씻어버리고 '관광대성'으로 거듭나고자 한다.

산시성(山西省, 산서성) 다퉁(大同, 대동)의 윈강 석굴(雲岡石窟, 운강석굴)은 박력이 넘쳤다. 이미 다른 중국 3대 석굴인 간쑤성 둔황(敦煌, 돈황) 모가오굴(莫高窟, 막고굴)과 허난의 룽먼 석굴(龍門石窟, 용문석굴)을 봤지만, 그중 윈강 석굴이 제일 인상적이었다. 산을 깎아 만든 석굴 속의 거대한 불상을 보니 영화 〈인디아나 존스〉 속으로 들어온 것 같았다. 윈강 석굴은 규모가 클 뿐만 아니라 인도의 간다라 예술 양식에 북방 선비족의 호방한 기풍이 녹아 있다.

산시성은 어떻게 이토록 개성적인 문화를 탄생시켰을까? 산시성은 옛 중국의 북쪽 끝이다. 중국의 오악 중 북악(北岳) 헝산(恒山, 항산)이 산시에 있다. 중원의 북방 영역은 산시성에 그쳤다는 뜻이다.

매서운 겨울바람 삭풍(朔風)이 부는 쒀저우(朔州, 삭주)가 산시성의 북쪽에 있다. 기러기가 오가는 길목인 옌먼관(雁門關, 안문관), 당 태종의 딸 평양공주(平陽公主)가 낭자군을 거느리고 지켰다는 냥쯔관(娘子關, 낭자관) 등 완리창청의 중요한 관문들이 산시성에 즐비하게 배치되어 있다. 즉, 산시는 옛 중국의 최북단이며, 산시성 북쪽의 완리창청은 중국의 북방 한계선이었다.

한 지역의 끝은 다른 지역의 시작이다. 산시성 제2의 도시 다퉁에서 차로 3~4시간만 가면 네이멍구자치구의 성도 후허하오터(呼和浩特, 호화호특)가 나온다. 여기서 다양한 유목민족이 한족과 만나며 독특한 문화를 창출했다. 이 민족과 전쟁도 많이 했지만 교류도 잦았던 산시는 문화 융합을 통해 중원에 신선한 기운을 불어넣었다.

산시성의 약칭은 '나라 이름 진(晉)' 자다. 산시성은 '타이항산의 서쪽에 있다'는 뜻이고, 진(晉)나라는 춘추시대의 두 번째 패자 진 문공(晉文公)이 이끌었던 강국이다. 즉, 산시성의 약칭 '진(晉)'은 타이항산 호랑이 진나라의 영광을 추억하는 이름이다.

'진(晉)'이라는 글자는 화살이나 창이 물체에 꽂힌 모습, 또는 벼가 햇빛을 받고 무럭무럭 자라는 모습을 본뜬 것이다. 두 가지 해석 모두 진나라의 모습을 보여준다. 진나라는 펀허(汾河, 분하) 주변의 곡창지대에서 풍부한 양식을 얻고, 강병(強兵)을 거느린 군사 강국이었다.

산시성은 중원의 북쪽에 있는 산악 지역이다. 이웃인 산시성(陝西省) 역시 산이 많기로 유명한 지역이지만 중심부는 비옥한 관중 평원이고 황토 고원은 북부 지역에 국한된다. 그러나 산시성(山西省)은 성 전체가 황토 고원이다. 산과 구릉이 전체 면적의 80퍼센트가 넘는다. 산시의 추운 겨울과 험난한 지형을 만난 이백(李白)은 탄식했다.

황하를 건너자니 얼음이 막고   欲渡黄河冰塞川

태행산을 오르자니 온 산에 눈이 가득하네   將登太行雪滿山

— 이백, 〈길을 가기 어렵구나[行路難]〉 중에서

중국에서 산속의 분지로 유명한 성(省)은 쓰촨·산시(陝西)·산시(山西)다. 산 높고 분지 넓기로 쓰촨이 으뜸이고, 산시(陝西)가 중간이며, 산시(山西)는 산이 가장 낮고 분지도 가장 작다.

나는 새조차 넘기 힘든 험준한 산속에 거대한 분지가 있는 쓰촨은 폐쇄적이고 독립적이다. 유비와 제갈량은 쓰촨 하나만 가지고도 능히 촉한(蜀漢)을 세울 수 있었다.

산시(陝西)는 쓰촨만큼은 아니나 역시 범접하기 힘들 정도로 산이 높고 분지도 넓다. 한구관을 보루로 삼고 관중 평원을 근거로 삼은 산시는 강력한 중앙집권 체제의 진(秦)나라를 낳았다.

그러나 산시(山西)의 타이항산은 기어코 넘어가려면 못 넘을 것은 없지만, 막상 넘으려면 만만찮은, 참 애매한 높이다. 펀허 분지 역시 내부의 인구를 적잖게 유지할 수 있기는 해도 쓰촨과 산시의 생산력에는 훨씬 못 미친다. 어중간한 산과 어중간한 생산력, 이것이 산시의 역사에 큰 영향을 미쳤다.

산시의 이웃 역시 매우 화려하다. 동쪽에는 타이항산맥을 사이에 두고 산둥성이 있고, 서쪽에는 친진대협곡(秦晉大峽穀, 진진대협곡)을 사이에 두고 산시성(陝西省)이 있다. 남쪽에는 중원 허난성이 있고, 북쪽에는 네이멍구자치구가 있다. 춘추전국시대 방식으로 말하자면, 진(晉)나라는 동서로 강대국 제(齊)나라와 진(秦)나라 사이에, 남북으로 중원의 농경민족과 북방의 유목민족 사이에 있었다.

군사강국 진(晉)의 탄생

초기 산시 일대에는 황허 중류 평지의 농경민족인 화하족과 구별되는 유목민족인 융적(戎狄)이 살았다. 이들은 수많은 산속에 여러 군소 집단으로 나뉜 채 살아서 큰 세력을 형성하지는 못했다. 화하족과 융적이 섞이며 비로소 산시 일대를 석권하는 통일 국가를 형성하게 된다.

전설에 따르면, 진(晉)나라는 어린아이의 장난으로 탄생했다. 주 무왕의 아들 성왕(成王)이 동생 숙우(叔虞)와 놀다가 "그대를 제후로 봉하노라."라고 농담했다. 그러자 옆에 있던 사관이 "천자는 실언을 할 수 없다."며 숙우를 제후로 봉해야 한다고 했다. 성왕은 어쩔 수 없이 숙우에게 갓 차지한 당(唐)의 영토를 주어 진나라가 생겼다. 믿거나 말거나식 탄생 설화지만, 당시 산

산시성 山西省

시는 중원에게 시답잖은 지역이어서 이 지역을 맡을 인재를 대충 선발했다는 인상을 준다.

산시는 북방의 산악 지대로 생산력이 낮을 뿐만 아니라 전투 종족인 북적·서융과 직접 맞닿아 있어 대단히 위험한 지역이었다. 진나라가 발원한 진청시(晉城市, 진성시)는 산시성의 남부이며 허난성의 성도 정저우, 천년고도 뤄양의 바로 위쪽에 있다. 진청시의 별명은 '중원의 울타리[中原屏翰].' 진나라는 태생적으로 중원의 방패였다.

그러나 산악 지형이 반드시 나쁜 것만은 아니다. 중원의 통제력이 약해지자 험한 산으로 둘러싸인 진나라는 누구의 간섭도 받지 않고 자유롭게 힘을 키울 수 있었다. 거친 산악 지형에서 융적과 부대끼며 자란 진인(晉人)들은 강인한 전사였다. 주위에 득시글거리는 융적은 귀찮은 적이기도 했지만 훌륭한 용병이자 준마를 공급해주는 납품업자였다.

강한 전사와 준마, 험한 지형은 진나라를 군사 강국으로 만들어주었다. 그래서 진후(晉侯)는 자신 있게 말했다. "우리나라는 우월한 점이 세 가지나 있는데 적들이야 하나라도 있소? 우리의 지형은 험하고, 말[馬]은 믿을 만하며, 초나라나 제나라처럼 난리가 많지도 않소."[1]

중원의 평원 국가는 백성들이 모이기도 쉬웠지만 떠나기도 쉬웠다. 공자나 맹자 등이 선정(善政)을 강조한 것은 도덕적 이상주의라기보다 오히려 매우 현실적인 판단이었다. 바른 정치를 베풀면 사방에서 백성들이 몰려든다. 인구는 곧 국력이다. 많아진 인구는 국력을 강하게 하고, 더 좋은 정치를 하면 더 많은 백성을 불러오는 선순환을 가능케 한다. 그러나 강한 국력에 방심해서 정치를 잘못하기 시작하면 그 많던 백성들이 순식간에 떠나버려 국력이 약해진다.

반면 산악 국가는 정치를 잘하든 못하든 백성들이 찾아오기도 어렵지만 떠나기도 힘들다. 평원 국가의 인구는 탄력적인 반면, 산악 국가의 인구는 비탄력적이다. 따라서 진나라는 가난했지만 거주민들을 최대한 효율적으로 활용할 수 있었다. 진나라는 '땅의 힘을 최대한 뽑아내는 정책'으로 일약 강국의 지위에 올라섰다.

떠돌이 진 문공, 북방의 패자가 되다

화하족 진나라 정권과 융적 토착민과의 공존은 진나라의 중요한 과제였다. 진나라는 '융적의 법으로 변방을 다스리는 정책'을 시행했다. 노나라는 주나라 법에 따라 농경지를 분배했지만, 진나라는 융적의 관습에 따라 방목지를 분배했다. "로마에 가면 로마법을 따르라."는 말처럼 현지 친화적 정책을 펼친 것이다. 진나라는 북적 부족들과 혼인하여 제휴 관계를 강화했다. 춘추전국시대 두 번째 패자인 진 문공(晉文公)은 진 헌공(晉獻公)과 적족 수령의 딸인 호희(狐姬) 사이에서 태어난 인물이다.

　진나라는 열악한 조건 속에서도 주어진 장점을 잘 살리며 성장하다가, 진 문공 시대에 이르러 북방의 초강대국이 되었다. 진 문공의 인생은 매우 파란만장했다. 왕위 싸움에 휘말린 그는 마흔세 살에 망명을 시작해서 19년이나 천하 각지를 방랑했다. 그는 예순두 살에야 비로소 귀국해서 왕좌를 차지한 뒤, 불과 9년 만에 진나라를 북방의 최강국으로 키워냈다. 대기만성의 전형이며 늦깎이 인생의 희망이다.

　방랑자 진 문공은 북방인답게 희로애락을 감추지 않고 직설적으로 드러냈다. 어느 날 진 문공 일행이 배가 고파 농부들에게 밥을 구걸하자, 농부는 밥이 아니라 흙을 그릇에 담아주었다. 아마 이런 뜻이었으리라. '우리처럼 가난한 농부에게 밥이 어딨어? 사지 멀쩡한 놈이 밥 구걸이나 하러 다니지 말고 열심히 농사지어 먹고살아라.'

배고픈 데다 깡촌 무지렁이들의 푸대접에 잔뜩 화가 난 진 문공이 이들을 두들겨 패려 하자, 신하 호언(狐偃)이 말렸다. "백성들이 땅을 바치겠다니 매우 상서로운 일입니다."

이처럼 온갖 풍상을 겪은 진 문공은 여러 나라의 사정을 두루 살피며 통찰력을 길렀다. 진 문공은 자원이 부족한 진나라에 가장 적합한 정책은 두 가지, 근검절약과 군사 강국화임을 깨달았다. 제 환공이 부유함을 통해 강해졌다면, 진 문공은 검소함을 통해 강해졌다. 묵자는 제 환공과 진 문공을 선명하게 대조했다.

> (올바른) 행동은 의복에 있지 않소. …… 옛날에 제 환공은 높은 관을 쓰고 넓은 띠를 두르고 좋은 금(金, 청동) 칼에 나무 빙패를 들고도 나라를 잘 다스렸고, 진 문공은 포의에 양가죽 옷을 입고는 허리에 띠를 둘러 (볼품없는) 칼을 꽂고 나라를 다스렸지만 역시 잘 다스렸소.[2]

진 문공은 주나라의 내분을 진정시키고 초나라의 침공을 격퇴했다. '남방의 오랑캐를 물리치고 중원을 수호[尊王攘夷]'한 진 문공은 춘추시대 두 번째 패자가 된다.

진(秦), 삼진(三晉)을 삼키다

춘추시대 진(晉)은 성복(城濮) 전투로 초를 격파하고, 효산(殽山) 전투로 진(秦)을 격파한 최강국이었다. 그러나 성공은 교만을 낳는다. 최강의 군사력에 지형이 험해 외부의 근심이 없으니 내부의 싸움이 벌어졌다.

더욱이 산시의 숙명인 산악 지형이 문제를 더욱 악화시켰다. 산둥성과 산시성을 가르는 타이항산맥은 산줄기가 매우 복잡하다. 끊어질 듯 이어지고 이어질 듯 끊어진 산은 산시성 내부도 복잡하게 갈라놓는다.

진(秦)은 관중평야를 중심으로 강력한 중앙집권화를 이룩했지만, 진(晉)은 세 귀족 가문이 나라를 셋으로 갈랐다. 여기서부터 두 나라의 운명은 크게 달라졌다. 진(秦)은 천하 통일의 위업을 달성하지만, 진(晉)은 진(秦)의 첫 희생물이 되었다.

분열 초기에 삼진(三晉)의 각개약진은 꽤 화려했다. 삼진, 즉 조(趙)·위(魏)·한(韓)은 모두 당당히 전국칠웅(戰國七雄)이 되었다. 조나라 무령왕(武靈王)은 '오랑캐의 옷을 입고 말을 타고 활을 쏘는[胡服騎射]' 전대미문의 개혁을 단행하여 군사 강국의 전통을 이어갔다. 위나라는 불패의 명장 오기(吳起)를 등용해 진(秦)나라와 76전 64승 12무 무패의 싸움을 벌여 진나라를 궁지로 몰아넣었다. 한나라는 삼진 중 가장 약했지만, 그래도 20만 대군과 명검, 강궁을 보유했으며 산시 남부와 중원의 요지를 차지했다.

그러나 삼진은 가장 위험한 적인 진(秦)을 무시하고 사방팔방으로 전쟁을 벌였다. 순간적인 이익을 탐하다 오랜 우방과 친구를 모두 잃었다. 승전할 때도 있었지만 실질적으로 영토와 백성을 늘리지 못하는 소모전만 되풀이했다. 그래서 승리하면 할수록 오히려 국력이 약해졌다. "군사를 좋아하는 자는 망하고, 승리를 이로운 것으로 여기는 자는 욕을 당한다."는 손빈의 말은 삼진의 약점을 정확히 꼬집는다.

당시 선비들은 "삼진이 합치면 진(秦)이 약해지고 흩어지면 진이 강해지는 것은 천하가 다 아는 일"이라고 말했고, 사마천은 "진나라의 병력을 헤아려보면 삼진의 강함만도 못하였다."[3]고 평했다. 삼진이 한구관을 틀어막으면 진나라는 중원으로 진출할 수 없었다. 그렇기에 진과 삼진은 살육의 전국시대 중에서도 가장 처절한 싸움을 벌였다.

진나라의 장군 백기(白起)는 장평(長平) 전투로 조나라를 격파하고 40만 병

산시성 山西省

사를 모두 생매장해버렸다. 이때의 참혹한 흔적이 산시의 '시골갱(尸骨坑, 시체와 뼈의 구덩이)'과 '고루묘(骷髏廟, 해골을 제사 지내는 묘당)'에 남아 있다. 대학살 후, 조나라는 국력을 회복하지 못하고 몰락했다. 이때의 원한은 2000년이 지난 오늘날에도 남아 산시 요리 중에는 두부를 물에 삶아 먹듯 '백기를 삶아 먹고 싶다'는 뜻의 '츠바이치(吃白起, 흘백기)'⁴라는 두부 요리가 있다.

훗날 당 고조 이연은 산시의 고대 왕국의 이름을 따서 당(唐)나라를 세우고 펀허를 타고 내려가 재빨리 산시(陝西)를 정복한 후 천하를 통일했다. 삼진이 다소나마 진(秦)에 설욕을 한 셈이다.

오호(五胡)의 근거지

한나라는 왕망(王莽)의 손에 잠시 명맥이 끊겼지만, 광무제 유수가 한실을 다시 살려 후한을 세웠다. 이때, 광무제는 오환족 기병의 도움을 많이 받았고, 이후 북방 유목민과 곧잘 제휴했다.

마침 몽골고원의 흉노에 내분이 일어나 남흉노(南匈奴)와 북흉노(北匈奴)로 갈렸다. 북흉노에 밀려난 남흉노가 한나라에 들어오길 청하자, 광무제는 이들을 산시성 북부에 살도록 했다. 남흉노로 북흉노의 침략을 막을 수 있으니 손해보는 장사가 아니었다.

한나라 시대에 병주(幷州)는 산시성과 내몽골 일부를 합친 지역으로, 유목민과 한족이 어울리며 살아서 독특한 기풍을 가졌다. 후한 말 원소는 기주와 병주를 아울렀다. 펀허의 곡창지대는 원소에게 든든한 물량을 제공해주었고, 산시 일대의 유목민족은 탁월한 기병 전력이 되어주었다. 조조가 원소를 꺾고 이 지역을 차지하자, 조조의 위나라는 삼국 최강의 세력을 자랑했다.

그러나 유목민의 기병은 양날의 칼이었다. 이들을 잘 활용할 때에는 더없이 유용했지만, 통제력을 상실하면 엄청난 파란을 일으킬 수 있었다. 긴박한 삼국시대에 위(魏)와 진(晉) 나라는 이들을 잘 통제했지만, 천하 통일 이후 기강이 해이해지자 결국 유목민의 봉인이 풀렸다.

진나라는 팔왕의 난(八王之亂)이 일어나 내전에 시달렸다. 이때, 진나라 성도왕(成都王) 사마영(司馬穎)에게 볼모로 잡혀 있던 흉노 유연(劉淵)은 흉노로 돌려보내주면 흉노의 군대를 데려와서 돕겠다고 사마영을 설득했다. 유연은 흉노군을 이끌고 내려와 산시성을 장악했을 뿐만 아니라 위(魏)·진(晉)에 의해 끊어진 한나라를 부활시키겠다며 한의 황제를 자처했다.

유연의 한나라를 필두로 숱한 이민족의 국가들이 명멸했으니, 이것이 바로 중국사 최대의 혼란기인 5호16국 시대다. 그리고 그 중심에는 한족과 유목민족이 섞여 살던 '5호의 근거지' 산시성이 있다.

선비족 탁발규(拓跋珪)는 대(代, 지금의 산시성 북부) 지역을 근거지 삼아 북위(北魏)를 세웠다. 북위는 시대의 판도를 바꾼 게임 체인저였다. 용맹한 선비족 전사가 중심이 되어 몽골고원의 유목민을 규합하고 중원의 경제력으로 살림을 꾸렸다. 뿌리는 선비족이지만 적극적으로 한화(漢化) 정책을 실시해서, 조정에서 선비어 사용을 금지하고 중국어를 쓰며 중국 관제를 따르고 중국식 옷을 입었다. '북위-북제(北齊)-북주(北周)'의 계보는 결국 통일 제국 수·당으로 이어져 대분열의 시대를 끝냈다.

관우와 진상(晉商)

중국을 여행하다 보면 곳곳에서 관우의 상을 볼 수 있다.

"중국인들은 관우를 참 좋아하는구나."

내 말에 중국 친구는 답했다.

"응, 관우가 돈을 가져다준다고 믿거든."

엥, 이게 웬 자다 봉창 두드리는 소리지? 관우는 거의 평생 떠돌이 신세였던 유비를 섬겼기 때문에 그 자신도 떠돌이 신세였다. 조조는 '만인지적(萬人之敵)'의 용맹을 자랑하는 관우를 부하로 삼고 싶어 높은 관직에 보물, 미녀를 아낌없이 퍼부어댔다. 그러나 관우는 그 모든 것을 물리치고 떠돌이 유비를 찾아 먼 길을 떠났다. 관우는 이처럼 부귀영화를 저버리고 충성과 의리를 지킨 인물이었다. 그런 관우가 왜 돈을 가져다준단 말인가?

관우는 산시 출신이고, 산시 상인 진상(晉商)은 관우를 숭배했다. 명나라 10대 상방(商幫) 중 진상은 단연 최고의 실력을 자랑했고, 여타 상인들이 진상을 벤치마킹하며 진상의 수호신인 관우마저도 따라 모셨다. 원래 관우의 이미지가 좋았던 데다 돈을 가져다준다는 믿음까지 더해지니, 관우는 졸지에 무신(武神)에서 재신(財神)이 되었다. 오른손에 청룡언월도(靑龍偃月刀), 왼손에 은자(銀子)를 들고 있는 관우의 상은 매우 얄궂어 보인다.

산시의 지정학적 위치는 진상의 형성에 큰 영향을 주었다. 명나라가 원나라의 몽골족을 북방으로 몰아내고 중국을 통일하기는 했지만, 몽골군은 여전히 막강했다. 1449년 정통제(正統帝)는 50만 대군을 이끌고 친정했다가 몽골군에게 참패했을 뿐만 아니라 포로로 사로잡히기까지 했다. 황제가 전쟁에서 포로로 사로잡힌 이 희대의 사건이 '토목의 변(土木之變)'이다. 명나라는 몽골의 위협을 방어하기 위해 완리창청을 재건축하고 변방 9개 진에 80만 대군을 주둔시켰다. 산시성은 다시 한 번 중국의 최전방으로 중요해졌다.

명 조정은 80만 대군이 소모하는 어마어마한 보급품을 감당하기 위해 상인을 활용했다. 현지인인 산시 상인은 막대한 이익을 얻을 수 있었다. 처음에는 식량 위주의 장사였지만, 곧 산시의 특산물인 소금·철·석탄·비단도 다루었다. 교역 품목과 범위는 점점 넓어져 진상은 전국적 상인으로 떠올랐다. 나중에는 국경을 넘어 몽골의 말과 중국의 차를 교역했으며, 진상이 성장함에 따라 허베이·몽골·닝샤(寧夏, 영하) 등 인접 지역의 도시들도 교역 거점으로 발달하게 되었다. 그래서 '참새가 날아다닐 수 있는 지역이면 어디든지 산시 상인이 있다'는 평판을 얻었다.

진상은 유통업뿐만 아니라 금융, 물류업까지 사업 영역을 확대했다. 진상의 표호(票號)는 예금·대출·어음 업무를 수행한 은행이었다. 청나라 도광제(道光帝)는 진상에게 '회통천하(匯通天下, 금융망이 천하를 관통한다)'라는 편액을 내렸고, 서태후는 의화단운동을 진압하는 8개국 연합군에게 쫓길 때 긴급자금으로 진상에게 40만 냥을 빌렸다. 진상은 청 조정의 거의 모든 금전 출납을 총괄하여 재무부의 역할까지도 수행했다.

진상의 근거지인 산시는 중국의 월스트리트였다. 명나라 작가 사조제(謝肇淛)는 산시의 번영에 찬사를 보냈다. "아홉 군데의 변방 중에 대동(大同) 같은 곳도 그 번화함과 풍요로움이 강남 못지않았다. 여인들의 아름다움이나 집기의 정교함이 다른 변방 지역들과는 비교할 수 없었다."[5]

산시의 핑야오 고성(平遙古城, 평요고성)은 명나라 때의 성벽이 잘 남아 있어 1997년 유네스코 세계 문화유산에 지정되었다. 둘레 6163미터, 면적 2.25 제곱킬로미터의 성곽은 한족 고성의 전통미를 뽐내어 많은 관광객의 사랑을 받는다. 이 지역을 더욱 빛내주는 것 역시 진상의 유산이다. 중국 최초의 표호인 일승창(日昇昌)을 위시하여 많은 표호와 표국(鏢局)이 핑야오의 역사와 개성을 자랑한다. 차오자다위안(喬家大院, 교가대원)에서 장이머우(張藝謀, 장예모)의 영화 〈홍등(紅燈)〉을 촬영한 이래, 핑야오는 매우 인기 있는 사극과 방송 촬영지가 되었다.

진상의 상도덕은 매우 윤리적이다. 진상은 진 문공의 근검절약과 관우의 의리를 상도덕으로 승화시켰다. 척박한 환경은 강인한 생활력과 근검절약하는 습관을 길러주었다. 잔머리를 굴리면 단기적인 이익은 얻을 수 있을지 모르지만 장기적인 이익은 바랄 수 없다. "똑똑한 사람은 작은 장사를 하고,

정직한 사람은 큰 장사를 한다."[6]

따라서 정도(正道)를 걷고 신용을 지키는 길이 최선이다. 이익만 앞세우지 말고 의리를 생각해야 한다. 동업자와의 의리, 고객과의 의리를 지켜야 장기적으로 모두가 이익을 얻을 수 있다. 진상은 '의로써 이를 제어한다[以義制利]'는 원칙 아래 "성실한 자세로 천하의 인재들을 모으고 의롭게 온 세상의 재물을 받아들인다."[7]

그러나 청 조정을 대표하던 진상은 청과 함께 몰락한다. 제국주의 열강의 침탈 앞에 청 조정의 신용도가 급락한 데다, 서양식 근대 은행이 영업을 시작하며 시대에 뒤떨어진 표호는 역사의 뒤안길로 사라졌다. 그래도 오늘날 산시의 지역 은행 이름은 '진상은행(晉商銀行)'이다. 산시인들은 천하를 주름잡던 진상의 후예임을 자부하고 있다.

석탄대국의 석탄대성

오늘날은 황량해 보이는 산시성이지만 아득히 먼 옛날에는 식물들이 무성하게 자라던 땅이었을 것이다. 식물이 탄화된 돌, 즉 석탄이 산시에 매우 풍부하기 때문이다.

2014년 기준으로 중국의 석탄 매장량은 1145억 톤으로 전 세계 매장량의 12.8퍼센트이지만, 생산량은 18억 4000만 톤으로 세계 생산량의 46.9퍼센트, 소비량은 19억 6000만 톤으로 세계 소비량의 50.6퍼센트를 차지한다. 특히 산시의 석탄 매장량은 중국 매장량의 3분의 1에 이른다. 중국은 석탄대국이고, 산시는 석탄대성(煤炭大省)이다.

중국의 에너지원 중 석탄의 비중은 76퍼센트로 압도적이다. 중국의 고속 경제성장을 이끌어온 것은 석탄이고, 중국 석탄의 최대 산지인 산시는 중국

경제의 숨은 공신이다. 그래서 산시인들은 말한다. "산시로 통하는 길이 막히면 베이징의 고귀하신 분들이 모두 얼어 죽는다."

그러나 석탄을 둘러싼 정황은 그리 아름답지 않다. 산시는 중국의 경제성장에 큰 공헌을 했음에도 불구하고 상당히 낙후된 상태에 머물러 있다. 아직까지 경제 발전의 수혜를 제대로 받지 못한 지역 중 하나다.

산시의 '석탄부자[煤老板]'는 권력과의 유착, 불법 탄광 무허가 채굴, 잦은 탄광 사고, 졸부적 행태 등으로 진상의 후예답지 않게 이미지가 매우 나쁘다. 석탄부자는 깨끗하지 않은 방법으로 막대한 재산을 벌고 탈세를 일삼는가 하면 부동산을 싹쓸이 투기하고 '황제의 기운'이 서려 있는 고급 차를 사기 위해 베이징까지 간다고 조롱받는다.

2009년 4월 상하이 모터쇼에 열아홉 살 여성이 나타났다. 패션은 세련되었지만, 그와 전혀 어울리지 않는 마대를 메고 있었다. 그녀는 주위의 관람객에게 기념사진을 찍어달라고 부탁한 뒤, 답례로 마대에서 수천 위안의 지폐를 꺼내주었다. 그녀는 '상하이 모터쇼의 마대녀(麻袋女)'라는 별명을 얻으며 순식간에 인터넷을 뜨겁게 달구었다. 그녀가 산시 석탄부자의 딸로 밝혀지자 석탄부자의 부정적 이미지와 겹쳐 더욱 공분을 샀다.

악덕 탄광주들의 광부 착취는 매우 오랜 역사를 갖고 있다. 이미 원나라의 희곡작가 관한경(關漢卿)은 악덕 탄광주를 "쪄도 흐물흐물거리지 않고, 삶아도 익지 않고, 방망이로 쳐도 깨지지 않고, 볶아도 터지지 않는, 동으로 만든 완두콩[銅豌豆]"이라고 조소한 바 있다.[8] 오늘날도 사정은 별반 다를 바 없다.

석탄부자의 이윤은 원가 절감에서 나온다. 원가 절감을 위해 광부의 임금은 노동 강도와 위험성에 비해 턱없이 낮고, 안전시설에 대한 투자도 매우 적다. 그 결과 탄광 사고로 매년 2500명의 광부들이 죽고 있다. 2010년 대형 탄광 사고가 연달아 터지자, 격노한 원자바오(溫家寶, 온가보) 총리는 광산

간부들을 갱 안에서 근무하도록 조치했다. 간부들을 갱 안에 집어넣지 않으면 안전 조치를 전혀 하지 않을 테니까.

민중예술가 장젠화(張建華)는 2007년 3월 한 달 동안 산시 탄광에서 광부로 일했다. '진정한 예술은 현실이 반영될 때 가장 빛난다'는 예술관에 따라, 탄광촌 광부의 삶을 표현하려고 움막 같은 숙소에서 20여 명과 함께 살면서 지하 800미터의 막장까지 내려가 석탄을 캤다.

그런데 장젠화가 급한 일이 생겨 베이징에 일주일간 간 사이 매몰 사고가 발생해 같은 방을 쓰던 20대 청년이 죽었다. 그러나 이 사건은 뉴스에 나오지도 않았고 광부들도 정확한 경위를 알 수 없었다. 채탄 허가도 나지 않은 불법 탄광은 아무 일도 없다는 듯 곧 채탄 작업을 다시 시작했다.

장젠화는 '광부 시리즈'를 완성하며 말했다. "해마다 1만 명의 생명을 빼앗아, 1만 달러를 향해 급성장하는 GDP. 그들의 목숨을 담보로 캐낸 석탄으로 중국의 불이 켜진다."[9]

석탄, 미세먼지, 차이징

석탄 자체도 문제가 있다. 에너지 효율이 낮을뿐더러 연소 시 많은 오염 물질을 배출한다. 중국이 사용하는 엄청난 양의 석탄은 바다 건너 우리에게까지 심각한 영향을 미치는 미세먼지의 주원인이다.

산시의 린펀(臨汾, 임분)은 세계 최악의 환경오염 도시이며 탄광 사고 다발 지역으로 악명이 높다. 2010년 한 미국 매체는 세계 9대 환경오염 도시 중 린펀을 1위로 선정했다.

린펀은 공기 오염이 심각해서 막 세탁한 옷을 입더라도 실외 활동을 할 경우

금방 새까맣게 오염될 뿐만 아니라, 현지에서 하루 정도 지내면 담배 세 갑을 피우는 정도의 유독가스를 흡입하는 것과 같다.[10]

바로 이 린펀에서 환경오염을 고발한 사람이 나온 것은 우연이 아니다. 린펀 출신의 아나운서 차이징(柴静)은 〈Under the Dome(柴菁霧霾調査)〉을 발표했다. 그녀는 중국의 환경오염을 알리기 위해 이 다큐멘터리를 자비로 직접 제작했다.

차이징은 전국에 출장을 다니며 대기오염의 심각성을 인지하다가 딸을 낳았다. 그런데 딸은 태어날 때부터 악성종양을 갖고 태어나 곧바로 수술을 해야 했다. 다행히 수술은 잘 끝났지만 차이징은 딸의 건강에 각별한 신경을 써야 했다. 그런데 베이징의 날씨를 관찰해보니 1년 중 절반이 외출하기 힘들 정도로 대기오염이 심각했다.

차이징은 대기오염의 원인을 조사하다가 그 뿌리가 매우 깊음을 알고 경악했다. 중국은 경제개발을 시작한 후 줄곧 환경오염이 심각했다. 다만 대중들이 그 사실을 알아채지 못했을 뿐이다. 1970년대 이후 중국의 폐암 환자는 30년간 465퍼센트나 증가했다.

북방에서는 겨울에 날씨가 추워 난방을 하려고 석탄을 많이 태워 오염이 심각한 것이 이상할 것은 없다. 그러나 난방을 잘 하지 않아 일반인은 석탄을 보기도 힘든 남방은 왜 오염이 심각할까? 중국은 세계의 공장이 되었고, 그 공장을 돌리는 것은 석탄이다. 장쑤성은 30제곱킬로미터마다 발전소가 있고, 상하이는 1제곱미터당 10킬로그램의 석탄을 쓴다.

석탄을 대량 소모하자 고품질탄은 귀해지고 저품질탄이 많이 사용되고 있다. 저품질탄은 탄화가 덜 되었기 때문에, 태우면 검은 매연이 훨씬 더 많이 발생한다. 이보다도 못한 저질탄은 발암물질까지 배출한다. 또한 유럽에서는 석탄을 세척 후 사용하지만, 중국은 세척량이 절반도 되지 않는다.

산시성 山西省

차량이 내뿜는 오염 물질도 상당한 수준이다. 그런데 베이징의 하루 오염도를 보면 신기한 현상이 보인다. 교통량이 적은 새벽의 오염도가 더욱 심하다. 새벽에는 화물차들만 오갈 뿐인데, 이들의 상당수가 배출가스 정화장치가 없다. 정화장치가 없는 차 한 대는 4등급 차량보다 500배나 많은 오염 물질을 배출한다. 베이징에 오가는 3만 대의 불량 차량은 수백, 수천만 대 수준의 오염 물질을 뿜어낸다. 그러나 당국은 화물차가 베이징 시민들의 생계를 쥐고 있기 때문에 은근히 눈감아주고 있다. 화물차의 환경보호 장비를 규제하면 물류비가 올라서 결국 베이징 물가를 상승시킬 것이기 때문이다.

결국 공해의 악취는 돈의 악취다. 중국은 환경을 희생시키며 경제를 발전시켜왔다. 그러나 중국도 상당히 성장한 현재, 이 같은 방식이 앞으로도 유효할까? 2014년 중국은 1톤의 철강을 생산하기 위해 600킬로그램의 석탄과 3~6톤의 물을 소비했고, 부산물로 1.53킬로그램의 이산화황, 1킬로그램의 매연을 배출했다. 그러나 이윤은 고작 2위안도 되지 않았다. 그토록 많은 자원을 퍼붓고 그토록 엄청난 오염 물질을 배출하고도 계란 한두 개 수준의 이윤밖에 내지 못했다. 저품질 저가 과잉생산은 중국 경제의 앞날을 밝혀줄 수 없다.

차이징은 중국 정부의 심기를 거스르지 않기 위해 직접적인 비판을 하지 않고 매우 온건한 이야기만 했다. 그러나 환경오염의 원인을 규명하다 보니 결국 정부의 책임이 매우 크다는 것을 입증했다.

중국 정부는 이미 수십 년 전부터 대기오염과 암 발병률의 관계를 알고 있었지만 대중에게 공개하지 않고 '내부 자료'로만 썼고, 규제와 감독을 통해 쉽게 해결할 수 있는 문제도 경제에 악영향을 미칠 것이라며 수수방관했다. 중국은 석탄보다 환경오염이 적은 석유와 천연가스 매장량도 상당하지만 적극적으로 개발하지 않았다. 국영기업이 폐쇄적인 에너지 시장을 독점하고 있기 때문이다.

중국의 민사소송법에 따르면, 환경오염 관계 단체만이 문제를 제기하고 고발할 수 있다. 그러나 관계 단체의 요건을 충족하려면 '5년 이상 환경보호 사업을 해온 비범법 단체'라야 한다. 자격 조건이 매우 까다로워 시민사회의 통제와 관여가 불가능에 가깝다. 결국 중국의 환경오염은 정치·경제·사회제도·사법기관 등이 모두 연관된 총체적 문제다.

중국 정부가 이토록 당돌한 문제 제기를 허용할 리 없다. 차이징의 다큐멘터리는 동영상 채널에 발표된 지 이틀 만에 1억 5000만 건의 조회수를 기록했지만 곧바로 사이트에서 내려졌다. 더욱이 '차이징은 미국 시민권을 얻은 비애국자'라는 루머가 돌았다. 공산당 찬양만으로는 약발이 받지 않는 중국은 이제 '애국'을 절대적 가치로 내세우고 있다. 한국식으로 표현하면 차이징에게 '민족 반역자', '매국노'라는 낙인을 찍은 것이다.

중국 정부는 "인민을 위해 복무하라[爲人民服務]."고 말한다. 언뜻 듣기에는 좋은 말이지만, 사실상 인민은 그저 정부가 베풀어주는 봉사를 받기만 해야 하는 존재라는 뜻이다. 능동적으로 문제 제기를 하고 주체적으로 권리를 요구할 자격 따위는 없다. 매사에 투명함이 없는 정부는 석탄처럼 시커멓고 속을 알 수 없다. 차이징이 다큐멘터리에서 한 말은 새삼스럽게 심금을 울린다. "사실 전 죽는 게 두려운 게 아니에요. 그저 이렇게 사는 게 두려워요."

현재 중국 정부는 의뭉스럽긴 해도 바보는 아니어서 차이징처럼 공개적으로 논의하지는 않지만 환경오염을 줄이려고 나름 노력하고 있다. 가정의 개별난방을 중앙난방으로 바꿔 똑같이 석탄을 쓰더라도 좀 더 효율적이고 오염을 줄이는 방향으로 나아가려고 한다. 아직 미흡하긴 하나 환경오염 규제도 점점 확대하고 있다.

중국의 변화에 발맞추어 산시성 역시 상당히 변했다. 전에는 산시성 전체가 탄광촌이다시피 해서 여행자들이 산시성을 추억할 때 매캐한 석탄가루를 떠올렸지만, 이제 웬만한 곳에서는 석탄과 관련된 것을 보기 힘들 정도다.

산시성 山西省

다퉁시는 시 중심부에 있던 석탄 작업장을 없애고 가짜 옛 거리를 조성하고 있다. 시안과 핑야오가 옛 모습을 잘 보존해서 막대한 관광 수입을 올리는 것을 보고, 아예 성벽과 옛 거리를 새로 만들고 있다. 광업에서 관광업으로 산업의 중심을 옮기려는 산시의 염원이 읽힌다.

변화무쌍한 산시, 내일은 또 어떤 새로운 모습을 보여줄까?

땅이름 **악**

후베이성

湖北省

중국의 배꼽, 병가필쟁지지

❶ 싼샤 창장의 절경 싼샤는 충칭부터 후베이까지 이어진다.

❷ 이창 창장 싼샤의 관문도시로 유비가 육손에게 대패한 이릉대전이 일어난 곳이다.

❸ 징저우성 징저우는 창장 중류에 위치한 요충지로, 2000년 전 초나라의 수도였으며 삼국시대 치열한 격전이 벌어진 곳이다.

❹ 관우 비록 유비와 관우가 형주를 차지한 시간은 짧았지만, 의리를 숭상하는 징저우 사람들은 관우를 형주의 주인으로 여긴다.

❺ 물의 나라, 초 후베이성 박물관의 조형물은 창장에서 물고기를 잡아먹고 용을 제압하며 살았던 초나라 사람을 연상케 한다.

❻ 초나라 편종 높이 2.73미터, 길이 7.48미터의 거대한 편종. 연주하려면 열 명의 악사가 필요할 만큼 크다. 후베이성 박물관.

❼ 현대 예술품 후베이 미술관의 현대 조각품.

❽ 후베이의 자랑, 굴원 뜨거운 애국자, 냉철한 전략가, 감수성이 풍부한 대시인 등 여러 얼굴을 가진 굴원은 후베이의 자랑이다.

아시아 최대의 강, 창장. 그 한복판에 후베이성이 있다. 황허 중류의 허난성이 중원을 낳았듯이, 창장 중류의 후베이성은 초(楚)나라를 낳았다. 황허 문명은 격식을 중시하는 유교를 낳았고, 창장 문명은 자연스러움을 중시하는 도교를 낳았다. 이들은 나란히 중국 문화의 양대 원류가 되었다. 후베이는 천하의 패권을 다투는 '병가필쟁지지(兵家必爭之地)'로서, 천하의 모든 산물이 거쳐가는 '상업과 물류의 중심지'로서 '중국의 지리적 중심'이다.

충칭(重慶, 중경)에서 출발한 창장(長江, 장강) 싼샤(三峽, 삼협) 크루즈 여행의 종착점은 후베이성(湖北省, 호북성)의 이창(宜昌, 의창)이다. 육손이 유비의 700리 영채를 불살랐던 이릉대전(夷陵大戰)이 벌어진 곳이다. 여기서 다시 창장을 따라 내려가니 징저우(荊州, 형주)가 나왔다. 삼국시대에 강릉성(江陵城)이었던 이곳에서 위·촉·오 삼국은 치열한 격전을 벌였다.

징저우의 곳곳에 삼국시대를 그리는 흔적이 있다. 여관은 '삼국빈관(三國賓館)'이고, 공원은 '삼국공원(三國公園)'이며, 심지어 노래방 이름은 '동작대(銅雀臺)'였다. 물론 '삼국'이라고는 해도 민중의 사랑을 받는 이들은 단연 유비·관우·장비였다. 삼국공원의 입구에는 유·관·장 3형제의 석상이 나그네를 반겨주었고, 징저우성 위에는 관우의 청룡언월도가 징저우를 지키는 신물처럼 위풍당당하게 자리 잡고 있었다. 삼국시대 최대의 격전지 후베이다웠다.

후베이성의 약칭은 '땅이름 악(鄂)' 자다. 후베이 수상 방어의 요충지인 우창(武昌, 무창)에 옛날 악(鄂)나라가 있었던 것에서 유래한 약칭이다. 후베이란 중국 최대의 호수였던 둥팅호(洞庭湖, 동정호)[1]의 북쪽에 있다는 뜻이다.

후베이는 중국의 지리적 중심, 즉 '중국의 배꼽'이다. 후베이의 성도 우한(武漢, 무한)의 특징을 들어보자.

하나의 선(京廣線)으로 관통하며, 두 강(長江, 漢水)이 교차하여 흐르고, 삼진(三鎭, 武昌·漢口·漢陽)이 정립하고 있다. 사해가 호응하며, 오방 사람이 잡거하고

후베이성 湖北省

[五方雜處], 북두칠성이 높이 떠 비춘다. 팔방이 영롱하고, 아홉 성으로 두루 통하며[九省通衢], 열 손가락은 심장과 닿아 있다.[2]

징광선은 남북으로 베이징과 광저우를 달리고, 창장은 중국의 동서를 잇는다. 중국의 대동맥인 징광선과 창장이 교차하는 곳이 바로 후베이다. 중국의 양대 철도인 징광선과 룽하이선이 만나는 허난성이 중국 교통의 중심이라면, 후베이는 중국 지리의 중심이다. 후베이는 허난·산시(陝西)·충칭·후난·장시·안후이와 접하고 있으며 수륙 교통으로 장쑤·광둥·쓰촨도 쉽게 오갈 수 있다.

후베이의 성도인 우한은 창장과 한수이(漢水, 한수)가 만나는 곳으로 우창·한커우(漢口, 한구)·한양(漢陽) 등 세 항구가 합쳐진 대도시다. 그래서 사방에서 온갖 부류의 사람들이 모여든다. 치세에는 상인들이 오가고, 난세에는 군대가 충돌한다.

남방의 맹주, 초나라 등장하다

후베이의 또 다른 약칭인 '초(楚)'가 이 지역의 정체성을 명확히 보여준다. 남방의 강국 초나라의 중심 영역이 바로 후베이다. 중원의 화하족은 황허를 젖줄로 삼았고, 남방의 초인(楚人)은 창장을 젖줄로 삼았다. 일찍부터 국가를 정비한 화하족에게 남방의 오랑캐들은 남만(南蠻)에 불과했다. 그러나 춘추시대에 접어들면 형만(荊蠻)은 초나라를 세우고 정치·경제·사회·문화 등 다방면에서 급속히 발전했다.

초나라는 당시의 선진국인 주나라의 인정을 받고 싶어했지만, 주나라는 초를 오랑캐로 여겨 상종하려 들지 않았다. 초의 지도자는 주 왕실에 작위를 요청했다가 거절당하자 당차게 말했다. "좋다. 안 올려주면 내가 스스로 올리겠다. 우리는 만이(蠻夷)다. 그러니 주나라 왕실의 시호를 따르지 않는다."[3] 바로 이 사람이 강한(江漢, 창장·한수이)의 맹주 초 무왕(楚武王)이다. 중원의 인정 따위에 연연하지 않았던 초의 자긍심이 드러난다.

춘추시대는 주 왕실이 쇠약해지긴 했으나 아직 권위가 살아 있던 시대였다. 따라서 제 환공과 진 문공은 춘추시대를 주름잡은 패자(霸者)였으나, 여전히 주 왕실을 섬기는 일개 제후이자 신하였다.

그러나 황허가 아닌 창장을 무대로 등장한 신진 강국 초·오·월은 모두 독자적으로 왕을 칭했다. 초 장왕, 오왕 부차(夫差), 월왕 구천(句踐)은 주나라의 통제를 받지 않는 독립국의 수장으로서 춘추시대의 패자가 되었다. 주 왕실은 오랑캐를 무시하다가, 도리어 오랑캐에게 무시당하며 권위가 땅에 떨어졌으니 자업자득이랄까? 이후 주 왕실의 권위가 살아 있던 춘추시대는 끝나고, 오로지 힘의 논리가 지배하는 약육강식의 전국시대가 열렸다.

초 장왕은 기인이었다. 즉위하고 3년 동안 정치를 전혀 돌보지 않고 밤낮으로 먹고 놀기만 했다. 신하 오거(伍擧)는 초 장왕에게 물어보았다. "새 한 마리가 남쪽 언덕에 앉아 3년 동안이나 날지도 않고 울지도 않습니다. 이것은 무슨 새일까요?" 초 장왕은 답했다. "3년 동안 날지 않았으나 날면 장차 하늘을 뚫을 것이고, 3년 동안 울지 않았으나 울면 장차 사람들을 놀라게 할 것이오."[4]

사실 초 장왕은 3년 동안 먹고 노는 척하면서 신하와 정세를 은밀히 살폈다. 정치에 나선 초 장왕은 전광석화처럼 간신을 몰아내고 충신을 기용했다.

"한 번 울면 사람을 놀라게 할 것이요, 한 번 날면 하늘을 뚫을 것이다[一鳴驚人, 一飛沖天]."라던 초 장왕의 호언장담대로 초나라의 약진은 눈부셨다. 대동맥 창장을 중심으로 실핏줄처럼 무수히 퍼진 강과 호수는 풍부한 쌀을 생산했다. 또한 후베이에는 청동기시대의 핵심 전략자원인 구리도 많았다. 구

후베이성 湖北省

리는 당시 매우 값진 귀금속이라 주나라는 거대한 청동 기물인 구정(九鼎)을 만들어 권위의 상징으로 삼았다. 그러나 풍요로운 구리 광맥을 장악한 초 장왕은 구정을 두고 코웃음쳤다. "구정은 얼마나 큽니까? 그 정도는 우리 초나라 군대의 부러진 창날만 모아도 만들 수 있습니다."

초 장왕은 오랜 역사와 문화를 자랑하는 선진국 주나라에도 꿀리지 않고, 초의 막강한 경제력과 군사력을 한껏 과시하며 신흥 강국의 활력과 자신감을 보여주었다. 그러나 초 장왕은 그저 혈기만 왕성하고 무모한 군주가 아니었다. 용맹하고 호방하면서도 치밀하고 사려 깊었다. 전쟁이 일어나면 전차를 타고 앞장설 정도로 뛰어난 전사이면서도, "무(武)라는 글자는 '창[戈]을 멈춘다[止]'는 뜻"5이라며 무력 사용에 신중을 기했다.

창장 일대를 장악한, 남방의 맹주 초나라는 천하무적의 진(秦)나라에게도 힘겨운 상대였다. 초 공략은 진의 천하 통일 중 최대의 고비였다. 진 시황은 유망주 이신(李信) 장군과 백전노장 왕전(王翦) 장군에게 초를 정벌하려면 군사가 얼마나 필요한지 물었다. 이신은 20만 명이면 충분하다 했으나, 왕전은 60만 명이 필요하다고 했다.

왕전은 북방의 강국 조나라를 멸망시킨 명장이었으나, 진 시황은 왕전이 늙어 무능해진 것으로 여기고 이신에게 20만 대군을 주어 초를 정벌케 했다. 그러나 초의 명장 항연(項燕)이 패배를 몰랐던 진의 20만 대군을 격파했다.

진 시황은 뒤늦게 초나라가 최강의 호적수임을 절감하여 왕전에게 60만 대군을 주었다. 60만 대군을 거느린 명장 왕전도 거의 2년이나 지구전을 펼친 끝에야 결국 항연을 물리칠 수 있었다. 이때 진나라가 소모한 군량미가 약 50만 톤으로 추산된다. 전력을 기울여 초를 멸망시킨 진나라는 성난 파도 같은 기세로 천하 통일을 완수했다.

그러나 초나라의 군대는 꺾였지만 초나라의 정신은 꺾이지 않았다. 초의 저잣거리에는 괴이한 노래가 나돌았다. "초나라에 단 세 집만 남아도 반드시 진나라를 멸망시킬 것이다[楚雖三戸, 亡秦必楚]."

과연 그 말대로 훗날 항연의 손자 항우는 진나라를 멸망시켰다. 그러나 성공의 열쇠는 실패의 문 역시 여는 것일까? 물의 나라 초에 뿌리를 둔 항우는 강남을 못 잊어 관중과 중원 일대를 소홀히 하다가 결국 한나라 유방에게 패배해 몰락했다.

삼국시대의 화약고, 형주

한나라 때 후베이와 후난을 포괄한 지역이 그 유명한 형주(荊州)다. 그러나 당시 후난은 후베이에 비해 개발이 덜 되었고 현지 이민족의 세력이 만만찮아서, 보통 형주라고 하면 후베이의 양양과 강릉(샹양과 징저우) 등을 중심으로 생각했고 후난만을 지칭할 때는 남형주라 불렀다.

한의 치세가 저물고 군웅할거의 시대가 되자 형주는 지극히 중요해진다. 동오(東吳)의 대도독 주유(周瑜)는 말했다. "형주는 천하의 중심에 있는 요새입니다. 그곳을 차지해야만 중원을 차지할 수 있습니다."

노숙(魯肅) 역시 거들었다. "형초(荊楚) 땅은 …… 밖으로는 장강과 한수를 두르고 있으며 안으로는 험준한 산이나 구릉이 있고 견고한 성이 있으며 기름진 평야가 만 리나 되고 관리와 백성은 부유합니다. 만일 이곳을 차지하여 소유한다면 이는 제왕의 자본이 될 것입니다."[6]

무엇보다도 제갈량은 '융중대(隆中策)'에서 형주가 천하삼분지계(天下三分之計)의 핵심임을 역설했다. "형주는 북쪽으로 한수와 면수를 두어 남해에 이르기까지 다 이로운 땅이요, 동쪽으로 오회 땅과 닿고 서쪽으로 파촉 땅과 통하니, 이곳이야말로 군사를 거느리고 천하를 경영할 만한 곳입니다." 제갈량은 형주의 중요성을 설파하면서 미묘하게 한마디를 덧붙였다. "그러나 참

다운 주인이 아니면 지킬 수 없는 곳입니다."7 천하의 모든 세력이 형주를 차지하려 다투기 때문이었다.

삼국시대 3대 대전 중 두 개의 대전, 즉 적벽대전(赤壁大戰)과 이릉대전이 후베이에서 일어났다. 형주를 차지하기 위해 위의 조조·조인(曹仁)·방덕(龐德)·서황(徐晃), 촉의 유비·관우··제갈량, 오의 주유·여몽(呂蒙)·육손 등 당대 최고의 명장과 지략가 들이 불꽃 튀는 쟁탈전을 벌였다. 조자룡(趙子龍)이 조조의 100만 대군을 헤치고 유비의 아들 유선(劉禪)을 구하고, 다시 장비가 조조의 100만 대군을 떨게 한 장판파(長板坡) 역시 형주다. 나관중의《삼국지연의》총 120회 중 72회나 등장하는 형주는 삼국시대의 화약고였다.

기주의 원소를 물리치고 중원의 패자가 된 조조는 숙적 유비와 손권(孫權)을 제거하기 위해 형주로 진격했다. 유표의 아들 유종(劉琮)이 한번 싸워보지도 않고 형주를 얌전히 조조에게 바치자, 조조의 군대가 단숨에 천하를 통일할 것처럼 보였다. 그러나 유비-손권 연합군은 창장에서 조조의 대군을 불태웠다. 거대한 불길이 창장의 절벽을 붉게 물들인 적벽대전이었다.

승전 후 형주를 차지한 유비는 곧 촉을 얻고 한중왕이 되었다. 제갈량의 융중대가 현실화되려는 순간이었다. 그러나 오나라로서도 형주는 반드시 차지해야 할 땅이었다. 촉과 연합해 위를 친 오는 이제 위와 연합해 촉을 쳤다. 여몽의 기습에 형주가 떨어지고, 관우가 전사했다. 유비는 관우의 복수와 형주의 탈환을 위해 촉의 전 국력을 기울여 출진했지만, 육손은 이릉대전 한번의 싸움으로 유비의 700리 영채를 불살라버렸다. 결과적으로 위·촉·오는 형주를 삼분하지만, 세 나라의 국력은 형주 점유율에도 반영되었다. 위와 오의 영향력이 가장 컸고, 촉은 형주를 잃었다.

애초에 제갈량은 촉을 보급기지로 삼고, 형주에서 군사를 움직이려 했다. 형주는 사통팔달의 땅이라 어디로든 치고 빠질 수 있어 신출귀몰한 병력 운용이 가능한 데다, 북으로 조금만 올라가면 위의 수도 뤄양을 점령할 수 있었다. 그러나 형주를 잃자 첩첩산중인 촉에서 나갈 길은 기껏해야 세 갈래에 불과했다. 따라서 물량이 풍부한 위나라는 침공 예상 지점의 방어를 튼튼히 할 수 있었다. 형주를 잃음과 동시에 이미 천하삼분지계는 망가졌다.

상업과 전쟁 사이에서

후베이의 전략적 중요성은 이후 역사에서도 줄곧 드러난다. 5호16국 시대 창장을 장악한 남조(南朝) 송(宋)나라의 1대 왕 유유(劉裕)는 "형주는 장강 중류지대의 요충지다. 황자(皇子)들을 차례대로 형주 장관으로 임명하라."는 유서를 남겼다.[8] 형주는 황실이 필수적으로 숙지해야 할 땅이라는 의미다.

훗날 당나라를 이은 송나라는 국방력은 약했지만 도시와 상업의 발달이 두드러졌다. 창장 한복판에 있는 수상 교통의 요지인 후베이 역시 도시혁명과 상업혁명의 수혜를 입었다. 남송의 시인 강기(姜夔)는 "무창의 인구는 10만 호에 이르고, 석양에 낮게 드리워진 자줏빛 연기여."[9]라며 우창의 번영을 노래했다.

부유하되 약한 남송을 삼키기 위해 원나라가 움직였다. 조조가 양양을 점령한 뒤 창장의 물길을 따라 손권을 정벌하려 했듯이, 원나라의 쿠빌라이(Khubilai)도 남송을 정복할 때 양양성을 제일 먼저 공략했다. 쿠빌라이가 남송의 보루 후베이를 차지하자 '창장 중류를 장악하여 하류를 제압한다'는 전략이 수월하게 달성되었다. 쿠빌라이는 간단히 남송의 수도 임안(臨安, 지금의 저장성 항저우)을 점령하여 남송을 멸하고 중국을 재통일했다.

청대(淸代)에 2차 상업혁명이 일어나자 전국 각지의 상품들이 제국 전역을 오갔다. 자연스레 후베이는 각 지역의 온갖 산물이 모여드는 곳이 되었다. 후난·푸젠의 차, 안후이의 소금, 쓰촨의 약초, 산시의 목재, 동북 지방의

수수·삼, 서북 지방의 가죽·담배, 동남 지방의 설탕·해산물·아열대 식품들이 창장 중류의 항구 한커우를 오갔다.

상업이 번성한 항구도시 한커우에서 학문은 크게 대접받지 못했다. 19세기 한커우에는 '훈장'이라는 간판을 걸면 학생은 오지만 거지는 오지 않아 일거양득이라는 농담이 있었다. 훈장은 가난하기 때문에 거지가 구걸하러 오지 않는다는 뜻이다.

"십 리에 걸쳐 돛이 늘어서 있고 수만 가게의 등불로 불야성"10을 이루며 상업도시로 발전하던 우한은 청나라 말기 장지동(張之洞)을 만나 공업 도시로 거듭났다. 장지동은 "중국의 학문을 근본으로 삼고, 서양의 학문을 활용한다[中體西用]."고 주장한 양무파(洋務派)였다. 증국번(曾國藩), 이홍장(李鴻章) 등과 함께 양무운동을 이끈 장지동은 후광(湖廣, 호광) 총독을 20년이나 역임하며 239명의 외국인을 포함하여 600명이 넘는 막료를 채용했다. 장지동은 다양한 배경과 지식을 가진 신진 인재들을 활용하여 후베이에 철도를 깔고 독일식 군대를 육성했으며, 탄광을 개발하고 공장을 세워 '우한의 아버지'라고 불렸다. 특히 우한에 설립한 한양철광은 중국 철강 생산의 거점이 되었고, 우한은 '동방의 시카고'라는 별명을 얻었다.

그러나 도배를 새로 한다고 썩은 집이 고쳐지는 것은 아니다. 양무운동으로 근대화의 기틀을 마련하기는 했지만, 청을 되살릴 수는 없었다. 청일전쟁에서 패배한 후 이는 더욱 명확해졌다. 이제 남은 길은 청을 엎고 새 국가를 만드는 것뿐이었다.

우창 봉기, 신해혁명을 낳다

쑨원(孫文, 손문)은 1895년 10월의 광저우 무장봉기를 시작으로 고향 광둥성에서 열 번이나 봉기했지만 모두 실패했다. 그러나 "정성 들여 심은 나무에 선 꽃이 피지 않고 무심코 꽂은 버들가지가 자라 그늘을 드리운다."[11]던가? 전혀 예상치 못했고 의도하지도 않았던 후베이 우창에서 1911년 10월 10일 무장봉기가 성공한다.

사건의 전말은 코미디처럼 황당하다. 10월 9일 혁명파 인사들이 폭탄 제조 실험을 하다 실수로 폭발 사고를 일으켰다. 관군은 혁명파의 거점을 수색하여 혁명파의 명단을 비롯한 서류 일체와 무기, 자금을 압수하고 즉시 혁명파 세 명의 목을 베어 성문에 걸었다. 곧 혁명파를 대대적으로 색출하여 처형할 거라는 소문이 군중에 퍼졌다.

사실 군대 내부에 혁명파 인사들이 그리 많지도 않았고, 장교급 중에서는 거의 없었다. 문제는 혁명파들이 만든 명단에 누구 이름이 올라갔는지 모른다는 점이었다. 혁명파들이 일면식 있는 사람들 이름까지 죄다 적었을 수도 있다. 극도의 불안과 공포에 시달리던 군인들은 죽지 않기 위해 봉기를 일으켰다. 제대로 된 지휘관도 없고 2000여 명의 봉기군 중 혁명파는 절반이나 될까 말까 한 오합지졸의 반란이었다.

다행히도 당시 후광 총독이던 루이청(瑞澂, 서징)은 청 말의 전형적인 팔기 자제(八旗子弟, 사치스럽고 방탕한 청 말 기득권 집단)였다. 한때 말을 타고 천하를 호령하던 팔기군의 후손은 무사안일에 젖어 말도 탈 줄 모르는 겁쟁이가 되었다. 루이청은 포성이 울리자마자 잽싸게 총독부의 담장에 개구멍을 뚫고 줄행랑을 쳤다. 역사가 장밍(張鳴)은 루이청이 당시 귀족 중에서는 그나마 유능한 인재였기에 도망이라도 쳤지, 다른 이였다면 그저 방 안에서 얼어붙어 얌전히 사로잡히고 말았을 것이라고 비꼬았다.[12]

혁명군이 얼떨결에 접수한 우한은 보물 창고였다. 상공업의 중심지로서 막대한 재부를 축적해온 후베이성의 재정 예금은 은 4000만 냥에 달했다. 일찍이 장지동이 독일식 군대를 육성하고 우한을 중국 최대의 군수공장으

로 만들었기에 비축 무기도 어마어마했다. 수만 정의 소총, 야포, 요새포 등은 몇 개 사단을 완벽히 무장시키고도 남았다.

민심은 기대 반 걱정 반으로 일을 지켜보았다. 분위기 탓이었을까? 언론은 혁명파의 역량을 과대평가했다. 신문들은 우한의 혁명군이 3만 명이 넘으며 병사들 모두 수년간 신식 군사훈련을 받은 엘리트들이라고 보도했다. 유언비어는 신화가 되었다.

당시 청의 최정예 병력인 북양군(北洋軍)은 진압 준비를 철저히 한다고 보름 넘게 미적거렸다. 그동안 천하의 중심 후베이에서 일어난 봉기는 동심원을 그리듯 중국 전체로 퍼져나갔다. 후베이의 인접 지역이 동요하자, 인접 지역의 인접 지역이 또다시 동요했다. 허난성의 진압 부대는 총 한번 쏴보지 않고 혁명군에 투항 의사를 전달했고, 후난과 장시를 필두로 내륙 18개 성 중 14개 성이 청으로부터 독립을 선포했다. 태평천국운동(太平天國運動), 아편전쟁(阿片戰爭), 청일전쟁을 겪고도 그토록 굳건했던 대청 제국이 한순간에 무너졌다.

쑨원은 고향인 광둥성에서 혁명을 일으켜보려고 갖은 애를 썼지만 번번이 실패하고 해외로 도피해야 했다. 그러나 쑨원의 의도대로 광둥성에서 혁명이 일어났다 한들 과연 우창 봉기만큼 파급효과를 미칠 수 있었을까? 광둥성은 풍요롭긴 해도 동남부 변방인 데다 난링산맥(南嶺山脈, 남령산맥)으로 다른 지역과 격리되어 있다. 일찍이 광둥성에서 벌어진 아편전쟁도 굴욕적 패배이긴 했지만, 변방의 일이라 의외로 민심은 크게 동요하지 않았다. 난징을 점령한 태평천국운동이 오히려 청 조정의 권위에 심각한 타격을 주었다.

쑨원 등 혁명파들이 이 사실을 모르지는 않았다. 다만 후베이는 워낙 중심이라 일단 반란이 일어나면 즉시 사방에서 진압하러 올 것이기에 혁명이 일어난들 지킬 수 없다고 보았다. 그러나 세상일이란 의도대로 되지도 않고 의도를 항상 뛰어넘음을 신해혁명(辛亥革命)에서도 볼 수 있다. 또한 우창 봉기에서도 후베이의 지리적 특성은 다시 한 번 빛을 발했다.

욕쟁이 후베이 사람들

'중국 지리의 중심'이라는 말은 근사하게 들린다. 그러나 인민의 입장에서 병가필쟁지지(兵家必爭之地)요 용무지지(用武之地)인 땅에서 사는 것은 결코 녹록지 않다. 어제는 위나라, 오늘은 촉나라, 내일은 오나라 군대가 들어오고, 시시각각 정세가 변한다.

　후베이 소설가 팡팡(方方)은 소설 속에서 삶의 고충을 토로했다. "세상은 이렇게 크고 어지럽고 끊임없이 변하는 것이다. 이 세상을 살아가는 그 누구라도 결국 코끼리를 만지는 장님이 아닌가?"[13] 오늘 당장 어떤 일이 닥칠지 모르는 후베이의 삶은 "어디서 와서 또 어디로 가는지"[14] 알 수 없는 철로와 같은 운명이다.

　이런 곳에서 살아남으려면 눈치가 빠르고 임기응변에 능해야 한다. 그리고 무엇보다도 살아남으려는 의지와 투쟁심이 필요하다. 사마천은 "대체로 형초(荊楚) 지역 사람들은 날쌔고 용맹스럽고 가볍고 사나워서 난을 일으키기를 좋아했다는 것은 예로부터 기록된 바"[15]라고 말했다. 그러나 사실 후베이 사람들이 난리를 일으키기 좋아한다기보다 정작 자신들은 가만히 있는데도 난리가 나고 일단 난리가 나면 잽싸게 대처할 줄 안다는 말이 더 정확할 것이다.

　후베이인의 과감함과 눈치, 호전성은 중국에서 정평이 나 있다. 그래서 "하늘에는 구두조(九頭鳥), 땅에는 후베이의 늙은이"[16]라는 말이 있다. 머리가 아홉 개나 달린 새처럼 눈치가 빠르고 교활하다는 말이다.

　후베이인은 거친 세상을 살다 보니 "사람이 너무 착하면 다른 사람에게

속고 말이 온순하면 사람이 올라타게 마련[人善被人欺, 馬善被人騎]"[17]이라는 것을 배웠다. 그래서 매사에 기선을 제압하고 이기려 든다. 자연스레 입이 매우 거칠다. 툭 하면 "갈보자식(婊子養的)"이라고 욕하는 우한 사람을 보고 역사가 이중톈(易中天, 이중천)은 재치 있게 놀렸다.

"우한이 무슨 기생들의 집합소도 아니건만 왜 그렇게 '창녀'가 많단 말인가? 정말 기이한 일이다."[18]

"우한 사람들이 무엇인들 무서워하겠는가? 그들은 자기 엄마라도 욕할 수 있는 사람들이다."[19]

실제로 이런 욕은 후베이 작가의 소설에서 쉽게 찾아볼 수 있다. 등장인물이 친구에게 "요즘 어떤 창녀랑 붙어먹었기에 통 안 보였냐?"라고 인사하면, 친구는 이런 식으로 맞받아친다. "이 어르신께서 네 엄마랑 놀아주느라 바빴다."

이런 곳에서 욕을 하지 않고 말이 없으면 오히려 이상하게 본다. 팡팡의 소설 《풍경》에서 한 가족의 일곱째 형은 매우 과묵한 성격이었다. 문화대혁명(文化大革命)의 하방운동(下方運動) 때문에 그가 후베이의 시골에 내려가서 말없이 일만 하자 동네에서 희한한 평판을 얻게 되었다.

"처음에 마을 사람들은 일곱째 형이 대단히 성실한 젊은이라고 말하더니, 나중에는 정말 음흉한 사람이라고 수군거렸다. 짖지 않는 개가 사납다는 것은 세상 사람 모두가 아는 교훈이라는 것이다."[20]

그러나 이토록 매사에 긴장하고 사는 삶은 얼마나 피곤한가? 살얼음판 위를 걷듯 '한 걸음 내디딜 때마다 세 번 돌아보는 마음[一步三回頭]'으로 살아도 현실은 여전히 힘겹고 팍팍하다. 후베이 소설가 츠리(池莉)의 《번뇌인생(煩惱人生)》에서 한 사람이 출근길에 말한다.

"어떤 젊은 시인이 시 한 수를 썼는데, 단 한 글자입니다. 기발해요! 들어보세요. 제목은 '생활(生活)', 내용은 '그물[網]'. …… 이 세상에 그물 속에서 생활하지 않는 사람이 어디 있겠습니까?"[21]

그 말을 듣고 주인공 인자호우는 같은 제목으로 '꿈[夢]'이라고 시를 지어 갈채를 받는다.

그러나 인자호우의 낙천성은 고단한 현실 앞에서 하루도 못 가고 무너진다. 공장에서는 마땅히 받아야 할 성과급을 받지 못하고, 맡기 싫은 일본인 환영 단장 역할을 억지로 떠맡았을 뿐인데 동료들로부터 매국노 취급을 당한다. 아이는 유치원에서 말썽을 부리고, 집은 곧 헐릴 위기에 처한다. 지친 인자호우는 잠을 청하며 생각한다. '지금 경험하는 이 모든 것이 다 꿈이야. 너는 아주 긴 꿈을 꾸고 있는 거야. 사실은 깨어나면 모두 이렇지 않을 거야.'[22] 달콤한 꿈 같은 행복을 누리고 싶건만, 믿을 수 없을 정도로 고단한 현실은 깨어나고 싶은 악몽과 같다.

힘겨운 세상살이, 도교와 강호를 꿈꾸다

"살아서는 땅강아지나 개미 같고, 죽어서는 마치 먼지와 같"[23]은 삶을 견디기 위해, 후베이인은 어떤 탈출구를 찾았을까? 고개를 들면 아름다운 자연이 펼쳐져 있다. 창장 위로 푸른 파도가 넘실대고, 사방에 호수가 있다. 신선이 사는 듯한 선눙자(神農架, 신눙가)와 우당산(武當山, 무당산), 창장의 대협곡 싼샤는 어떠한가?

힘겨운 삶과 아름다운 자연은 도가(道家)의 양대 원천이 되었다. 초나라 사람은 삶의 번뇌를 모두 벗어던지고 자연과 일체가 되는 삶을 꿈꾸었다. 노자란 인물은 실존 여부가 불확실하나, 후베이는 노자를 초나라 사람으로 여긴다. 장자는 안후이 출신이지만, 당시 안후이는 초나라 영역이었다. 즉, 노장사상(老莊思想)은 강남의 초나라에 뿌리를 두고 있다.

그래서 후베이에는 노자를 빗댄 말이 많다. 거드름 피우는 친구에게는 "노자가 사람으로 만들어주니 아예 노자랑 놀려고 한다."[24]고 꼬집고, 천방지축인 친구에게는 "제멋대로 살려면 노자나 찾아가 보시지."[25]라고 놀리며, 싸울 때는 "노자가 죽어도 난 절대 양보 못해!"[26]라고 외친다.

그러나 상상 속에서도 속세를 완전히 초월하기란 쉽지 않다. 은원(恩怨)의 번뇌를 끊지 못하는 평범한 백성들은 억울한 일도 고마운 일도 톡톡히 되갚아주고 싶었다. 속세의 법률 따위는 따르지 않되 속세를 완전히 떠나지는 않고, 속세와 자연 사이를 마음대로 오가며 노니는 존재. 칼 한 자루를 품고 거친 세파를 헤쳐가며 은혜도 원한도 통쾌하게 열 배로 되갚아주는 존재. 백성들은 강호의 협객을 꿈꾸었다.

후베이인은 실제의 삶에서도 강호의 규칙을 따른다. 중국인들은 의리를 중요하게 여기는 후베이인에 대해 이렇게 말한다. "베이징에서는 관청에 있는 사람의 말을 듣고, 광둥에서는 돈 있는 사람의 말을 들으며, 후베이에서는 대인관계가 가장 좋은 사람의 말을 들으면 된다."[27] 후베이에서는 각별한 친구[梗朋友]를 팔아먹는 놈을 '반수(反水)'라고 부른다. 친구를 등쳐먹는 것은 물을 거스르는 것처럼 본성에도 어긋나고 지극히 어리석은 일이라는 뜻이다.

물론 강호의 규칙이 꼭 좋은 것만 있는 것은 아니다. 강호는 힘이 지배하는 사회다. 그러므로 용기와 힘이 있는 사람이 두목[草頭王]이다. 상하이의 만원 버스 승객들은 저마다 자기만의 공간을 찾아내어 서로 부딪히지 않도록 조심하지만, 우한의 만원 버스 승객들은 기선 제압하듯 몸싸움하는 것을 꺼리지 않는다. 또한 중국인들은 이런 평가도 내린다. 우한인은 "같이 걸어가면 절대로 남보다 앞서서 걷지 않는다. 예의를 차리려는 게 아니라 앞서서 걸으면 위험과 책임이 따른다고 생각하기 때문이다."[28] 후베이인의 생활 속에 파고든 강호의 조심성이다.

좋은 의미로든 나쁜 의미로든 후베이는 매우 역동적인 땅이다. 일찍이 연해지역에 개혁개방의 수혜가 집중되었을 때, 후베이는 내륙 지역 중에서 가장 빨리 경제가 발전했다. 창장을 따라 난징·상하이와 연결되고, 철로를 따라 베이징·광저우와 연결되는 지리적 이점 덕분이었다. 후베이는 창장의 수로를 활용하는 옌장 교통 대동맥[沿江運輸大通道]의 중심이며, 창장 중류 도시군(長江中流都市群)의 중심이다.

2015년 중국 국무원(國務院)은 창장 중류의 후베이성 우한, 후난성 창사(長沙, 장사), 장시성 난창(南昌, 남창) 세 도시를 특대형 삼각벨트 도시권으로 개발한다고 발표했다. 초나라의 중심이었던 과거를 다시 재현하려는 것일까? 삼각벨트의 맹주가 되려는 듯, 우한이 가장 적극적으로 대규모 개발을 진행하고 있다. "우한 시내의 공사판만 7000개가 넘는다."는 말이 나올 정도로 도시 개발에 적극적이던 우한은 2012년 상반기 기준 정부 채무액이 2000억 위안이 넘어 '중국 최고의 부채 도시'로 꼽힌 바 있다.

그러나 우한의 질주는 거침없다. 2015년 우한은 향후 5년간 2조 위안(약 350조 원)을 도시 개발에 퍼부을 것이라고 발표했다. 이는 영국이 20년간 전국 인프라 건설에 투자할 3750억 파운드(약 624조 원)의 절반이 넘는 액수다.

'중국의 디트로이트'를 꿈꾸는 우한이 '자동차의 도시'인 디트로이트가 될 것인지, '파산 도시' 디트로이트가 될 것인지, 초나라의 영광을 재현하려는 후베이가 과감한 투자의 성공 사례가 될 것인지, 과잉 투자의 실패 사례가 될 것인지 귀추가 주목된다.

후베이성 湖北省

자소 苏

장쑤성

江蘇省

창장은 남북을 가른다

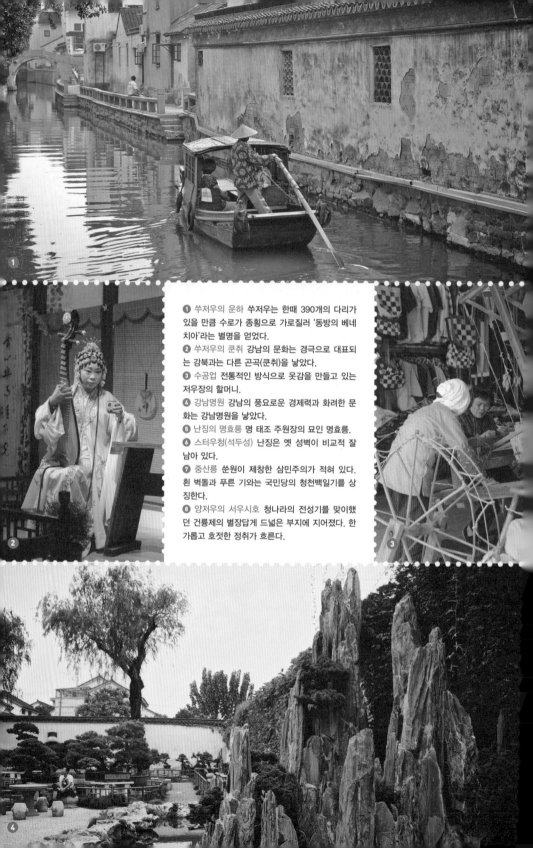

❶ 쑤저우의 운하 쑤저우는 한때 390개의 다리가 있을 만큼 수로가 종횡으로 가로질러 '동방의 베네치아'라는 별명을 얻었다.
❷ 쑤저우의 쿤취 강남의 문화는 경극으로 대표되는 강북과는 다른 곤곡(쿤취)을 낳았다.
❸ 수공업 전통적인 방식으로 옷감을 만들고 있는 저우장의 할머니.
❹ 강남명원 강남의 풍요로운 경제력과 화려한 문화는 강남명원을 낳았다.
❺ 난징의 명효릉 명 태조 주원장의 묘인 명효릉.
❻ 스터우청(석두성) 난징은 옛 성벽이 비교적 잘 남아 있다.
❼ 중산릉 쑨원이 제창한 삼민주의가 적혀 있다. 흰 벽돌과 푸른 기와는 국민당의 청천백일기를 상징한다.
❽ 양저우의 서우시호 청나라의 전성기를 맞이했던 건륭제의 별장답게 드넓은 부지에 지어졌다. 한가롭고 호젓한 정취가 흐른다.

창장이 동중국해로 흘러드는 곳, 강북이 끝나고 강남이 시작되는 곳에 장쑤성이 있다. '물고기와 쌀의 마을'이라 불릴 만큼 물산이 풍족한 이곳을 근거지 삼아 춘추전국시대의 네 번째 패자 오왕 부차, 초패왕 항우, 소패왕 손책이 천하를 주름잡았다. 대운하가 놓인 후, 강남은 중국 경제의 중심이 되었고 거친 용사들은 어느새 고아한 강남 문인(江南文人)으로 변신했다. 장쑤성은 오늘날에도 국제도시 상하이의 배후 지역으로서, 창장 삼각주 경제권으로서 중국 경제의 중핵을 맡고 있다.

강남의 봄은 따뜻하다. 훈훈한 남풍에 꽃은 일찍 피어나고, 운하 위에는 쪽배가 한가로이 지나간다. 강남에 몰려든 사람들은 제각기 영화 속의 주인공처럼 사진을 찍고 낭만적인 풍경을 화폭에 옮겨 담는다.

장쑤성(江蘇省, 강소성)의 약칭은 '자소 소(苏, 정체자는 蘇)' 자다. 쑤저우(蘇州, 소주)의 구쑤산(姑蘇山, 고소산)에 자소(紫蘇) 박하가 많아서 붙은 이름이다. 그러나 '소생하다'는 다른 뜻처럼, 쑤저우의 봄은 실로 사람을 소생시키는 기분을 안겨준다.

장쑤성은 양대 중심 도시인 장닝(江寧, 난징의 옛 이름)과 쑤저우(蘇州)를 따서 지은 이름이다. 그중에서도 단 한 글자로 압축하니 '소(蘇)'가 되었다. 장쑤성의 성도는 난징이지만, 문화적 헤게모니와 지역적 대표성은 '동방의 베네치아' 쑤저우가 차지하고 있다.

강남, 강북을 압도하다

"하늘 위에는 천국이 있고, 땅 위에는 쑤저우와 항저우가 있다[上有天堂, 下有蘇杭]." 너무나도 유명한 중국의 속담이다. 이 속담에 낚여 쑤저우를 찾은 중국인은 분통을 터뜨리기도 한다. "이걸 천국 같다고 한 거야?" 급속한 개발로 인해 옛 정취가 많이 파괴된 것은 사실이다. 그런데 천국 같다는 말이 단

순히 아름다운 경치만 뜻했을까?

"백성은 먹을 것을 하늘로 삼는다."는 맹자의 말을 떠올려보자. 인류의 역사는 배고픔과의 투쟁의 역사다. 먹을 것을 얻기 힘들었고, 흉년이 들면 굶어죽기 일쑤였다. 그런데 장쑤성은 '물고기와 쌀의 마을[魚米之鄕]'이라고 불릴 만큼 물산이 풍부했다. 이런 곳이 천국으로 보이지 않았다면 오히려 이상한 일이었으리라.

초나라와 월나라(강남) 일대는 땅이 넓고 인구는 적다. 쌀밥에 생선국을 먹는다. …… 일부 지역은 열매와 과일 및 조개 등이 사고팔지 않아도 될 정도로 충분하다. 지형상 먹을 것이 풍부해 기근이 들 염려가 없다. 주민들은 게으름을 피우며 그럭저럭 살아간다. 모아둔 것이 없어 가난한 자가 많은 이유다.[1]

사마천은 한나라 때 강남의 양면성을 지적한다. 기근 걱정이 없지만 주민들의 생산 의욕이 높지 않아 가난하다는 것이다. 풍부한 물산이 유통되지 않고 현지의 자체 소비로 끝나 부를 창출하지 못했다. 그러나 삼국시대 동오가 본격적으로 강남을 개발하고, 수 양제가 대운하를 지으면서 강남은 화려하게 변신했다.

수 양제는 고구려 침공과 대운하 건설로 나라를 망친 폭군의 대명사다. 그는 6년 동안 550만 명을 투입해서 1750킬로미터의 운하를 건설했다. 모진 노역 끝에 죽거나 도망친 사람들이 20만 명에 달했다.[2] 게다가 사치스러운 유람을 일삼고 향락적인 뱃놀이로 백성의 삶을 피폐하게 만들었다.

그러나 폭군이 한 일들이 모두 쓸모없는 일은 아니다. 진 시황의 천하 통일이 오늘날 중국의 원형을 형성했듯이, 수 양제의 대운하는 중국의 남북을 이었다. 대운하는 교역을 활성화하여 경제를 크게 성장시켰고, 강남과 강북의 교류가 원활해지면서 중국이 사회·문화적으로 통합되었다. 베이징과 항저우를 잇는 징항(京杭, 경항) 대운하는 오늘날에도 중요한 수상 교통로로 활용되고 있다. 그래서 훗날 당나라 시인 피일휴(皮日休)는 탄식했다.

수나라 망한 것이 이 운하 때문이라 할지라도 　　　盡道隋亡爲此河

지금도 천 리나 그 물길 따라 파도를 헤쳐가고 있으니 　至今千里賴通波

만약 수전과 용주와 같은 것이 없었더라면 　　　若無水殿龍舟事

우임금의 공과 같이 논해도 적고 많고를 따질 수 없으리니[3] 　共禹論功不較多

　　　　　　　　　　　　—피일휴, 〈변하를 회고하며[汴河懷古]〉 중에서

풍요로운 자원에 편리한 교통이 더해지니 강남은 눈부시게 발전했다. 당나라의 시인 두순학(杜荀鶴)은 쑤저우의 경치를 낭만적으로 노래했다.

그대 부디 가보시라, 소주에. 　　　　　　　　　　君到姑蘇見

집마다 모두 운하를 베개 삼아 누워 있는 곳에. 　　　人家盡枕河

옛 궁궐터라 빈 땅은 적고 　　　　　　　　　　古宮閑地少

수로에는 작은 다리들이 가득하구나. 　　　　　水巷小橋多

채소를 파는 시장은 흥청거려 밤까지 불을 밝히고 　夜市賣菱藕

봄날의 배는 비단명주를 싣고 가네. 　　　　　春船載綺羅

　　　　　—두순학(杜荀鶴), 〈오군(吳郡)으로 가는 사람을 보내며[送人遊吳]〉 중에서

풍요로운 경제는 화려한 문화를 낳았다. 많은 묵객들은 강남의 정취에 흠뻑 젖어 시와 노래를 남겼다. 은퇴한 고관대작 역시 날씨 좋고 풍경 좋은 강남에서 여생을 보냈다. 이들은 집에 있으면서도 자연 속을 노니는 처사처럼, 초야에 은거한 선비처럼 살고자 했다. 이런 배경에서 강남명원(江南名園)이 탄생했다. 정원 안에 기암괴석과 연못이 있다. 돌은 산이며, 연못은 호수다.

장쑤성 江蘇省

집 안에서도 산과 호수를 벗하며 사는 기분을 내게 해준다.

강남은 지속적으로 발전하여 명나라 때에는 강북을 완전히 압도했다. 조선 성종(成宗) 때의 선비 최부(崔溥)는 제주도에서 풍랑을 만나 표류하여 중국의 강남에 도착했다. 훗날 최부는 베이징을 거쳐 조선에 돌아오고 난 뒤에 《표해록(漂海錄)》을 썼다. 최부는 강남 지역의 호화로움에 대해 크게 찬탄했지만, 천자가 사는 베이징조차 강남의 풍요로움을 따르지 못해 크게 실망했다.

(북경의) 산들은 민숭민숭하고 냇물은 흐리터분하고 땅은 모래흙으로 먼지가 일어 하늘을 덮는 것이 특징이니 곡식도 잘 안 된다.
그리고 주민들의 번성함과 누대의 훌륭함과 물화의 풍부함이 소주나 항주에는 미치지 못한다. 성안에서 쓰는 물품은 대체로 남경과 소주, 항주에서 온다.⁴

최부는 물산의 풍요로움, 건축과 사람들의 호화로움뿐만 아니라 인심과 문화적 수준까지 모두 강남이 강북을 압도한다고 평했다.

인정과 풍속으로 말한다면 강남 사람들은 온화하고 유순하여 형제간이나 사촌 형제간 심지어 육촌 형제간까지도 화목하여 한집에서 살고들 있다. …… 강북으로 오면서는 인심이 사납다. 산동 북쪽에 와서는 한집안이 서로 화목하지 못하여 싸우고 치는 소리가 요란스러워 어데서나 흔히 들리며 강도, 살인 사건도 자주 일어난다. 산해관 동쪽은 사람들 품성과 행동이 더욱 포악하여 야만족의 기풍이 많다.
또 강남 사람은 독서로 일을 삼는다. 비록 여염집 아이들일지라도, 뱃사람일지라도 다 글자를 안다. 그 지방에 갔을 때 글로 물어보았는데 산천과 고적과 자기 고장의 내력을 다 알아 내게 글을 써서 일러주었다. 강북에는 문맹이 많아서 내가 글을 써서 물어보려고 하면 다들 글자를 모른다고 하였으니 대개

가 무식한 사람들이었다.[5]

중원은 사람이 많고 물산이 풍부하며 문화가 뛰어나 천하의 중심이라고 자부했고, 남쪽은 그저 사납고 무식한 오랑캐들이 사는 땅에 불과하다고 깔보았다. 그러나 강남은 어느새 경제뿐만 아니라 문화와 인심마저도 중원을 뛰어넘었다.

한나라 때 사마천은 강남 사람들이 게을러서 천금을 가진 부자가 없다고 기록했다. 그러나 명나라 때 최부는 전혀 다른 세상을 보았다. "강남에서는 농사, 수공업, 장사 등 무엇이든 부지런히 하는데 강북에서는 놀고먹는 무리들이 많다."[6]

청나라 말기 서태후는 베이징에 호화별장 이허위안(頤和園, 이화원)을 지으면서 쑤저우 거리를 재현한 구역을 만들었다. 오랑캐의 땅이었던 강남은 천하의 중심 베이징마저 압도했다.

치세의 번영, 난세의 학살

장쑤성은 강북과 강남을 잇는 교통의 요지다. 물산은 풍부하고 도시마다 중요한 거점이 된다. 쑤저우는 신흥 강국 오나라의 수도로서 춘추전국시대부터 두각을 나타냈다. 오왕 합려(闔閭)는 이곳에서 힘을 키워 남방의 강국 초나라의 수도 영(郢)을 점령했고, 그 아들 부차는 천군만마를 호령하고 중원을 위협하며 춘추시대의 네 번째 패자로 등극했다.

난징은 삼국시대 손권이 오나라의 수도로 삼은 이래 6개 왕조, 10개 정권의 수도가 되어 '육조고도 십조도회(六朝古都 十朝都會)'라는 영예로운 칭호를 얻었다. 삼면이 산으로 둘러싸이고 북쪽은 거친 창장이 흐르는 천혜의 요새

장쑤성 江蘇省

다. 제갈량도 난징을 보고 "종산(鐘山)에 용이 서려 있고, 석두(石頭)에 호랑이가 웅크리고 있으니 실로 제왕이 자리잡을 땅"[7]이라며 극찬했다. 오의 손권, 명의 주원장(朱元璋), 태평천국의 홍수전(洪秀全), 중화민국의 쑨원과 장제스 등 숱한 영웅들이 난징을 근거지로 삼았다.

양저우(揚州, 양주)는 창장 북변에 자리 잡아 강북과 강남을 잇는 요지로 대운하 건설 이후 크게 부유해졌다. 당나라 시인 장호(張祜)는 "사람으로 태어났으면 양저우에서 살다 죽는 것만이 합당하다."고 노래했다. 수 양제는 양저우에 오자 수도 뤄양으로 돌아가지 않았고, 건륭제는 서우시호(瘦西湖, 수서호)의 별장에서 휴가를 즐겼다.

쉬저우(徐州, 서주)는 《삼국지》에서 유비가 다스리던 서주다. 쉬저우는 창장과 와이허(淮河, 회하) 사이의 비옥한 화중 평원(華中平原)을 끼고 있고, 교통이 편리하여 100만 대군을 기를 수 있었다. 한 고조(漢高祖) 유방의 고향이고 초패왕(楚覇王) 항우의 근거지였다. 이 땅을 두고 후한 말에는 조조·유비·여포가 다투었으며, 먼 훗날에는 장제스와 마오쩌둥이 결전을 벌였다. 이 외에도 창저우(常州, 상주), 전장(鎭江, 진강), 우시(無錫, 무석) 등 많은 지역이 풍요를 누리며 국제도시 상하이의 배후 지역으로 눈부신 성장을 하고 있다.

그러나 항상 좋기만 한 것은 아니다. 물산과 교통의 요지인 장쑤성은 평화로운 때에는 번영을 누렸지만, 난세에는 주요 전쟁터가 되고 대량 학살이 벌어졌다. 삼국시대 조조는 부모의 원수를 갚겠다고 서주를 쳐서 10여만 명의 무고한 양민을 학살했다.[曹操攻徐州] 시체가 너무 많아 강이 막혀 흐르지 못할 정도로 참혹한 대학살 때문에 중국 민중은 조조를 악랄한 이미지로 그리게 되었다. 명말 청초 베이징을 점령하고 남하한 청나라 군대는 극렬히 저항한 장쑤성에서 '양주십일(揚州十日), 가정삼도(嘉定三屠)'라는 대학살을 벌였다.

중일전쟁 시 일본군은 중국인들의 저항에 대한 보복으로 6주에 걸쳐 난징 대학살을 벌였다. 2014년 12월 13일 난징 대학살은 국가 추모일로 지정되었고, 시진핑 주석은 '난징 대학살 희생동포기념관'을 참관하며 "(일본이) 역사 범죄를 부인하는 것은 다시 반복할 수 있다는 것을 의미한다."고 경고했다. 한국 영화 〈명량〉이 당초 예정보다 2주 늦춰진 2014년 12월 12일 중국에서 개봉한 것도 난징 대학살 추모일에 맞추어 항일정신을 고취하려는 의도가 아니냐는 해석이 따랐다.

장쑤성의 역사는 치세의 화려한 번영과 난세의 처참한 학살로 점철된다. 좋은 위치에서 풍요를 누리는 장쑤성의 행운이자 불운이다.

창장은 남북을 가른다

중국에서 가장 긴 강인 창장은 강북과 강남을 매우 이질적인 지역으로 갈라놓았다. "강북 사람은 밀로 국수를 만들어 먹고, 강남 사람은 쌀로 밥을 지어 먹는다."는 말이 있을 만큼 생활 방식과 문화가 다르다. 창장은 장쑤성을 관통한다. 같은 장쑤성이라도 쉬저우를 위시한 강북 지역은 중원 문화권이고, 난징과 쑤저우 등 강남 지역은 남방 문화권이다.

평야 지대인 쉬저우는 중요한 곡창지대였지만, 자연환경의 변화와 함께 쇠퇴했다. 황허가 물길을 바꾸고 기후가 변하며 농업 생산량이 감소한 탓이다. 반면, 개혁개방 후 창장 삼각주 지역은 상하이를 중심으로 중요한 상공업 지대로 발전했다. 창장 이남의 난징·쑤저우·우시 등이 상하이의 배후 지역으로 성장하자 남부와 북부의 격차는 더욱 커졌다. 창장 바로 북쪽에 위치해 '강북의 강남'이라 불릴 만큼 번영을 누린 양저우조차 이제 장쑤성 안에서는 가난하고 낙후한 지역으로 취급받는다. 장쑤성 남부와 북부는 경제적으로 분단되었다고 할 만하다. 여행 가이드북에서도 장쑤성의 북부는 거의 언급하지 않을 정도로 관심을 받지 못한다.

한편, 장쑤성의 도시들은 역사적으로 독자성을 강하게 유지했다. 중원이 빠른 속도로 중앙집권화를 이룬 것에 비해, 강남 지역은 토착 호족이 제각기 세력을 형성했다. 손권의 오나라는 강남 호족의 연합체적인 성격이 강했다. 중앙집권을 일찍 이룩한 위나라와 촉나라에 비해 오나라는 잦은 내란에 시달려 대외 공략에 소극적이었다.

이질적인 강북과 강남 지역의 행정적 병합, 지역 간 경제적 격차, 뒤늦은 중앙집권화, 독자적인 토착 호족, 강한 개성 등이 모두 종합적으로 작용하여 장쑤성 사람들이 애향심이 부족하다는 평가를 받는다.

장쑤 사람들의 한 가지 공통점은 고향에 대한 애착이 없다는 것. 중국 사람들은 웬만하면 같은 고향이라는 말만 들어도 싱글벙글하면서 친근감을 표시하지만 장쑤 사람들은 "고향이 어디입니까?", "장쑤인데요.", "그렇군요." 하고는 그만이다. 대화를 더 이어가더라도 "장쑤 어디입니까?"라고 묻고 자기와 다른 도시에서 왔다고 하면 "참 좋은 곳이지요." 하고는 끝낸다. 그래서 장쑤 사람의 애향심에 호소하면 대부분 실패로 끝난다.[8]

미녀는 돈을 좋아해

"아츠궐라(啊吃过啦, 밥 먹었어요)?" 중국 표준어 "츠판러마(吃飯了嗎)?"보다 훨씬 더 정겹게 들리는 난징 사투리다.

'수향절색(水鄉絶色)'이라는 말이 있을 만큼, 장쑤성은 중국에서 '미녀의 고향'으로 유명하다. 음악성 넘치는 장쑤성 사투리는 이 지역 여자들의 매력을 더욱 높여주었다. 그런데 미녀의 고향 쑤저우에서 기막힌 말을 발견했다. 한 자동차에 쓰여 있는 글귀였다.

女人一生只爱两种花,

一是有钱花, 二是尽量花!

'화(花)'는 '꽃'이라는 뜻도 있지만, '쓰다'는 뜻도 있음을 이용한 언어유희다. 그러므로 저 말은 이렇게 해석할 수 있다. "여자는 평생 두 가지 꽃만 사랑한다. 하나는 돈의 꽃(돈을 쓰는 것)이고, 다른 하나는 탕진의 꽃(돈을 펑펑 쓰는 것)이다." 아아, 결국 미녀는 돈을 좋아하는 걸까? 사회주의를 표방하면서도 자본주의적인 중국을 보여준다.

공교롭게도 장쑤성을 의미하는 '소(蘇)'는 소비에트를 뜻하기도 한다. 소비에트의 중국어 음차가 '쑤웨이아이(蘇維埃)'이기 때문이다. 가장 사회주의적인 글자를 약칭으로 삼고 있는 장쑤성은 가장 자본주의적인 곳이다. 참으로 통렬한 역사의 아이러니다.

장쑤성의 화시춘(華西村, 화서촌)은 중국에서 가장 부유한 마을로 손꼽힌다. 건평 400~600제곱미터의 유럽식 저택이 즐비하고, 고급 외제 차들이 굴러다닌다.[9] 으리으리한 74층 5성급 호텔의 60층에는 1톤짜리 황금소를 놓았다. 돈을 들고 춤을 추며 돈을 자랑하는 공연도 있다.

우런바오(吳仁寶, 오인보) 화시춘 촌서기는 독특한 행복론을 피력했다. 행복을 위해서는 다섯 가지, 즉 '돈, 자동차, 집, 자녀, 체면'이 있어야 한단다. 철저하게 물질적이다. 꿈이나 친구, 사랑 따위의 얘기는 없다. 사회주의 유물론이 '돈밖에 없다'는 유전론(唯錢論)으로 변했나?

개혁개방은 장쑤성에 다시 번영을 가져다주었다. 이제 장쑤성은 중국 내 총 GDP 2위로 광둥성 못지않게 부유한 지역이다. 그러나 급속한 개발 속에서 잃은 것도 많다. 쑤저우는 한때 390개의 다리와 200개의 원림이 있는 아름다운 운하 도시였다. 그러나 수로 대신 육로가 더 효율적이라는 이유로 많은 운하가 매장되어 전통적인 아름다움이 크게 파괴되었다. 론리 플래닛

장쑤성 江蘇省 苏

은 현재의 쑤저우에 실망한 나머지 독설을 퍼부었다. "공산당의 방침에 따라 건설된 현대 중국의 여느 도시들처럼 매력 없고 보기 흉한 쑤저우에는 문화유산을 파괴하고 지은, 못생긴 현대 건축물들이 가득 들어차 있다."

그나마 쑤저우는 역사와 전통을 자랑하는 대도시로 원래의 모습이 많이 훼손되었을 뿐 사라지지는 않았다. 수많은 전통 촌락은 흔적도 없이 사라지고 있다. 2014년 리웨이 국무원 발전연구센터 주임은 말했다. "2000년만 해도 전국에 360만여 개의 전통 촌락이 있었지만 2010년에는 270만 개로 90만 개나 줄었다."[10] 날마다 250개의 촌락이 사라진 셈이다.

2014년 중국 주택건설부는 역사·문화적 가치가 있는 1만 2000 전통 촌락에 대한 보호를 강화하겠다고 발표했다. 이 말을 뒤집으면 아직껏 연명해 온 89만 개의 전동 촌락은 신경 쓰지 않겠다는 말과 다름없다. 전통 촌락이 붕괴하면 거주민들은 어떻게 될까? 터전을 잃고 떠도는 유랑인들이 될 처지가 아닌가.

살아남은 촌락들도 전과 같을 수는 없다. 쑤저우 인근의 퉁리(同里, 동리), 저우장(周莊, 주장) 등은 옛 운하 마을의 정취가 남아 있어 많은 사람들이 찾는다. 그런데 마을에 들어갈 때 입장료를 내야 한다. 옛 모습을 지키는 대가를 받아 살아간다. 마을 자체가 민속촌 또는 테마파크로 변했다.

물은 배를 띄울 수도 있지만…

마오쩌둥은 일찍이 인민과 공산당의 관계는 물과 물고기의 관계와 같다고 말했다. 인민이라는 물속에서 공산당이라는 물고기는 살 수 있었다. 그러나 고래처럼 거대해져버린 물고기는 오늘날 조그만 물웅덩이 따위는 안중에 없는 것일까?

국공내전 초반 마오쩌둥의 홍군은 장제스의 국민당군을 피해 숨 가쁘게 도망다녔다. 그러나 마오쩌둥은 '우리가 언젠가는 중국을 통일할 것'이라고 호언장담했다. 전국을 떠돌아 더부살이하면서도 '한실을 중흥하겠다'고 큰 소리친 유비 같았다. 그러나 마오쩌둥은 진짜로 대륙을 통일하여, 천하의 3분의 1만을 차지한 유비를 넘어섰다.

국공내전은 장쑤성에서 결판났다. 마오쩌둥은 화이하이(淮海, 회해) 전투에서 승리하고 창장을 건너 난징의 국민당 정권을 무너뜨렸다. 이로써 마오쩌둥은 적벽에서 패하여 창장을 건너지 못한 조조도 넘어섰다. 한편, 장제스는 백성의 마음을 모으고 창장을 참호 삼아 강남을 지켰던 손권만 못하다.

두 영웅의 승패는 역량 차이 때문만이 아니다. 천하를 움직인 것은 바로 민심이었다. 비록 국민당은 천하를 거의 장악했으나 일찍부터 부패했다. 국민당은 전쟁을 평계로 인민의 재산을 멋대로 수탈하여 '백비(白匪, 국민당 도적)'라고 불렸다. 이에 반해 홍군은 인민에게 가급적 피해를 끼치지 않을뿐더러 도망다니면서도 마을의 일을 도와주었다. 꼬마들은 홍군을 '백비나 일본군과 싸우도록 도와주는 사람', '우리 군대'라고 생각했고, 촌로들은 '쑤웨이아이 선생'을 만나러 홍군을 찾아왔다. 국민당은 땅을 차지했으되 민심을 잃었기에 땅마저 잃었고, 공산당은 땅이 없어도 민심을 얻었기에 땅도 얻었다.

2021년이면 중국공산당은 창당 100주년을 맞는다. 현재로서는 승승장구하고 있지만, 초심을 잃은 공산당은 부패 시비가 끊이지 않는다. 이제 중국인은 공산당을 '우리'가 아닌 '그들'로 생각한다. 민심의 향방에 따라 중국의 앞날은 달라질 것이다. 중국의 역사는 '수가재주 역가복주(水可載舟 亦可覆舟, 물은 배를 띄울 수도 있지만 뒤집을 수도 있다)'의 역사이기 때문이다.

강 이름 **절**

저장성

浙江省

오월쟁패의 무대, 중국의 살림 밑천

❶ 레이펑타의 노을 항저우 시호의 레이펑타의 노을은 시호10경 중 하나다.

❷ 항저우 시장 다양한 물건을 파는 항저우의 시장은 밤에도 사람들이 북적거려 흥성스럽다. 과거 항저우의 번영을 오늘날 다시 재현하는 듯하다.

❸ 저장 상인 신장웨이우얼자치구 출신인 듯한 여자 주인. 아라비아 상인들도 많이 찾아왔던 옛날을 떠올리게 한다.

❹ 포대 화상 저장성 출신의 고승으로 풍만한 배를 드러내며 웃고 다녀 항상 사람들, 특히 아이들이 많이 따라다녔다.

❺ 운하 마을 시탕 〈미션 임파서블 3〉의 촬영 장소로 유명하다. 한적하고 아담한 운하 마을의 정취를 맛볼 수 있다.

❻ 뱃사공 운하마을 시탕의 뱃사공.

❼ 샤오싱 동호 항저우에 시호가 있다면, 샤오싱에는 동호가 있다. 기암절벽과 동굴이 호수와 어우러지는 샤오싱의 명소다.

'오월동주(吳越同舟)'는 '사이 나쁜 오나라 사람과 월나라 사람이 같은 배에 타고 풍랑을 만나자, 원한을 잊고 함께 난관을 헤쳐나간다'는 고사성어다. 오나라(장쑤성)의 라이벌 월나라가 있던 곳이 저장성이다. 오월(吳越), 두 지역은 싸움과 통합을 거치며 점차 강동의 정체성을 공유하게 되었고, 강남 개발이 본격화된 이후 나란히 중국 경제의 중심이 되었다. 영리하고 부지런한 저장성 사람들은 뛰어난 상인이며 학자다. 부동산 투기로 번 돈을 자랑하는가 하면, 루쉰처럼 날카로운 비판 의식을 자랑하기도 한다.

중국에서 아름답기로 정평이 난 곳, 저장성(浙江省, 절강성) 항저우(杭州, 항주)의 시호(西湖, 서호)를 찾았다. 중국 여행이 으레 그렇듯, 입구에서 실제 목적지까지는 제법 거리가 있다. 시호 입구에서 한 어르신에게 시호가 어디냐고 물어보았다. 그분은 대답 대신 시계를 보더니 냅다 뛰면서 외쳤다.

"뛰어!"

영문도 모른 채 어르신을 따라 뛰었다. 너무 빨리 뛰어서 숨이 턱에 닿았다. 왜소한 어르신이 하도 잘 뛰니 나이 탓을 할 수도 없고 체력 탓을 할 수도 없었다. 평소의 게으름과 운동 부족을 원망할 수밖에.

한참 뛰다 힘들어서 그만 뛰자고 말하려 할 때, 갑자기 눈앞에 탁 트인 호수가 펼쳐졌다. 태양이 세상을 온통 붉게 물들이며 레이펑타(雷峰塔, 뇌봉탑) 저편에 내려앉고 있었다. 시호10경(西湖十景) 중 하나인 레이펑타의 노을(雷峰夕照, 뇌봉석조)이었다.

때는 10월 중순의 오후 5시. 그 어르신은 해가 지는 때를 알고 있었다. 방향만 알고 걷다가는 시호의 노을을 놓치기에 몸소 뛰어서 데려다준 것이다. '아름다운 쑤저우 아내를 얻고, 인심 좋은 항저우에서 사는 것이 인생 최고의 행복'이라던가. 이날 함께 여행한 베이징 친구는 항저우에 반했다. 사람들은 친절하고, 거리는 깨끗하며, 여자들은 예쁘다고 칭찬을 아끼지 않았다.

오랑캐 중의 오랑캐, 월나라

저장성의 약칭은 '강 이름 절(浙)' 자다. '절강(浙江)'은 항저우의 젖줄, 첸탕장(錢塘江, 전당강)의 옛 이름이다. 또한 '절(浙)'은 강물[水]이 급하게 꺾여[折] 흐른다는 뜻도 있다. 첸탕장은 안후이성 황산(黃山)에서 출발하여 동남쪽으로 흐르다 북동쪽으로 꺾이고 다시 동남쪽으로 꺾이며 바다로 들어간다. '갈 지(之)' 자로 굽이치는 강은 긴 세월 동안 크나큰 격변을 겪은 저장성의 역사를 말해준다.

춘추전국시대 오나라는 장쑤성 쑤저우를 중심으로 저장성 항저우까지 아울렀고, 월나라는 저장성 사오싱(紹興, 소흥)을 근거지로 삼았다. 상하이에서 고속 열차를 타고 서쪽으로 30분만 가면 장쑤성 쑤저우고, 남쪽으로 1시간 30분만 가면 저장성 사오싱이다. 오와 월, 두 나라의 수도가 이토록 가까웠다. 친해지기에는 지나치게 가까운 거리였다. 오나라의 명신 오자서(伍子胥)는 오와 월이 양립할 수 없음을 강조했다. 월나라의 재상 범려(范蠡) 역시 이 점을 명확히 인식하고 있었다.

오나라와 월나라가 극렬하게 패권을 다투니[吳越爭霸], 다툼은 미움을 낳고 전쟁은 원한을 낳았다. 땅을 두고 다툰 싸움은 복수를 위한 싸움으로 변했다. 오왕 합려는 월왕 구천의 기습을 받고 죽었다. 합려의 아들 부차는 원수를 갚기 위해 딱딱한 장작 위에서 잠을 자며 실력을 키운 끝에, 월왕 구천에게 승리를 거두었다. 구천은 쓰디쓴 치욕을 잊지 않겠다고 쓸개를 핥은 지 10여 년. 결국 오왕 부차에게 설욕하고 오나라의 뒤를 이어 다섯 번째 패자(覇者)가 되었다. '부차는 장작 위에서 잠을 자고, 구천은 쓸개를 핥은 끝에 복수했다'는 와신상담(臥薪嘗膽)의 고사다.

중국사는 '오랑캐'를 중원 안으로 포섭해가는 역사다. 일찍이 문화의 꽃을 피운 중원은 남방의 신흥 강국 초나라를 오랑캐로 보았다. 그러나 초나라로서는 사나운 오나라가 오랑캐였고, 중원의 법도를 알고 있는 오나라로서는 개념 없는 월나라가 진짜 오랑캐였다.

오나라의 수도가 월에 포위된 지 2년째, 더 이상 싸울 기력도 의지도 없어진 오나라는 월나라에 화친을 청했다. 좋게 말해 화친이지, 굶어 죽을 지경이니 한 번만 봐달라는 통사정이었다. 춘추시대는 아직 인간미가 있던 시절이라 서로 좋게 좋게 끝내는 것이 도리였다. 오나라의 사신이 사람 된 도리를 내세우며 월나라의 재상 범려에게 화친하자고 간청했으나, 범려는 단칼에 거절했다.

이처럼 월나라는 거칠고 사나운 야만인이었다. 중원의 도리 따위는 몰라도 당당한, 오랑캐 중의 오랑캐였다. 춘추시대 여러 제후국은 형식적으로는 주나라를 받들며 전쟁을 하더라도 대의명분과 예법 질서를 존중했다. 그러나 인정사정없던 오월쟁패를 거치며, 각국은 철저히 부국강병과 약육강식의 논리에 따라 움직이게 되었다. 춘추시대가 저물고 처절한 전국시대가 열린 것이다.

오나라와 월나라는 같은 하늘 아래에서 살아갈 수 없는 불구대천(不俱戴天)의 원수였다. 그러나 시간은 모든 것을 변하게 했다. 환경이 비슷한 오와 월은 점차 공통의 정체성을 형성하며 '강동(江東)' 지역으로 묶였다. 초 패왕 항우는 강동의 8000 자제들을 이끌고 천하를 호령했고, 소패왕(小霸王) 손책(孫策)은 신하들에게 유언을 남겼다. "중원 지역은 지금 혼란에 빠져 있으나 오와 월의 무리와 삼강(三江)의 견고함에 의지한다면 충분히 성패(成敗)를 볼 수 있을 것이오."[1]

저장성 浙江省 浙

저장성, 중국의 중심이 되다

삼국시대 손권의 적극적인 개발에 힘입어 강남은 풍요로워졌다. 수 양제의 대운하가 열리자, 저장성의 경제는 한층 더 발전했다. 다만 북송 시대까지 강남은 경제적 위상만 높았을 뿐, 정치적 위상은 높지 않았다.

강남이 정치의 중심이 된 것은 여진족의 금나라 덕분이다. 금나라는 송나라의 수도 카이펑을 함락하고 황제 휘종(徽宗)과 흠종(欽宗)을 포로로 잡아갔다. 금나라에 중원을 잃은 송나라의 피란 정부는 항저우를 수도로 삼아 남송 시대를 열었다.

남송 최고의 황제인 효종(孝宗)은 혼란스러운 나라를 수습하고 잡다한 부가세를 없애 백성의 부담을 줄였으며 국방력을 강화했다. 효종의 건순지치(乾淳之治)에 저장성의 경제력이 더해지자 남송은 기사회생해 다시 부강해졌다. 송나라 시인 유영(柳永)의 사(詞)는 당시 항저우의 모습을 생동감 넘치게 그리고 있다.

> 동남지방의 명승지이며, 삼오(三吳)의 도회지인 전당(錢塘)은 예로부터 번화했다. 안개 서린 버들과 채색한 다리, 바람에 나부끼는 문발과 비취빛 장막, 10만 호의 인가가 들쑥날쑥 늘어서 있네. 제방 따라 나무들 구름같이 이어져 있고, 성난 파도는 물보라를 일으키니, 천연의 참호 전당강은 끝없이 펼쳐져 있다. 저잣거리에는 온갖 진귀한 보석들이 즐비하고, 집집마다 화려한 비단이 넘쳐나니, 서로 호사스러움을 다투는구나.
>
> — 유영,《망해조(望海潮), 동남형승(東南形勝)》[2]

당시 항저우는 100만 인구의 대도시로 "저잣거리에는 온갖 진귀한 보석들이 즐비하고, 집집마다 화려한 비단이 넘쳐"났다. "호주(湖州)의 곡식이 여물면 천하를 배부르게 할 수 있"고, "만 가구에서 베틀의 북소리가 울리니, 금화(金華)의 옷이 천하를 덮는다."는 말은 저장성의 경제력이 얼마나 대단했는지 알려준다.

그러나 아름답고 풍요로운 항저우가 오히려 독이 된 것일까? 효종 이후의 황제들은 모두 어리석고 사치와 향락에 빠졌다. 결국 원나라는 부패한 송나라를 멸망시키고 베이징을 수도로 삼았다. 다만 원나라 이후에도 경제의 중심이 강남인 것에는 변화가 없었다. "장쑤성과 저장성이 없다면 나라가 무너진다."고 말할 정도로, 저장성은 줄곧 중국을 지탱해왔다.

경제가 발달하며 문화의 꽃도 활짝 피어났다. 저장성은 중국 최고의 명필 왕희지(王羲之), 양명학을 창시한 왕양명(王陽明), 여성 혁명가이자 작가인 치우진(秋瑾, 추근), 대문호 루쉰(魯迅, 노신) 등을 배출했다.

민첩하게 행동하고 날카로운 감각을 지닌 저장인은 상업에서도 빛을 발한다. '중국의 유대인' 저장상방(浙江商帮)은 민첩하게 움직이고 끈기 있게 노력한다. 민첩한 사람은 끈기가 없고 끈기 있는 사람은 둔하게 마련인데, 두 미덕을 겸비한 저장 상인들은 '빠른 물고기 이론[快魚論]'과 '사천정신(四千精神)'을 낳았다.

빠른 물고기 이론은 '빠른 자가 살아남는다'는 주장이다. 즉, 크고 강한 물고기가 작고 약한 물고기를 잡아먹기도 하지만, 빠른 물고기가 느린 물고기를 잡아먹을 수도 있다. 저장 상인들은 시장조사, 제품 개발, 생산, 판매, 유통 등 사업의 전 과정을 빠르고 유연하게 수행한다. 그래서 첫날 정보를 알아내고 바로 다음 날 오더를 내는가 하면, 사흘 안에 샘플을 만들고, 일주일이면 대량생산한다.[3]

사천정신(四千精神)은 온갖 고생을 감당하며 우직하게 일을 추진하는 마음자세다. 천산만수(千山萬水)를 다 가고, 천언만어(千言萬語)를 다하며, 천방백계(千方百計)를 다 짜고, 천신만고(千辛萬苦)를 다 겪는다. 수고로움을 마다하

지 않으면 성공은 오기 마련이다.

저장성은 가장 민영 경제가 발달한 곳이다. 2014년 중국 500대 민영기업 중 51개가 항저우에 있다. 공동 2위인 상하이와 톈진은 각각 15개에 그친다. 저장성은 중국에서 인터넷 쇼핑몰이 가장 많은 곳이고, 그중 절반 이상이 항저우가 근거지다. 대표 주자는 단연 마윈(馬雲, 마운)의 알리바바다. GDP 대비 특허 출원 건수가 중국 내 2위로서 과학기술의 혁신 잠재력이 강한 곳으로도 손꼽힌다.

2012년 억만장자가 많은 도시 순위에서 항저우는 베이징, 상하이, 선전에 이어 4위를 차지했다(홍콩 제외). 부유층이 많은 만큼 명품 소비가 많고, 유명한 관광지답게 외지인들의 지출도 크다. 항저우다샤(杭州大厦, 항주대하) 백화점은 2010년 중국 최초로 연매출 50억 위안을 돌파했고, 랑콤은 2012년 항저우의 단 한 개 매장에서 중국 최고 매출인 1700만 위안을 달성했다.[4]

닝보(寧波, 영파)는 안으로는 강남, 밖으로는 한국·일본·동남아 등 환황해권에 갈 수 있어 일찍이 '천하와 통하는 항구'라고 불렸다. "온 세계를 두루 다니는 것보다는 닝보의 강변을 거니는 것이 낫다."고 할 만큼 해외 교역이 발달했다. 2014년 닝보는 부산을 제치고 물동량 기준 세계 5위의 항구로 등극했다.

2014년 11월 18일 저장성 이우(義烏, 의오)에서 화물열차가 출발하여 12월 9일 에스파냐 마드리드(Madrid)에 도착한 후, 2월 22일 다시 이우로 귀환했다. 중국과 유럽 사이 1만 3000킬로미터를 잇는 '이신어우(義新歐, 의신구)' 철도는 21세기 비단길을 열었다.[5] 저장성은 새로운 비단길 시대를 맞아 또 한 번의 도약을 준비하고 있다.

부동산 투기의 온상

영화 〈쉬즈 더 원(非誠勿擾)〉에서 벼락부자가 된 진분은 중국을 두루 유람한다. 저장성 시시(西溪, 서계)의 가이드는 진분에게 옛날이야기를 들려주었다. 송 고종(高宗)은 금나라에 쫓기던 중 시시의 아름다움에 반해 행궁을 차리고 싶었다. 그러나 피난 가는 처지에 어떻게 가능하겠는가. 송 고종은 〈시시여, 잠시 기다리시게[西溪且留下]〉라는 시를 지어 아쉬움을 애써 달랬다.

이 이야기를 듣자 진분은 말한다. "송 고종 늙은이야 돈이 없어 그딴 말밖에 할 수 없었지만, 나는 가진 게 돈뿐이니 시시가 맘에 든다면 기다리라고 말하고 싶은 것은 인생밖에 없네." 그러자 가이드는 진분을 호숫가에 지어진 호화 주택에 데려가서 집을 사길 권한다. "앞에 보이는 호수가 선생님 개인 소유가 되는 겁니다."

이 대목은 두 가지를 보여준다. 첫째, 중국의 벼락부자는 자신감이 넘친다. 자신이 황제보다 낫다고 스스로를 치켜세우며 잘난 체를 한다. 급속한 경제성장은 큰 부를 낳았고, 부유함은 자신감을 낳았다. 돈과 자신감은 부동산 버블을 한껏 부풀렸다.

둘째, 저장성은 부동산 투기의 온상이다. 2012년 미국 경제지 〈포브스(Forbes)〉는 중국에서 퇴직 후 노후를 보내기 가장 좋은 도시, 자연환경과 가장 잘 어우러진 도시로 항저우를 선정했다. 삶의 질이 높은 저장성은 많은 중국인이 살고 싶어하는 만큼 투기열이 상당하다.

저장 상인들이 부동산 투기에 지나치게 관심이 높은 것도 문제다. "저장성에는 사기꾼은 있어도 거지는 없다."는 말이 있다. 저장인은 구걸하느니 스스로 돈을 벌지만, 돈 버는 수단을 가리지도 않는다. 이익에 밝은 저장상방은 옛날부터 금융과 부동산을 중요시했다.

부동산은 중국 GDP의 13퍼센트를 차지한다. 2008년 부동산 버블이 극

저장성 浙江省

에 달했던 미국도 부동산 산업의 비중이 중국에 비해 절반밖에 되지 않았다. 광의의 부동산은 고정자산 투자의 3분의 1에 달한다.[6] 부동산 침체가 당장 위기를 초래하지 않는다 하더라도 당분간 경제에 부담을 줄 것이다.

2010년 중국 최고의 집값을 자랑하던 항저우는 7위로 떨어졌다. 원저우(溫州, 온주)는 3년 연속 부동산이 하락하여 집값이 반토막이 났다. 원저우의 1인당 GDP는 항저우, 닝보에 이어 저장성 3위였으나, 2014년에는 4만 3632위안(약 770만 원)으로 폭락하여 순식간에 꼴찌로 추락했다.[7]

그러나 원저우에 대한 중국인의 시선은 차갑다. '사방으로 출격하고 팔방에서 뿌리내리자'며 천하를 누빈 원저우 상인이 부동산 값을 한껏 올려놨기 때문이다. 황웨이핑(黃衛平, 황위평) 인민대 교수 역시 냉정한 평가를 내렸다. "원저우의 자금난은 투기꾼의 자금난이다. 그리 걱정해줄 일이 아니다."[8]

원저우 기업인을 정부자금으로 구제하는 것은 국민의 혈세로 투기꾼의 밑천을 마련해주는 것이라는 말이다. 실제로 본업보다 돈놀이에 맛들인 많은 기업이 위탁 대출에 나섰다. 저장성은 위탁 대출에 종사하는 기업이 25개로 중국에서 가장 많다. 특히 2012년 말까지 본업과 무관한 부동산 업체에게 위탁 대출을 제공한 전국의 상장기업 25개 중 저장성 기업이 아홉 개로 독보적 1위였다.[9]

한편 원저우 상인은 억울하다는 항변도 있다. 원저우는 농민에 의해 자발적으로 개발되었다. 개혁개방 후 유일한 사례라 '원저우 모델'로 불렸다. 그러나 자력갱생의 길은 힘들었다. 정부가 주도하는 국유 기업은 첨단산업에 뛰어들어 고부가가치를 얻을 수 있었다. 중국은행은 규모도 크고 안정성도 높은 국유 기업 위주로 대출해주었다. 그러나 원저우 같은 곳의 중소 민영기업은 대부분 노동 집약적이었고 투자 자금을 마련하기도 힘들었다. 이런 상황에서는 원저우 상인이 사채나 부동산 투기의 유혹을 받기 쉬웠다는 거다.

시호는 서시일까, 흡혈귀일까?

시호의 아름다움은 많은 사람들의 마음을 사로잡았다. 백거이와 소동파(蘇
東坡)는 항저우를 마음의 고향으로 여겼다. 피난 온 송 조정은 옛 수도 카이
펑을 다시 찾을 생각은 않고 항저우에 빠져들었다. 조정이 항저우를 화려하
게 만든답시고 10년치 세금을 한꺼번에 거두자, 백성들의 원성이 하늘을 찔
렀다

송나라의 임승(林昇)은 당대의 풍조를 이렇게 꼬집었다.

산 밖에 또 푸른 산이 있고 누각 밖에 또 누각이 있네
서호의 노래와 춤은 언제 그칠 것인가
따스한 바람에 실려 온 향기, 나그네를 취하게 하니
항주를 고향인 변주(개봉)로 아는가

― 임승, 〈임안의 여관벽에 붙여[題臨安邸]〉

좌천당한 선비는 시름을 잊고 항저우를 고향처럼 받아들였고, 피난 온 남
송 정부는 치욕을 잊고 항저우의 아름다움에 빠져들었다. 그래서 남송의 백
성들은 시호를 서시와 같은 흡혈귀라고 저주했다. 오왕 부차가 절세미녀 서
시의 아름다움에 홀려 정치를 소홀히 한 나머지 월왕 구천에게 멸망당한 것
처럼, 남송 조정 역시 시호에 홀려 사치와 향락만을 일삼으며 백성의 피를
빨아먹는다고 시호를 미워했다.

그러나 오나라가 멸망한 것이 부차의 죄이지, 왜 서시의 죄인가? 마찬가
지로 남송 조정이 잘못한 것이지, 시호가 무슨 잘못을 했나? 아름다움 자체
가 무슨 죄이고, 풍요로움 자체가 어찌 나쁜 것인가? 모든 문제는 다만 사람
에 달려 있을 뿐이다.

제나라 선왕(宣王)은 맹자의 주장을 높이 평가하면서도, 막상 실천하지는 않고 변명만 늘어놓았다. "과인은 재물과 여자를 좋아하오." 맹자는 변명하는 제 선왕을 회유했다.

왕께서 재물을 좋아하시되 백성들과 더불어 함께 좋아한다면 왕 노릇하는 데에 어떤 어려움이 있겠습니까? 왕께서 여색을 좋아하시되 백성들과 더불어 함께 좋아한다면 왕 노릇하는 데에 어떤 어려움이 있겠습니까?[10]

맹자의 말처럼 지도자가 즐거움에 탐닉하더라도 많은 사람들과 함께 즐기면 괜찮다. 백성의 재물을 빼앗고 혼자 독차지할 때가 문제다.

그렇다면 오늘의 중국은 어떨까? 중국은 모두가 평등하고 노동자와 농민을 위한 사회주의국가임을 표방한다. 그러나 경제성장과 함께 양극화가 커져가고 노동자는 노동조합 결성과 파업의 권리조차 없다. 공산당은 당과 국가의 이념을 스스로 부정하며, 인민의 비판 의식을 빼앗고 일하는 기계로 만들려 한다.

루쉰은 중국의 병폐를 날카롭게 비판하며 중국인의 각성을 촉구했다. 문화대혁명 시기 루쉰은 마오쩌둥 못지않게 신성불가침한 존재였다. 위화(余華)는 중국을 말해주는 열 개의 단어 중 하나로 루쉰을 꼽으며, 어린 시절 "루쉰은 더 이상 한 작가의 이름이 아니라 모든 중국인이 다 아는 단어, 정치와 혁명의 의미를 내포한 중요한 단어였다."고 회상했다.[11]

위화는 어렸을 때 친구와 논쟁을 벌였다. 태양과 지구가 아침에 더 가까운지, 정오에 더 가까운지 장장 1년이나 다투었다. 그러던 어느 날 위화는 마침내 논쟁에서 승리했다. "루쉰 선생님께서도 정오에 태양이 지구에서 가장 가깝다고 말씀하셨단 말이야!"라고 말하자, 친구는 당장 꼬리를 내렸다. "루쉰 선생님께서 그렇게 말씀하셨다면 틀림없이 네 말이 맞을 거야. 내가 잘못 알고 있었나 봐."[12]

　루쉰은 그토록 절대적인 권위를 자랑했다. 그러나 오늘날 루쉰의 작품은 교과서에서 퇴출되고 있다. 해외의 몹쓸 견해들이 중국을 오염시킬까 봐 페이스북, 트위터 등을 차단한 것도 모자라, 이제는 인민이 루쉰의 비판 의식을 접하기를 원치 않는다. 밖으로는 문단속, 안으로는 입단속이다.

　쉬둥보 사오싱 루쉰기념관 부관장은 말한다. "감히 쓰지 못하고 감히 말하지 못한다면 학생들에게, 국가에 미래가 있겠는가."[13]

저장성 浙江省

皖

땅이름 **환**

안후이성

安徽省

강남의 머리, 중원의 목구멍

❶ 신안장의 노을 안후이성 황산시의 신안장은 저장성 항저우로 통한다.
❷ 툰시 좋은 위치 덕분에 예로부터 장사가 발달했다.
❸ 황산 "황산이 없으면 하늘의 신선들이 내려올 곳이 없다."고 말할 만큼 멋진 산이다.
❹ 황산의 일꾼 황산에서 짐 나르는 일꾼들은 이 계단을 통해 식자재, 가스통, 심지어는 공사 자재까지 맨몸으로 운반한다.

❺ 홍춘 홍춘에는 휘상의 유산인 휘주 건축양식이 잘 남아 있다. 저우룬파, 장쯔이 주연의 영화 〈와호장룡〉의 무대로 많은 관광객들의 발길을 끈다.

❻ 위에자오 연못 매우 작은 반달형의 연못이지만 옛 가옥과 연못, 오리, 사람 들이 어우러진 정취가 일품이다.

❼ 안후이성의 벼루 안후이성은 종이·먹·벼루 등 서예용품이 특산물이다.

❽ 무컹주하이 〈와호장룡〉 최고 명장면의 촬영지이다.

쑤저우

푸양 화이허

서우○ **안후이성**

허페이○
차오호
루장○
쉬안청●

창장

안칭● △주화산

△황산 쉬안장
후이저우●
황산●

창장은 안후이성의 남북을 관통한다. 안후이 북부에서 조조가 태어났고, 남부에서 주유가 태어났다. 적벽대전 두 주
역의 고향인 안후이는 중원과 강남을 잇는 요충지다. 삼국시대 위나라와 오나라가 가장 첨예하게 부딪혔던 전장이
안후이의 성도인 허페이(合肥, 합비)다. 안후이 사람들은 척박한 산에서 살아남으며 강인한 생존력을 키웠다. 중국
의 대표적 상인 집단인 휘상(徽商)이 되어 부유함을 과시하는가 하면, 이홍장의 회군(淮軍)이 되어 홍수전의 태평천
국을 진압하며 용맹을 과시했다. 창장 삼각주의 배후 지역이었던 안후이는 이제 중부굴기(中部崛起) 전략으로 일어
서려 한다.

무협영화 〈와호장룡(臥虎藏龍)〉의 무대로 유명한 안후이성(安徽省, 안휘성) 홍춘 (宏村, 핑춘)에 오니 개성 있는 옷차림의 젊은 여자가 보였다. 까만 재킷에 카우보이모자를 쓰고, 흰 블라우스와 핑크 손가방으로 포인트를 주었다. 긴 재킷은 마법사의 로브(robe) 같아서, 마음속으로 그녀에게 '마법소녀'라는 별명을 붙여주었다. 홍춘의 동선은 무척 단순해서 그녀와 나는 앞서거니 뒤서거니 구경하다가 벤치에 앉아서 쉬었다.

그런데 그녀가 잠시 전화 통화를 하더니 갑자기 펑펑 울었다. 하염없이 눈물을 닦고 코를 훔치던 그녀는 곧 휴지가 다 떨어졌다. 대한민국의 매너남이 나가신다! 나는 그녀에게 내 휴지를 건네주었다. 중국에서 흔히 볼 수 있는 열 장들이 휴지 한 통이었다. 두 장 써서 여덟 장이 남아 있었다. 그녀는 계속 울면서 여덟 장의 휴지를 단숨에 다 써버렸다. 한국이라면 한두 장만 빼서 눈물을 닦고 돌려주었을 텐데, 역시 대륙의 기상이 다르긴 달랐다.

휴지 여덟 장을 놓고 한국과 중국의 문화적 차이에 대해 진지한(?) 고찰을 끝마칠 때쯤 그녀도 가까스로 울음을 그쳤다. 무슨 일이냐고 묻자, 남자 친구와 여기서 만나 같이 놀기로 했는데, 남자 친구가 일하느라 바쁘다고 언제 올지 모르겠다고 말했단다. 에구구, 어디 가나 연애가 문제야.

안후이는 청나라 때 이 지역의 정치적 중심 안칭(安慶, 안경)과 경제적 중심 후이저우(徽州, 휘주)를 합쳐 지은 이름이다. 안후이성의 약칭인 '땅이름 환(皖)' 자는 안칭의 옛 이름으로, 삼국시대 최고의 미녀 자매 대교(大喬)와 소교(小喬)

안후이성 安徽省

의 고향이다. 천하를 통일하고 대교와 소교를 얻으려던 조조의 야심은 적벽 대전으로 좌절되었다. 적벽의 불길은 이미 오래전에 사그라들었지만, 남녀 상열지사(男女相悅之詞)의 불길은 여전히 활활 타오르고 있구나.

안후이는 강남과 강북, 중원과 동부 해안 지역을 잇는 요충지다. 유방과 항우의 최후 결전인 해하 전투가 여기서 벌어졌다. 한신은 십면매복(十面埋 伏)으로 항우의 군대를 격파했고, 장량은 한 자루 퉁소로 초나라 병사들의 마음을 뒤흔들어 사면초가(四面楚歌)를 부르게 했으며, 항우와 우미인(虞美人) 은 죽음의 작별[霸王別姬]을 나누었다.

삼국시대 안후이 북부는 난세의 간웅 조조, 신의(神醫) 화타(華佗), 위나라 의 일급 책사 유엽(劉曄)을 낳았고, 남부는 오나라의 대도독 주유와 노숙, 여 몽을 배출했다. 안후이의 성도 허페이(合肥, 합비)에서 조조와 손권은 몇 차례 나 격전을 벌였다. 허페이는 '강남의 머리이며, 중원의 목구멍[江南之首, 中原 之喉]'이기 때문이다. 이 외에도 안후이는 원술이 황제를 참칭한 수춘(壽春, 지 금의 안후이성 루안시 서우현), 창장을 낀 요충지인 루장(廬江, 여강)과 환 등 삼국지 의 팬에게 친숙한 지역들이 많다.

격동의 현장 안후이는 판관 포청천, 명 태조 주원장, 북양 대신 이홍장 등 선이 굵은 인물을 많이 배출했다. 후진타오(胡錦濤, 호금도) 전 주석, 주룽지(朱 鎔基, 주용기) 전 총리는 안후이 출생은 아니지만 본적지가 안후이라 안후이에 대한 애착을 드러내곤 했다.

안후이의 거친 야성, 산월족

툰시(屯溪)는 황산 등반의 전초기지다. 툰시 마트의 코너 하나가 참이슬 소 주로 가득 채워져 있었다. 작은 마을에 이토록 많은 소주라니, 한국인이 얼마나 많은 소주를 마셔대는 걸까? 다음 날 황산에 가자 관광버스 단위로 온 한국 등산객을 쉽게 볼 수 있었다. 안후이는 '산의 지존' 황산과 중국 불교 4대 성산 중 하나인 주화산(九華山, 구화산)이 있어 등산 애호가의 사랑을 받고 있다.

황산의 가파른 바위와 소나무, 구름이 어우러지는 풍경은 속세에서 벗어난 듯한 경외심을 불러일으킨다. 중국인들은 말한다.

"황산이 없으면 하늘의 신선들이 내려올 곳이 없다."

"황산에 오르고 나니 천하에 산이 없더라."

"오악(五岳, 타이산·화산·형산衡山·형산恒山·쑹산)을 보고 나면 다른 산을 보고 싶은 생각이 없어지고, 황산을 보고 나면 오악마저 보고 싶은 생각이 사라진다."

주화산은 중국 불교의 성지로 청 말 전성기 때는 300개의 절과 4000 승려가 있었다. 신라 성덕왕(聖德王)의 장남인 교각 대사(喬覺大師)가 지장보살로 추대된 곳이라 한국과도 인연이 깊다.

그러나 황산과 주화산은 안후이의 많은 산 중 일부일 뿐이다. 중원의 평야는 창장을 넘지 못한다. 험한 창장을 기껏 건너면 거친 산이 겹겹이 놓여 있다. 한족에게는 그다지 매력 있는 땅이 아니었다. 후한 말 전란을 피해 강남에 내려온 한족 이주민은 거칠고 야성적인 원주민을 만난다. 한족은 그들을 '산속에서 살아가는 야만인', 즉 산월족(山越族)이라고 불렀다.

산월족은 장쑤와 안후이 남부부터 장시·저장·푸젠·광둥에 이르는 광대한 산악 지대에서 살았다. 이 영역이 어디인가? 바로 손권의 오나라 땅이다. '천하의 3분의 1을 차지했다'고 하지만, 실상 오나라는 통치하기 매우 어려운 지역이었다. 위로는 토착 호족 세력이 강했고, 밑으로는 산월·무릉만(武陵蠻) 등 여러 이민족과의 민족 갈등이 치열했다. 경제적으로는 미개척지를 개발해야 했고, 군사적으로는 밖으로 위와 촉의 침공에, 안으로 이민족의 반

란에 맞서야 했다. 그래서 손권은 "산월족이 말썽을 부리지만 않는다면 위나라와 정말 제대로 붙어볼 수 있을 텐데."라고 탄식했다.

220년 위·촉·오 삼국이 정립된 후에도 오나라는 산월족에 시달렸다. 234년 제갈각(諸葛恪)이 단양군(丹楊郡, 지금의 안후이성 쉬안청시)의 산월족을 토벌하겠다고 했을 때, 오나라의 신하들은 모두 이를 만류했다. 산월족은 용맹하고 강한 데다, 험난한 지형을 자유자재로 활용하며 게릴라전을 펼치기 때문에 도저히 당할 수가 없기 때문이었다. 제갈각은 중신들의 만류를 뿌리치고 산월족 토벌에 착수해 300명의 토벌대를 4만 명의 정병으로 불리는 대성공을 거두기는 했다. 그러나 이는 제갈각이 제갈량(諸葛亮)의 조카답게 특출난 재주를 지녔기에 가능했던, 예외적 성공이다.

안후이인의 강인함은 청 말에 다시 한 번 빛을 발했다. 중국 남부를 석권한 태평천국운동을 평정한 것이다. 이홍장이 조직한 안후이 의용군인 회군(淮軍)은 증국번의 후난성 의용군인 상군(湘軍)과 쌍벽을 이루었다. 태평천국운동을 진압하고 전쟁 영웅이 된 이홍장은 청의 군권을 장악한 북양 대신이 되어 양무운동을 전개했다. 그러나 기강이 무너질 대로 무너진 청을 다시 살리기란 쉽지 않았다.

더욱이 힘을 합쳐도 모자랄 상황에서 청나라 내부는 분열했다. 청일전쟁이 일어났을 때 이홍장을 제외한 다른 성(省)들과 세력들은 수수방관했다. 일본이 류궁다오(劉公島, 유공도)를 점령하며 광둥성 수군 소속의 배를 차지하자, 광둥은 청일전쟁과 아무런 관련이 없으니 배를 돌려줄 것을 요청하는 편지를 쓴 사람이 있을 정도였다.

량치차오(梁啓超, 양계초)는 이홍장의 평전을 쓰며 한 서양 평론가의 말을 인용했다. "일본은 결코 중국과 전쟁을 한 것이 아니다. 실제로는 이홍장 한 사람과 전쟁을 한 것이다."[1] 량치차오도 그의 말이 당시 청나라의 상황을 잘 꼬집었다며 탄식했다. "한 사람의 힘으로 한 국가에 대항하다니…… 이홍장이여, 이홍장이여, 당신은 비록 지긴 했지만 그래도 분명한 호걸임에 틀림 없다!"[2]

비록 절반의 성공만을 거두기는 했지만, 이홍장은 중국의 근대를 열었다. 이홍장이 주도한 양무운동은 개화의 출발이었다. 무기와 기계의 도입만으로는 중국을 살릴 수 없다는 게 청일전쟁으로 밝혀지자, 제도 개선을 요구하는 변법자강운동(變法自彊運動)이 일어났고, 그조차 실패하자 아예 신체제 신국가를 수립하게 되었다.

또한 이홍장이 무능한 관군을 대신하여 조직한 회군은 근대 군벌의 시작이었다. 전란의 시기에 각 지역에서 군벌들이 등장했고, 국공내전을 거친 이후에는 공산당이 중국 본토를, 국민당이 타이완을 차지하게 되었다. 청나라를 안정시키려고 조직한 사병이 훗날 청나라를 무너뜨리고 현대 중국과 타이완을 만들어냈으니, 이 또한 역사의 아이러니다.

건륭제도 감탄한 휘상

영화 〈와호장룡〉에서 주인공 수련은 표국(鏢局)을 운영한다. 표국은 산적으로부터 물건과 사람을 안전하게 지키며 목적지까지 운송하는 업체다. 경호업체와 물류업체가 합쳐진 셈이다. 물류업에 종사하는 수련은 강호인이자 후이저우(徽州, 휘주) 상인, 즉 휘상(徽商)이다.

안후이성 남부 후이저우는 산이 많아 농사지을 땅이 부족했다. 땅은 적고 인구는 많으니 농사가 아닌 다른 길로 먹고살아야 했다. 불행 중 다행으로 후이저우는 산으로 막혀 있으면서도 강으로 트여 있었다. 신안장(新安江, 신안강)은 첸탕장으로 이어져 저장성 항저우로 갈 수 있었고, 창장을 통해서는 장시성 포양호(鄱陽湖, 파양호)로 갈 수 있었다. 또한 후이저우는 질 좋은 삼나

안후이성 安徽省

무와 대나무가 많았고, 차를 재배하기도 좋았다.

후이저우인은 고향의 특산물인 삼나무와 대나무, 차를 배에 싣고 다른 지역에 가서 장사했다. 어렸을 때부터 집을 떠나 장사하며 성장한 후이저우인은 중국의 대표적인 상인인 휘상이 되었다. 물론 어려서부터 혹독한 고생을 해야 했기에 "전생에 덕을 쌓지 않으면 휘주에 태어나 어려서부터 외지를 떠돌게 된다."는 말이 생겼다.

휘상은 고향 특산물을 내다 파는 보따리 장사로 시작했지만, 자본과 경험이 쌓이면서 방직·소금·금융 등 다방면에 손을 뻗쳤다. 명나라 때에는 "휘상이 없으면 도시를 만들 수 없다[無徽不成鎭]."는 말이 생겼고, 후이저우 방언은 중국 금융업계의 공용어가 되었다.

휘상은 유학의 영향을 크게 받아 유상(儒商)이라고도 불렀다. 휘상은 큰돈을 벌고 은퇴해서 고향에 돌아와 학문을 닦고 좋은 집과 사당을 지어 가문을 빛내는 것이 꿈이었다. 휘주가 배출한 최고의 학자는 성리학의 창시자인 주희(朱熹)다. 주희의 고향은 오늘날 푸젠성이지만, 당시 행정구역인 휘주는 푸젠성의 일부 영역까지 포함했다.

휘상이 학문을 장려한 것에는 실용적 목적도 깔려 있었다. 휘상은 풍부한 교양을 바탕으로 관리들과 어울리며 친분을 쌓았다. 친해지다 보면 작게는 여러 정보를 얻을 수 있고, 크게는 이권을 챙기거나 불리할 때 보호를 받을 수도 있다. 이처럼 휘상은 정경유착을 일찍부터 실현하여 관상(官商)이라고 불리기도 했다. 건륭제는 휘상이 바친 화려한 생일상을 보고 감탄했다. "부유하도다, 휘상들이여, 짐도 그대들에게 미치지 못하겠노라!"

휘상의 경제력은 후이저우 문화를 꽃피웠다. 후이저우 건축양식의 고풍스러운 아름다움은 영화 〈와호장룡〉을 통해 전 세계적으로 널리 알려졌다. 안칭의 가극인 황매희(黃梅戱), 후이저우의 가극인 휘극(徽劇)이 탄생했다.

문방사우 생산도 늘었다. 서예에 쓰이는 선지(宣紙)는 원래 '쉬안청(宣城, 선성)의 종이'라는 뜻이다. 마찬가지로 휘묵(徽墨)과 흡연(歙硯)은 안후이 서현(歙縣, 흡현)의 먹과 벼루를 뜻한다. 그만큼 안후이는 명품 문방사우의 대명사다.

성상(聖商) 호설암(胡雪巖)은 휘상의 절정과 한계를 동시에 보여주었다. 호설암은 청나라 300년 역사에서 유일하게 황마괘(黃馬褂)를 하사받고 종2품에 오른 상인이다. 청나라 말기에 그는 서양 열강의 자본과 한판 승부를 벌였다.

1882년 호설암은 비단의 원료인 생사(生絲)를 매점매석하고 1200만 냥의 이윤을 주어야 외국 자본에 팔겠다고 했다. 외국 자본은 호설암에게 굴복하면 가격 결정권을 잃을까봐 타협하지 않았고, 호설암은 호설암대로 중국 상인들을 설득하여 생사를 모두 매점매석했다. 중국 자본 대 외국 자본의 중외대전(中外大戰)이었다. 그러나 쌍방 모두 인내의 한계에 이르렀을 때, 이탈리아의 생사가 풍년이 들었다. 생사는 쉽게 썩기 때문에 오래 보관할 수 없어 호설암은 1000만 냥의 손해를 입고 생사를 처분했다.

엎친 데 덮친 격으로, 호설암이 생사 전쟁에서 참패했다는 소문이 들리자, 그의 전당포에 돈을 맡겨둔 사람들이 일제히 예금을 인출하기 시작했다. 사태는 걷잡을 수 없이 흘러가 호설암은 연쇄 부도를 맞게 되었다. 성상이라는 별명이 무색한 몰락이었다. 호설암은 결국 근대 산업자본의 시대를 넘지 못한 전통 자본가였고, 호설암의 파산은 중국 경제의 허약함을 드러냈다.

오늘날 치루이(Chery) 자동차의 인퉁야오 회장 등 휘상의 후예가 다시 나타나고 있다. 치루이는 중국 최초로 자동차 해외 수출에 성공한 지방 국유기업이다. 2005년 GM대우(현 한국GM)는 치루이의 'Chery QQ' 자동차가 마티즈를 베꼈다고 고소했지만, 중국 정부는 치루이의 편을 들었고, GM도 중국 영업을 위해 고소를 취하했다. 오늘날 치루이 자동차는 얄궂은 과거를 뒤로하고, 2017년 69만 대의 자동차를 생산하여 생산량 기준 중국 내 10위를 차지했다. '중국 제조 2025'의 10대 핵심 산업 중 하나인 '에너지 절약·신에너지 자동차' 개발에도 적극 참여하고 있다.

농촌의 아픔, 농민의 희생

1990년 가난한 안후이 진자이현(金寨县, 금채현)의 농촌 마을에서 한 사진작가는 똘망똘망한 눈망울의 일곱 살 소녀가 등교하는 것을 본다. 작가는 교실에서 공부하는 소녀의 사진을 찍었다. 그녀의 초롱초롱한 눈망울 안에는 배움에 대한 열망이 가득 담겨 있었다. 이 사진은 중국인들의 심금을 울렸고, 소녀의 인생을 바꾸었다. 그녀가 바로 '공부하고 싶어요[我要读书]' 캠페인으로 유명 인사가 된 '왕눈이' 쑤밍쥐안('大眼睛' 苏明娟)이다. 훗날 소녀는 안후이 대학을 졸업하고 은행원이 되어 훈훈한 미담을 남겼다.

그러나 미담은 녹록지 않은 현실에 뿌리박고 있다. 쑤밍쥐안의 사례 역시 가난하고 낙후한 안후이 농촌의 현실을 반영한다. 천구이디(陈桂棣)와 우춘타오(吴春桃) 부부의 《중국 농민 르포(中國農民調查)》는 2000년대 초반 안후이 농촌의 실태를 고발하다가 금서가 되었다.

2001년 겨울 '안후이의 시베리아'라고 불리는 푸양(阜陽, 부양)의 대로변에서 천구이디는 파와 배추를 파는 농민을 만났다. 파 한 근에 6펀(10원), 배추 한 근에 1자오(18원)였다. 그런데 정작 채소를 파는 농민은 맨밥만 먹었다. 채소를 저토록 싸게 팔면서 왜 먹지 않느냐고 묻자 농민은 답했다. "내가 한 근을 먹어버리면 그 값만큼 덜 벌게 되잖소?"[3] 이토록 가난하니 "작은 병은 참고 견디고 큰 병이 걸리면 죽기만 기다릴 뿐"이다.[4]

농촌의 가난은 단순한 생산력 문제가 아니라 구조적 문제다. 중국은 광활한 대륙을 권위주의적으로 통치하여 큰 정부를 운영하고 있다. 1998년 재정부 부장비서 류창쿤은 말했다. "한나라는 8000명이 관료 1명을 부양했고, 당나라는 3000명이 관료 1명을 부양했으며, 청나라는 1000명이 관료 1명을 부양했는데, 현재는 40명이 공무원 1명을 부양하고 있다."[5]

중국 정부는 비대한 관료 조직을 유지하기 위해 많은 세금을 거두고, 중국인은 정부를 풍자한다.

> 천상에 별이 많으면 달이 밝지 않고
> 지상에 구덩이가 많으면 길이 평탄하지 않고
> 세간에 관리가 많으면 평안하지 않다네.[6]

또한 중국은 도시를 발전시키기 위해 농촌을 희생시켰다. 농산물 가격은 싸게, 공산품 가격은 비싸게 책정해 부(富)가 농촌에서 도시로 전가되도록 했다. 정부는 농민들이 "땀 흘리며 농사를 짓고 나서 눈물을 흘리며 곡식을 팔게"[7] 했고, 호구제를 통해 '도시와 농촌을 나누는 일국양책[城鄕分割, 一國兩策]'을 썼다. 호구제에 따라 농민은 도시로 이전할 자유를 제한받았고, 도시로 가서 농민공이 되어도 불법 체류자 신세가 되어 복지 혜택을 받을 수 없었다. 그 부담은 고스란히 농민의 몫이었다.

오늘날 상하이·장쑤성·저장성 지역의 풍요는 안후이성에 크게 빚지고 있다. 인근 지역인 안후이의 많은 농민이 창장 삼각주 지역에서 저임 농민공으로 일하며 경제를 발전시켰다. 안후이의 희생은 값싼 노동력 제공에 그치지 않는다. 화이허가 홍수로 범람하려 할 때면 중앙 정부는 안후이의 제방을 폭파시켰다. 안후이를 '홍수가 지나가는 길'로 만들어 창장 삼각주 지역의 도시들을 보호했다. 덕분에 중·하류 지역은 무사했지만 안후이 화이허 주변의 농촌은 물바다가 되었다.

창장 삼각주의 풍요를 위해 안후이가 희생을 강요받은 것처럼, 중국의 성장을 위해 9억의 농민은 희생을 강요받았다. 이러한 성장이 얼마나 지속될 수 있을까? 덩샤오핑(鄧小平, 등소평)은 일찍이 중국의 농민문제를 경고한 바 있다.

중국의 경제에 문제가 생긴다고 한다면 아마 농업에서 나올 것이다. 왜냐하면 중국의 농업과 농촌 그리고 농민문제는 가장 홀시되기 쉬운 문제이기 때문이다. 우리가 본격적으로 해결하려고 생각할 때는 이미 커다란 문제가 되어 있을 것이다.[8]

중국 정부 입장에서도 지역 격차와 빈부 격차는 매우 신경 쓰이는 문제다. 2006년 후진타오 정부는 중부굴기(中部崛起) 정책을 발표했다. 성장의 한계를 보이는 동부 연해 지역을 대체하는 신성장 전략으로써, 중부 지역의 6개 성(안후이·장시·산시·허난·후베이·후난)을 발전시킨다는 계획이다. 2017년 현재 안후이의 1인당 GDP는 6547달러로 중국 본토 31개 지역 중에서 24위다. 하위권이기는 하지만 계속 발전하고 있고, 165중부굴기 정책도 계속 추진 중이다. 안후이는 고난 속에서도 억척스럽게 살아남으며 휘상의 번영을 이루었다. 이러한 옛 영광을 오늘의 안후이가 다시 재현할 수 있을지 귀추가 주목된다.

바랄 **기**

허베이성

河北省

800년 수도권, 중원과 북방의 접점

❶ 러허 피서산장 중국 최대의 원림인 동시에 청나라 황실의 피서지이며 연합 군사훈련의 중심지였다.

❷ 청더 전경 산으로 둘러싸인 도시, 청더의 전경.

❸ 보타종승지묘의 오탑문 각각의 탑은 티베트 불교의 5개 분파를 상징하며, 그중에서 황교가 제일 중심임을 의미한다.

❹ 보타종승지묘 청 황실이 여러 종교를 포섭하기 위해 지은 외팔묘(外八廟) 중 최대의 사원으로 티베트 포탈라궁의 축소판이다.

❺ 자오산 장성 산하이관의 자오산에 지어진 장성으로 허베이 평원을 한눈에 조망할 수 있는 요충지다.

❻ 수미복수지묘 1780년 건륭제의 일흔 살 생일을 축하하기 위해 방문한 판첸라마 6세를 위해 지은 절이다.

❼ 옌싸이후 산하이관 부근의 댐이자 저수지로 관광지 역할도 하고 있다.

❽ 라오룽터우 황해에서 시작하는 완리창청으로 산하이관이 말 그대로 산과 바다를 잇는 관문임을 보여준다.

허베이성

장자커우
청더
완리창청
베이징
산하이관
친황다오
베이다이허
탕산
텐진
바오딩
후투허
스자좡
한단

허베이성은 중원 평야와 몽골 고원이 만나는 곳이다. 중원 농경민과 북방 유목민이 어울리면서 독특한 문화가 형성되었다. 협객의 대명사 형가, 명장 악의, 《삼국지연의》의 주인공 유비·장비·조운 등 호방한 사나이들이 많은 허베이는 '비분강개한 장사의 고향'으로서 명성을 떨쳤다. 원나라가 베이징을 수도로 삼은 후, 허베이성은 800년 수도권이 되어 베이징을 지켜왔다. 청나라 황제들이 러허(熱河, 열하)의 피서산장(避暑山莊)에서 휴양과 군사훈련을 병행했듯이, 오늘날 중국의 핵심 간부들은 매년 여름 베이다이허에서 중요 안건을 논의하는 회의를 연다.

"외국인은 우리 숙소에 머물 수 없어요."

"'국제' 숙소라면서, 외국인이 머물 수 없다고요?"

"개업한 지 얼마 안 되어서 아직 정부의 외국인 체류 허가가 안 났어요."

허베이성(河北省, 하북성) 산하이관(山海關, 산해관) '국제' 숙소의 주인은 황당한 소리를 했다. '국제'라는 이름이 있길래 당연히 외국인도 머물 수 있을 줄 알았는데 안 된다는 거다.

혹자는 외국인과 중국인을 분리하고 요금에 차등을 두어 관광 수입을 올리려는 꼼수가 아닐까 의심을 품지만 그건 아니다. 중국인이라도 시짱(西藏, 서장)·신장·홍콩·마카오·타이완 출신 역시 머물 수 없단다. 수도 베이징이 지척이라 베이징에 잠입하려는 불순분자(?)를 막으려는 의도로 읽힌다.

명나라 관료 기순(祁順)이 산하이관에 남긴 글을 보고 '중국은 예나 지금이나 크게 변하지 않았구나' 싶어 쓴웃음이 나왔다.

산해관은 베이징에서 가까운 동북지역의 중진(重鎭)이며 화이(華夷)를 구분하는 곳으로 왕래하는 사람들을 살펴 간사하고 포악한 자를 막고 강역을 굳게 하는 곳이다.[1]

수도 베이징을 지키고 보필하는 수도권 허베이성답다.

허베이성의 약자는 '바랄 기(冀)' 자다. 허베이라는 이름은 중원의 젖줄 황

허베이성 河北省

허의 북쪽에 있다는 뜻이다. 허베이의 중남부에는 드넓은 지중 평원(冀中平原, 기중평원)이 있고, 북부의 산과 고원은 몽골고원과 이어진다. 중남부는 춘추전국시대 군사 강국이던 조(趙)나라이자 후한 말 원소의 근거지인 기주(冀州)였고, 북부는 전국칠웅의 하나인 연(燕)나라이자 후한 말 공손찬의 근거지인 유주(幽州)였다. 한마디로 허베이는 중원과 북방이 만나는 땅이다.

허베이의 약칭인 '기(冀)' 자를 풀어보면 '북방 유목민족과 중원 농경민족이 함께[共] 살아가는 북녘[北] 땅[田]'이 된다. 중국어로 기방(冀方)은 중국의 북방을 뜻하니, '기(冀)' 자를 이렇게 해석해도 무방하리라. '이민족[異]이 사는 북방[北]엔 뭔가 특별한 것이 있다!'

중원의 농경민과 북방의 유목민이 부딪히는 곳이다 보니, 허베이에서는 예로부터 전쟁이 많았다. 중국의 고대 신화에서 황제는 판천(阪泉)에서 염제(炎帝)를 격파하고, 탁록에서 치우를 꺾었다. 두 격전의 현장인 줘루현(涿鹿县, 탁록현)은 중국의 세 시조, 황제·염제·치우의 자취가 깃들었다 하여 '삼조성지(三祖聖地)'로 불린다.

우임금은 치수 사업을 하며 천하를 9주(九州)로 나누었다. 이때 기주라는 이름이 처음 등장한다. 그러나 당시의 기주는 주로 산시성(山西省) 영역이라 오늘의 영역과는 크게 달랐고, 한나라 이후로 허베이의 비중이 높아졌다.

춘추전국시대 허베이의 남부는 북방의 강자 진(晉)나라의 영역이었고, 북부는 연나라의 영역이었다. 진나라가 셋으로 쪼개졌을 때[三家分晉], 조나라는 허베이의 한단(邯鄲)을 수도로 삼았다. 촌사람이 한단 사람들의 걸음걸이를 어설프게 따라 하다 걷는 법을 잊어버렸다는 고사성어 '한단지보(邯鄲之步)'는 한단이 얼마나 풍요롭고 세련된 문화의 중심지였는지를 짐작케 한다.

진나라, 조나라는 중원에 비해 이민족의 색채가 강했다. 그보다 더 북쪽에 있던 연나라는 더욱 이질적인 지역이었다. 먼 훗날 연나라의 자객 형가(荊軻)가 진 시황을 암살하려 할 때, 조수인 진무양(秦舞陽)이 겁을 먹고 벌벌 떨어

산통을 깼다. 형가는 진 시황의 의심을 풀기 위해 변명했다. "북방 오랑캐 땅의 천한 사람이라 아직 천자를 뵌 적이 없어 떨며 두려워하는 것입니다."[2]

연나라가 전국시대 말기까지도 오랑캐 취급을 받았음을 보여준다.

연나라의 위태로운 행보

연나라의 역사는 매우 기복이 컸다. 제나라에 망할 뻔하다가 기사회생하더니, 역공을 펼쳐 동방의 강국 제나라를 멸망 일보 직전까지 몰아넣었다. 그 중심에 연의 명군 소왕(昭王)이 있었다.

연 소왕이 즉위하기 전 연나라는 막장 일로였다. 반전주의자인 맹자마저도 제 선왕에게 연을 쳐서 연나라 백성들을 구하라고 할 정도였다. 제 선왕은 두 달도 안 되는 사이에 연을 정복했지만 연의 피폐한 상황을 구제하지는 않았다. 결국 연의 백성들이 반기를 들었을 때, 제 선왕은 한 명도 죽인 적 없는데 왜 반란을 일으키는지 모르겠다며 화를 냈다. 그러자 신하 순우곤(淳于髡)은 제 선왕의 정치가 실패했음을 일깨워주었다. "왕께서 한 사람도 죽이지 않았다고 말하시나, 사람이란 굶어도 죽고 얼어도 죽으니 굳이 칼날로만 죽이는 것이 아닙니다."[3]

이토록 혼란한 상황에서 즉위한 연 소왕은 널리 인재를 등용하고 힘을 기른 후 제나라를 쳤다. 이때, 연나라의 악의(樂毅)는 제나라 70여 개 성을 함락시켰고, 제나라는 단 두 개의 성만 남아 5년간 사실상 멸망 상태였다. 훗날 제갈량이 자신의 정치적 재능은 관중과 같고 군사적 재능은 악의와 같다고 말했을 만큼, 악의는 명장의 상징이 되었다.

한편 연 소왕은 또 한 명의 명장 진개(秦開)를 등용해 동호를 공격하여 랴오닝(遼寧, 요녕)과 만주(滿洲, 중국 둥베이東北 지방을 이르는 말)의 1000여 리 영토

허베이성 河北省 冀

를 얻었다.

그러나 연 소왕이 죽자마자 연의 전성기는 거짓말처럼 끝났다. 후계자 혜왕(惠王)이 악의를 시기해 몰아내자, 제나라는 순식간에 전 영토를 되찾았고 연나라는 다시 약소국이 되었다.

이후 연의 행보는 매우 한심하다. 진(秦)이 장평 전투에서 조(趙)의 40만 대군을 몰살하자 연은 조에 사신을 보내 위로하는 한편 맹약을 맺었다. 그러나 사신이 조나라가 대단히 약해졌다고 보고하자 연은 이익에 눈이 멀어 조를 침공했다. 조나라는 이미 장정의 대부분을 잃은 데다 5대 1의 전력으로 위태롭게 싸워야 했다. 그러나 조나라 명장 염파(廉頗)는 연을 격파하고 오히려 연나라 수도 계(薊, 지금의 베이징)를 포위했다. 연은 다섯 개 성을 내주고서야 휴전할 수 있었다.

훗날 염파가 실각하고 방난(龐煖)이 후임자가 되자, 연나라 장수 극신(劇辛)은 '방난 정도는 쉽게 이길 수 있다'고 큰소리치다가 방난에게 전사하고 2만 군사를 뺏겼다. 연나라는 기회주의적 태도를 일삼으며 신의를 잃고 큰 손해만 보았다.

참새가 죽어도 '짹' 한다던가. 연은 멸망의 위기 앞에서 진 시황의 암살을 꾀했다. 진(秦)이 본격적으로 사방을 정복하며 천하 통일을 향해 달리고 있을 때, 연의 태자 단(丹)은 호걸 형가에게 진 시황의 암살을 의뢰했다. 형가는 비장하게 노래하며 돌아올 수 없는 강을 건넌다.

바람소리는 소슬하고 역수는 차갑구나!   風蕭蕭兮易水寒
사나이 한 번 떠나면 다시는 돌아오지 못하리.   壯士一去兮不復還[4]

형가는 안타깝게도 진 시황의 암살에 실패하고 역사를 바꾸지는 못했다. 그러나 형가는 칼 한 자루로 강포한 권력과 맞서는 협객의 아이콘이 되었고, 그가 남긴 '비분강개의 노래[慷慨悲歌]'는 사람들의 가슴을 뜨겁게 했다. 최약체로서 최강의 심장을 대담하게 노린 허베이는 '비분강개하는 장사(壯士)의 고향'으로 명성을 떨쳤다.

유비·장비·조운의 고향, 원소의 근거지

허베이 협객은 후한 말 난세에 빛을 발했다. 일세의 효웅인 유비와 장비는 탁현(涿縣, 지금의 허베이성 중부 베이징시 남쪽) 출신이고, 조운(趙雲)은 상산(常山, 지금의 허베이성 정딩현正定縣) 출신이다. 그래서 장비는 "나는 연인(燕人) 장익덕이다!"라고 외쳤고, 조운은 "나는 상산의 조자룡이다!"라고 외쳤다. 굳센 의리로 똘똘 뭉친 이들은 맨몸으로 당대의 군웅들과 치열히 싸웠고, 끝내 촉한(蜀漢)을 세웠다. 다만 흙수저인 이들이 명성을 떨치게 되는 것은 먼 훗날의 일이고, 허베이를 지배한 영웅은 금수저인 원소였다. 원소는 후한 말 최고의 명문인 원씨 가문의 수장인 데다 본인의 능력도 뛰어나 당대 군웅 중 으뜸이었다.

그런 원소가 근거지로 삼은 곳이 허베이다. 드넓은 지중 평원에는 인재도 많고 물산도 풍족해 당대의 선비들은 말했다. "기주는 천하에서 가장 중요한 근거지"로서 "군대가 백 만이고 10년 동안 먹을 식량이 있다."[5]

청년 원소는 절친한 친구인 조조에게 허베이를 근거로 천하를 제패하려는 자신의 야망을 밝혔다. 원소의 속뜻은 이랬으리라. '내 재주와 가문의 후광 위에 허베이까지 얻으면 천하에 나를 대적할 자가 있겠는가. 그러니 너도 나를 군주로 모셔라.'

그러나 조조는 당차게 거절했다. 말은 통쾌했지만, 원소는 확실히 당대 최강의 군벌이었다. 기주에서 착실히 힘을 기른 원소 군은 물량과 보급에서

허베이성 河北省

조조 군을 압도했다. 어떤 상황에서도 의연했던 조조도 지금으로서는 도저히 상대가 안 되니 쉬창으로 철수해서 후일을 기약하고 싶다고 순욱(荀彧)에게 고충을 토로했을 정도다.

때마침 원소의 참모 허유(許攸)가 기밀 정보를 갖고 조조 진영으로 도망쳐온 덕분에 조조는 원소의 보급을 끊고 힘겹게 승리했다. 싸움에서 이긴 뒤 원소의 진영에서 조조의 부하들이 원소와 내통한 문건함이 나오자 조조는 문서함을 열어보지도 않고 태워버리며 죄를 더 묻지 않았다. 그만큼 조조의 승리는 본인도 믿기 힘든 기적이었다. 삼국지 3대 대전 중 하나인 관도대전에서 이긴 조조는 원소 대신 중국의 최강자로 자리를 굳혔다.

그러나 관도대전의 승리 후에도 조조는 7년이 걸려서야 원씨 세력을 완전히 토벌할 수 있었다. 원소는 오랫동안 기주에서 선정을 베풀어 민심을 샀고, 기주의 저력은 매우 컸다. 게다가 세력이 궁해진 원상(袁尚)이 랴오시(遼西, 요서)의 오환족에게 도망치자, 조조는 장성을 넘어 오환족까지 토벌해야 했다.

북방 유목민족, 800년 수도권의 역사를 열다

중국의 역사는 중원 중심의 역사여서 난세가 끝나자 허베이는 동북 변방으로 되돌아갔다. 그러나 북방 이민족이 강성해지면 중원을 뒤흔들 것이라던 곽가(郭嘉)의 예측은 5호16국과 요·금·원 등 유목민족의 제국을 통해 실현되었다. 북방 이민족들이 패권을 잡자 허베이는 매우 중요해졌다. 허베이는 유목민족의 근거지인 북방과 가깝고, 한족 문화권으로서 경제와 문화가 발달했으며, 남방 공략의 전초기지였기 때문이다. 원나라 이후 현재까지 800년 동안 줄곧 베이징은 천하의 중심이 되었고, 자연스레 허베이는 800년 수도권이 되었다.

수도는 나라의 심장이다. 단 한순간도 기능이 멎어서는 안 된다. 그래서 수도권 허베이는 수도 베이징의 방패가 되어야 했다. 산과 바다를 연결하며 북방 유목민으로부터 베이징을 보호하기 때문에 중국에서 가장 중요한 요새였던 천하제일관(天下第一關) 산하이관이 단적인 예다. 산하이관은 동쪽으로 태양을 맞이하고[旭迎], 서쪽으로 베이징에 조배를 드리며[京朝], 남쪽으로 바다와 통하고[通海], 북으로 첩첩이 이어진 산을 바라보는[巒觀] 요충지다.

연암 박지원은 산하이관을 보며 찬탄했다. "만리장성을 보지 않고는 중국의 크기를 모르고, 산해관을 보지 않고는 중국의 제도를 모르며, 산해관 밖의 장대(將臺)를 보지 않고는 장수의 위엄과 높음을 모른다."[6]

한창 떠오르는 태양 같던 청나라도 산하이관을 뚫지 못했다. 산하이관이 청의 맹공을 버티고 있는 동안, 산시(陝西)의 풍운아 이자성이 민란을 일으켜 베이징을 함락했다. 당시 이자성이 백성을 보듬으며 새 나라를 열었다면 중국의 역사가 바뀌었겠지만, 어이없게도 이자성은 베이징을 불 지르고 약탈하여 민심을 잃었다.

산하이관을 지키던 오삼계(吳三桂)는 관문을 열고 청군을 맞아들인 후 함께 이자성을 물리쳤다. 그리고 일단 산하이관을 넘은 청군은 중국 전역을 석권했다. '위엄이 중국과 오랑캐를 누른다[威鎮華夷]'던 산하이관은 허무하게도 내부에서 무너졌다.

강희제의 완리창청, 피서산장

청이 중국을 정복한 후, 신하들은 장성을 수리하여 베이징을 보호하자고 했다. 그러나 강희제는 반대했다. 역대 중국 왕조들이 백성을 고생시켜가며 완리창청을 쌓았지만 결국 내란이 일어나 망했으니 무슨 소용이 있는가? "모

허베이성 河北省

두가 합심하면 견고한 성과 같이 허물어지지 않는다[眾志成城].”는 말처럼 덕을 쌓고 백성을 편안하게 하는 것이 바로 국토 수호라고 주장했다.

영명한 황제 강희제는 아름다운 대의명분과 실질적인 대안을 조화시켰다. 박지원이 《열하일기(熱河日記)》를 남겨 우리에게도 친숙한 러허(熱河열하, 청더의 옛 이름)의 피서산장(避暑山莊)이 바로 강희제의 완리창청이었다. 피서산장은 청나라 황제들이 시원한 산바람을 쐬며 피서를 즐기던 곳으로만 생각하기 쉽다. 그러나 초기 피서산장은 오히려 국제 외교와 군사 합동 훈련의 중심지였다.

조선 사신들은 피서산장을 보며 말했다.

열하의 형세를 곰곰이 살펴보니 북쪽으로 몽고를 제압하고 동쪽으로 회족을 유인하며 서쪽으로 요녕과 심양으로 통하고 남쪽으로 천하를 제어할 수 있는 곳이다. 이에 강희제가 고심하여 ‘피서산장’이라고 명명하였으나 이는 특별히 그 뜻을 숨기고 있음이다.[7]

강희제는 마흔여덟 번이나 사냥에 몸소 참가했다. 이때의 사냥은 유희가 아닌 군사훈련이라 규율을 강조했다. “1년에 두 차례 사냥을 하는 것은 오로지 무술을 연마하기 위함이니 병력 동원과 다를 바 없으며 사냥터의 규율 또한 엄정해야 한다.”[8] 비록 황족이라도 규율을 지키지 않고 멋대로 움직이면 처벌을 내렸다.

강희제가 움직이면 수많은 왕공 대신들이 함께 움직였고, 몽골족·후이족·티베트족 등 다양한 민족 역시 함께 사냥에 참가했다. 170개 천막은 내성이 되고, 250개 천막은 외성이 되는 장관이 펼쳐졌다. 사냥은 북방 유목 민족들에게 청나라의 국력을 과시하는 다국적 합동 군사훈련인 동시에 청나라를 찾아온 북방인들과 교분을 나누는 친선 외교의 무대였다.

강희제는 청에 충성하는 한 다양한 민족의 문화를 존중했다. 현판에 만주어, 중국어, 몽골어, 티베트어 등 4개 국어를 병기하여 청이 다민족 제국임을 알렸고, 티베트 불교를 존중하여 몽골족과 티베트족의 환심을 샀다. 피서산장은 중국식 별궁·원림과 유목민족의 천막이 공존했으며, 산장 주변에 티베트의 포탈라궁(potala宮)을 본뜬 보타종승지묘(普陀宗乘之廟) 등 외팔묘(外八廟)를 세우고 라마승을 국사(國師)로 대접했다.

이처럼 피서산장은 한가로워 보이는 이름과는 달리 정치·외교·군사·종교·문화의 총화였다. 그러나 중국의 화려함 이면에는 항상 백성들의 고통이 있다. 청더(承德, 승덕)는 원래 산골짜기의 작은 마을인데 이곳에서 가장 좋은 자리를 피서산장이 차지했다. 황제의 산장행이 잦아지자 산장 주변에는 황제를 모시는 귀족과 관료, 몽골의 왕공 귀족이 살 저택이 들어섰다. 자연스레 현지 주민들은 마을 중심에서 밀려나 좁고 복작복작한 빈민굴에서 살아야 했다.

"이곳 기후는 정말 맑고 깨끗하구나. 베이징을 능가하니, 실로 피서산장이란 말에 손색이 없도다!"

건륭제가 피서산장에 찬사를 보내자 대신은 충언을 올렸다.

"폐하, 이는 궁궐 내의 이야기일 뿐입니다. 열하행궁 밖에 있는 마을들은 지역이 협소하며 가옥이 낮고 작아 백성들이 달팽이집 같은 곳에서 살고 있습니다. 집들이 바짝 붙어 있어 더위를 도저히 참을 수 없을 정도입니다. 그런 까닭에 민간에서 '피서산장은 정말로 피서를 하는 곳이지만 백성들은 열하(熱河)에 있다네.'라는 말이 떠돌고 있습니다."9

건륭제는 총명하긴 했지만 사치와 향락을 좋아했고 강희제만큼 백성의 고통을 헤아리지는 않았다. 더욱이 청의 국력이 절정에 달했을 때의 황제라 자만심이 지나쳤다. 산업혁명에 성공하고 세계 최강을 향해 달려가던 영국의 대사 매카트니(1st Earl Macartney)가 1793년 건륭제를 만난 후 통상 교역을

허베이성 河北省 冀

요청하자, 건륭제는 "천조(天朝)에는 없는 것이 없어 교역 따위를 할 필요가 없다."며 거절했다.

매카트니는 청에 대해 날카로운 비평을 남겼다.

청 제국은 초라하기 그지없는 일류 전함에 비유할 수 있다. 과거 150여 년 동안, 이 전함이 침몰하지 않은 이유는 능력 있고 경각심이 강한 일부 군관들이 지탱해주고 있었기 때문이다. 이 전함이 인근 선박들보다 나은 점이 있다면 그것은 오직 그 크기와 외양뿐이다. 일단 갑판 위에서 지휘를 맡을 인재가 사라진다면 더 이상 기율과 안전은 찾아볼 수 없을 것이다.[10]

매카트니의 예언은 불과 50년도 안 되어 아편전쟁(1839~1842)으로 실현되었다. 다시 20년도 안 되어 2차 아편전쟁(1856~1860)을 일으킨 영국·프랑스 연합군은 베이징을 점령했다. 이때 함풍제(咸豊帝)는 피서산장으로 도망쳤다. 그는 여기서 외교와 전쟁을 잊고 음악과 연극에 빠져들며 현실도피를 하다가 생을 마감했다. 피서산장은 강희제 때는 군 최고 통수권자인 황제가 직접 군대를 이끌고 최전방에서 외부의 위협을 제어하는 곳이었으나, 함풍제 때는 외적에게서 도망쳐 현실도피를 하는 장소로 바뀌었다.

1912년 청은 멸망했고, 1933년 3만 명의 일본군이 청더를 접수했다. 이후 일본군은 피서산장을 대본영으로 이용했다.

베이징을 위해 존재하는 허베이

수도는 국가의 중심이다. 그래서 수도권이라는 말은 제법 영예롭게 들린다. 허베이는 명나라 이후 '수도 베이징에 직접 예속된다'는 의미로 '직예(直隷)'

라고 불렸다.

허베이인들은 수도권 허베이를 어떻게 볼까? 내가 만난 허베이 친구는 말했다.

"허베이는 가난해."

나는 그 말이 의아해 질문했다.

"이해할 수 없어. 허베이는 4대 직할시를 두 개나 품고 있어. 게다가 그 두 개는 중국의 수도 베이징, 1인당 GDP가 중국에서 가장 높은 톈진이야. 그런데 정작 허베이는 왜 가난한 거지?"

"허베이는 그 두 개의 도시에 너무 많은 걸 줬거든."

수도권은 결국 수도를 위해 존재한다. 허베이의 바오딩(保定, 보정)은 '베이징을 보호하여 천하를 안정시키는 곳'이라는 뜻이다. 천하에서 가장 중요한 요새인 산하이관은 북방 유목민으로부터 베이징을 보호하는 곳이었다. 청나라 황제들이 피서산장에서 군사훈련과 외교 활동을 하며 휴식을 취한 것처럼, 중국공산당 수뇌부들은 매년 여름 베이다이허(北戴河, 북대하)에서 휴양을 즐기며 은밀히 회의를 연다. 그 유명한 베이다이허 회의다.

결국 허베이는 베이징의 방패이고, 베이징의 피서지이며, 베이징의 '빵셔틀'이다. 허베이는 스스로를 위해 존재한다기보다 베이징을 위해 존재했기에, 허베이인은 베이징에 대해 자격지심과 열등감을 품고 있다.

허베이 작가 티에닝(鐵凝)의 소설 《목욕하는 여인들》에서 주인공 인샤오 탸오는 허베이의 햇빛을 보며 생각에 잠긴다.

지방정부의 소재지이자 베이징에서 겨우 2백 미터밖에 떨어지지 않은 이 푸안(福安)이라는 도시의 햇빛 속을 떠도는 먼지와 꽃가루, 햇빛 아래 사람들의 표정과 사물의 형상들은 어쩌면 이리도 베이징의 그것과 다를까![11]

탕산(唐山, 당산) 대지진에서도 베이징에 예속된 수도권의 비애가 묻어난다. 1976년 7월 28일 새벽 3시 42분, 허베이 탕산에서 리히터 규모 7.5의 대지진이 일어났다. 순식간에 160만 인구 중 24만여 명이 죽고, 16만여 명이 중상을 입었다. 그러나 도시 대부분이 파괴되었기 때문에 이 수치조차 축소 은폐된 것이 아니냐는 의혹이 있다.

정부는 전혀 예측할 수 없는 천재지변이라고 말했다. 그러나 국가지진국의 일부 과학자들은 이미 7월 말에서 8월 초에 탕산 일대에 큰 지진이 있을 것이라고 보고한 바 있었다.

1976년 당시 중국에서는 저우언라이와 주더(朱德, 주덕) 등 걸출한 인물들이 세상을 떠났고, '위대한 영도자' 마오쩌둥 역시 곧 꺼질 생명을 힘겹게 붙들고 있었다. 사인방(四人幇)과 화궈펑(華國鋒, 화국봉)은 후계자의 자리를 두고 암투를 벌였다. 이런 와중에 탕산 대지진의 가능성을 신경 쓰는 사람은 거의 없었다.

다만 탕산 인근의 칭룽현(青龍縣, 청룡현) 현장은 주민들에게 지진이 일어날 수 있다고 알린 뒤 민병대를 조직해 순찰을 돌게 하고 지진 시 대처 방법을 가르쳤다. 그 결과 칭룽현은 18만여 채의 건물이 파괴되고 그중 7000여 채는 완전히 붕괴한 상황에서도 사망자는 단 한 명에 불과했다. 그 한 명조차 심장마비사라서 지진이 직접적 사인(死因)은 아니었다. 칭룽현 현장은 인민 영웅이 되어야 마땅하지만, 정부는 오히려 이 사실을 오랫동안 은폐했다. 칭룽현 사례가 밝혀지면 지진 자체는 천재지변이지만 지진으로 인한 대참사는 인재(人災)임이 드러나기 때문이었다.

위정자들이 탕산 대지진의 경고를 무시하고 넘어간 이유는 탕산이 중요하지 않은 도시라서가 아니라 오히려 매우 중요한 도시였기 때문이리라. 당시 탕산은 중국 면적의 0.001퍼센트, 인구의 0.01퍼센트에 불과했지만, GDP의 10퍼센트를 생산하는 핵심 공업 도시였다. 탕산은 중국 석탄 생산

량의 5퍼센트를 차지했고 철강·자동차·기계·시멘트·방직·도자기 등 수많
은 기간산업이 있었다.[12] 일어날지 안 일어날지도 모르는 지진 때문에 베이
징의 공장인 탕산을 멈출 수는 없었다.

베이징 중심의 사고방식은 지진 발생 후에도 여전했다. 국가지진국의 류
잉융(劉英勇) 국장이 탕산에 가서 현장 조사를 직접 지휘하겠다고 대책 회의
에서 말하자, 한 정치국 위원은 말했다. "아니오. 지금 문제는 베이징의 안전
을 확보하는 것이오."[13] 회의의 의제는 대지진에서 베이징과 마오쩌둥을 보
호하는 것으로 변했다.

죽(竹)의 장막은 대지진에도 흔들리지 않았다. "당당한 중화인민공화국은
다른 나라의 지원이 필요 없다."며 외국의 원조를 일체 거부하고 외국 기자
의 취재도 철저히 금지했다. "한 차례의 지진은 곧 한 차례의 공산주의 교
육"이라며 인민들의 정신 무장을 종용했다.[14]

9월 9일 마오쩌둥이 죽었을 때, 탕산인들은 비로소 마음껏 울 수 있었다.
부모 형제를 잃고도 꾹꾹 눌러왔던 통곡을 한 달여 만에 비로소 터트릴 수
있었다. 10월 6일 화궈펑은 사인방을 체포하며 탕산 대지진을 중요한 명분
으로 내세웠다.

왕리보(王利波) 감독의 다큐멘터리 〈매장(掩埋)〉은 국가지진국 과학자들이
지속적으로 탕산 대지진의 가능성을 보고했음에도 정부가 어떠한 조치도 취
하지 않았음을 고발한다. 이 다큐멘터리에서 중국 지질학자들은 성토했다.

누구나 천재지변에 대해 알 권리가 있지만, 정부는 인민의 알 권리를 빼앗았
습니다. 현재 우리는 우리의 일을 대중적으로 알릴 수 없습니다. 불법이니까
요. 탕산 대지진, 쓰촨 대지진, 그다음은 어디일까요? 지진은 우리 눈앞에서
하나하나 일어나고 있는데, 우리는 지진 발생 가능성이 있다는 것을 알면서
도 단 한 명도 구할 수 없습니다.

사회가 생명이 아니라 돈을 원한다면 재난 예측이 필요 없습니다. 재난이 일어난 다음에 복구하면 됩니다. 이게 현재 우리나라가 걷고 있는 길이죠.

'위대한 중화민족'의 궤변

사람보다 돈이 먼저인 사회, 인민의 고통보다 과시적 성과가 먼저인 사회. 이러한 사회 분위기는 박물관에서도 볼 수 있다. 산하이관 장성박물관(長城博物館)은 완리창청을 극찬한다. 완리창청은 중화민족의 위대한 정신의 물질적 상징으로서 문화 교류와 민족 융합의 장이었고, 고대 노동인민의 피와 땀과 지혜의 결정체로서 중화민족의 위대한 부흥을 약속하고 있다고 주장한다.

찬사가 지나쳐 궤변이 되었다. 완리창청은 한족과 북방 유목민과의 전쟁 때문에 탄생했고, 백성들의 피눈물로 지어진 괴물이다.

백성들은 만리타향에서 완리창청을 짓다 죽고 유목민과 싸우다 죽었다. 상건(常建)은 애달피 노래하며 허무하게 죽어간 이들의 원혼을 위로했다.

구르는 해골들은 장성의 병졸들인데   髑髏盡是長城卒
해 저무는 모래밭에 재가 되어 흩날리네   日暮沙場飛作灰[15]
                                                                    — 상건, 〈변방의 노래[塞下曲]〉 중에서

완리창청을 짓는 노역은 백성들을 불행하게 만들었다. 맹강녀(孟姜女)의 설화를 들어보자. 맹강녀는 머나먼 산둥성에서 산하이관까지 노역으로 끌려온 남편을 찾아왔으나, 남편은 이미 공사 중에 죽었고 시체조차 없다는 소식을 들었다. 맹강녀가 통곡하자 장성이 돌연 무너지며 백골들이 무수히 쏟아져 나왔다. 공사 중 죽은 인부들의 유골이었다. 맹강녀는 백골이 사랑하는 사람의 피를 빨아들인다는 말을 듣고, 손가락을 깨물어 백골에 일일이 피를 떨어뜨린 끝에 남편의 백골을 찾았다. 맹강녀는 고향에 돌아와 남편을 장사 지낸 뒤 남편의 무덤 앞에서 굶어 죽었다.

중국 인민들은 맹강녀 설화를 통해 노역의 고통, 가족이 파괴되는 슬픔, 위정자에 대한 분노를 이야기했다. 굳건한 완리창청이 아녀자의 통곡에 무너지듯, 인민을 쥐어짠 국가는 제아무리 강대해 보여도 한순간에 무너질 것이라고 경고했다. 강희제는 백성들의 경고를 받아들여 완리창청 대신 피서산장을 국방과 외교의 대안으로 삼았다.

그러나 오늘날 중국 정부는 완리창청을 이데올로기 선전의 수단으로 삼는다. 장성에 얽힌 대립과 적대의 역사를 무시하고 민족 친목과 융합의 장이라고 주장한다. '옛 전쟁들은 하나의 중화민족을 만들기 위한 필연적 내전'이라며 오늘의 정치적 요구에 따라 과거를 재단한다. 장성을 짓느라 희생된 백성들에 대한 이야기는 하지 않고 위대한 성과만을 강조한다. 너희 인민들도 '위대한 중화민족의 번영을 위해서' 입 닥치고 시키는 대로 열심히 일이나 하라는 소리다.

중국의 국가인 〈의용군 행진곡(義勇軍行進曲)〉은 노래한다.

우리의 피와 살로   把我們的血肉

새로운 장성을 건설하리라   筑成我們新的長城

중일전쟁 시기에 이 노래는 중국공산당이 솔선수범하며 인민의 동참을 호소하는 '참여의 노래'였고, 썩어빠진 구체제를 타파하고 새 세상을 만들자는 '희망의 노래'였으며, 강력한 일본군에 용감히 맞선 저항 이데올로기였다. 그러나 이제는 과거의 공적으로 오늘의 독재를 정당화하는 지배 이데올로기이

허베이성 河北省

자 인민의 희생을 섬뜩하게 종용하는 동원 이데올로기가 되었다.

산하이관 장성박물관은 중국 정신세계의 명백한 퇴행을 보여준다. 옛 시인만큼 진실하지도 않고, 맹강녀와 백성의 원혼을 위로하지도 않으며, 강희제의 애민정신도 없다. 중국이 이처럼 인민을 외면하고 '위대한 성과'에만 집착하는 한, 부강한 나라는 될 수 있어도 아름다운 나라는 될 수 없다.

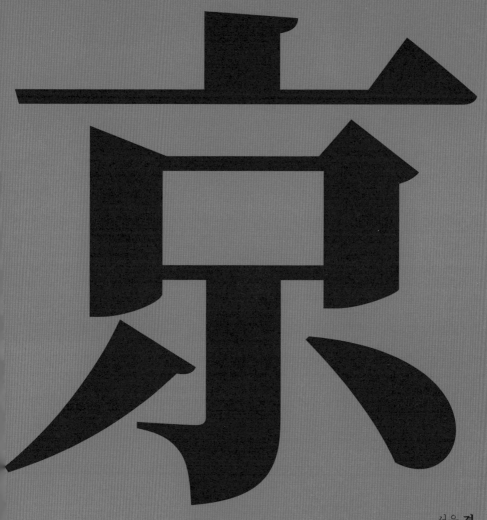

서울 경

베이징

北京

오랑캐의 수도, 천하의 중심이 되다

① 티엔탄 명·청 시대 황제가 하늘에 풍년을 기원하거나 기우제를 지냈던 제단.
② 융허궁 높이가 18미터에 달하는 미륵불.
③ 쯔진청 근 500년 동안 천하를 호령했던 명·청의 황궁.
④ 이허위안 서태후의 별장으로 막대한 공사비를 써서 지탄을 받았다.

❺ 베이하이 공원 원래는 황제의 정원이었던 베이하이 공원은 오늘날 베이징 사람들의 쉼터가 되었다.

❻ 왕푸징 포장마차 거리 베이징의 명동인 왕푸징에서는 전갈, 해마 꼬치부터 불도장, 만두, 볶음면 등 온갖 요리를 판다.

❼ 스차하이 베이징 도심에서 멀지 않고 호수를 끼고 있어 명·청 시대에는 고관대작들이 살던 곳이다.

❽ 후퉁의 서민들 큰 길가의 초현대적 건물들과 달리, 뒷골목에 들어가면 낡은 가게와 서민들의 삶을 볼 수 있다.

70만 년 전 베이징원인이 살았던 유서 깊은 땅, 베이징. 그러나 베이징은 오랜 세월 동안 동북 변방의 일개 도시에 불과했다. 쿠빌라이가 베이징을 원나라의 수도로 삼으며, 비로소 베이징은 '천하의 중심'이 되었다. 베이징은 원나라 때는 세계 제국의 수도로서, 명나라 때는 오랑캐를 몰아낸 한족의 수도로서, 오늘날에는 전근대적 봉건제국을 끝낸 중화인민공화국의 수도로서 800년 수도의 역사를 자랑한다. 정치의 중심지답게 베이징 사람들은 정치 이야기를 즐기지만, 정작 참다운 정치 이야기는 하지 못하는 역설을 보인다.

"베이징이 좋아, 상하이가 좋아?"

여행 중에 만난 베이징 친구 제임스는 내게 얄궂은 질문을 던졌다. 베이징 시민인 것만으로도 이미 중국에서는 상당한 특권이다. 주택, 교육, 취업 문제 등을 고려하면 베이징 호구의 가치는 100만 위안(약 1억 7000만 원)에 달한다는 말이 있을 정도다. 게다가 제임스는 영국에서 유학 중인 대학생이었다. 베이징 출신에 영국 유학생이라면 상당히 고위층 자제일 가능성이 높았다. 현재 시진핑이 5세대니까, 40년 뒤 제임스는 9세대 공산당 지도자가 될 수도 있지 않을까?

그런 전도유망한 청년의 질문이 '아빠가 좋아, 엄마가 좋아?' 수준이라니. 게다가 이거 완전히 '답정너(답은 이미 정해져 있으니, 너는 대답만 해)'잖아?!

다행히도 내 취향과 제임스가 원하는 답이 일치했다.

"양쪽 다 각기 장점이 있지만, 난 베이징이 더 좋아. 베이징은 유서 깊은 도시라서 가는 곳마다 역사와 문화가 담겨 있어. 상하이는 풍요롭기는 하지만 역사가 없어. 난 역사를 좋아하기 때문에 베이징이 더 좋아."

제임스는 흡족하게 웃으며 고개를 끄덕였다. 나 역시 제임스에게 물어보았다.

"너는 베이징이 좋아, 상하이가 좋아?"

그러자 그는 씩 웃으며 말했다.

"지금 나한테 어디가 더 좋냐고 묻는 거야?"

베이징 北京 京

아아, 그 거만한 웃음을 보는 순간, 절감했다. '이 녀석, 뼛속까지 베이징 사람이구나. 천하의 중심은 베이징이고, 세상에서 제일 좋은 곳은 베이징이라고 믿어 의심치 않는구나.'

내가 마침 베이징을 더 좋아해서 모범답안(?)을 말했기에 그냥 넘어갔지, 만약 내가 상하이가 더 좋다고 말했다면 3박 4일 동안 정신교육을 받을 뻔했다. "그따위 천박한 싸구려 도시가 뭐가 좋아? 유구한 역사와 빛나는 문화, 중국의 중심인 베이징의 진가를 모른단 말이야?"라는 핀잔을 들었겠지.

베이징(北京, 북경)의 약칭은 '서울 경(京)' 자다. 베이징 사람들의 자부심이 읽힌다. "베이징은 수도다. 무슨 말이 더 필요한가?"

'서울 경(京)' 자는 원래 빗물, 하천 등에 침수되지 않도록 인공적으로 만들어진 언덕을 뜻했다. 그런 언덕에 많은 사람들이 모여 살면서 도시가 탄생했다. '경'은 도시란 뜻으로 변했다가, 결국 도시 중에서도 최고의 도시인 '수도(首都)'를 뜻하게 되었다. 약칭이 말해주듯이, 베이징은 인공적으로 건설된 도시이고, 도시 중의 도시인 수도이며, 중국의 중심이다.

인공 도시 베이징, 천하의 질서를 말하다

"이게 불상이야, 마징가 제트야?"

융허궁(雍和宮, 옹화궁) 만복각(萬福閣)의 미륵불상은 너무나 컸다. 불상의 높이가 18미터에 달했다. 규모가 지나치게 크다 보니 미륵불은 불상이 아니라 마징가제트처럼 보였고, 만복각은 마징가제트 격납고 같았다.

그러나 이건 약과였다. 서태후의 별장이었던 이허위안(頤和園, 이화원)을 찾아갔다. 완서우산(萬壽山, 만수산) 위의 불향각(佛香閣)에서 드넓은 호수를 바라보니 기분이 탁 트였다. 그런데 이 산과 호수는 모두 가짜 자연이다. 순전히 사람들의 손으로 평지를 파서 여의도공원 면적의 열 배(2.2제곱킬로미터)에 달하는 쿤밍호(昆明湖, 곤명호)를 만들고 파낸 흙을 쌓아올려 60미터 높이의 완서우산을 만들었다.

대륙의 기상은 완리창청에서 절정을 이루었다. 끝없이 이어지는 산줄기 위로 완리창청이 쌓여져 있었다. 거대한 용이 산 위에서 춤을 추듯 생동감이 흘러넘쳤다. 그러나 그 옛날 높은 산 위로 사람이 직접 돌을 옮기고 하나하나 쌓아서 산을 따라 끝없이 이어지는 웅장한 성벽을 만들었다니! 실로 지옥과 같은 노가다였겠지. 내가 완리창청 인부가 아니라 천만다행이었다.

흔히 중국을 '지대물박(地大物博)의 나라'라고 말한다. 땅은 넓고 물산은 풍부하다. 그러나 더 중요한 사실은 '인다(人多)', 사람이 많다는 거다. 중국의 저력은 바로 사람, 많고도 많은 사람에서 나온다.

중국의 수도 베이징은 사람의 힘을 여실히 보여주는 인공 도시다. 연암 박지원은 말한다.

요컨대, 황성(황제의 성, 즉 베이징 성)의 도시 체제는 앞에 조정을 두고 뒤에 시장을 두었으며, 왼쪽에는 태묘를 두고 오른쪽에는 사직을 두었다. 황성 아홉 개의 문이 바르고, 아홉 개의 큰 거리가 반듯하게 나 있으니, 도성 하나가 바르게 되자 천하가 바르게 되었다.[1]

거창한 너스레 같지만 매우 의미심장한 말이다. 유학자 박지원은 베이징에서 유교의 질서를 읽어낸 것이다.

공자는 평생 주례(周禮)의 회복을 염원했고, 유교는 예(禮)가 실현되는 사회를 이상으로 삼았다. 주례, 주나라의 예법. 그래서 《주례》를 '주나라 사람들의 예의범절을 다룬 책인가 보다' 정도로만 이해하기 쉽다. 그러나 사실 《주례》는 국정 관리 매뉴얼이었다. 6대 부처 산하 360개 관청의 인원과 직무를 명시했다. 오늘날의 기획재정부, 국토교통부 등에 해당하는 각종 부처를 나누고, 국가의 예산 운용, 산업·물류 관리 등 국정 전반을 체계적으로 논했다.

주례는 자질구레한 예법을 논하기보다 예법을 실현하기 위한 국가의 운영과 인프라 구축을 강조했다. 《주례》〈고공기(考工記)〉는 도성의 설계를 이야기한다. 성벽을 둘러 성의 방위에 만전을 기하되, 원활한 물류 관리에도 차질이 없도록 동서남북 네 방향마다 세 개의 성문을 뚫고 각 문을 넓은 길로 이었다. 도성 중심에는 지배 이데올로기를 위한 종묘사직, 상업을 위한 시장, 국정 관리를 위한 조정을 두었다.

《주례》〈고공기〉의 법도에 맞게 도시를 건설하니 예의가 확립되고, 예의가 확립되니 질서가 바로잡히고, 질서가 바로잡히니 천하가 바로잡힌다. 계획도시 베이징이 구현한 유교 질서에 연암 박지원은 감탄했으리라.

베이징은 이처럼 인공적으로 만들어졌고 인위적인 법도에 따라 움직이는 도시다. 제국의 수도를 건설하고 운용하는 힘은 바로 사람들의 힘이며, 그 사람들을 움직인 힘은 바로 황제의 절대 권력이다.

인공(人工)은 말 그대로 '사람[人]이 만들었다[工]'는 뜻이다. 하늘이 내린 게 아니라 사람이 만든 것은 얼마든지 부수어버리고 새롭게 만들 수가 있다. 어차피 사람은 넘쳐나니까. 중국 역사에서 되풀이되어온 파괴와 재건설의 문화는 바로 여기에서 나왔다.

더욱이 베이징은 수도로서 정치적인 상징성이 대단히 크다. 옛 궁성을 파괴하고 새로 짓는 것은 옛 왕조가 끝나고 새 시대가 시작되었음을 명확히 보여주는 신호였다. 그래서 몽골족의 원나라는 금나라를 정복한 후 베이징을 사흘 동안 불태웠고 쿠빌라이의 야심 찬 기획 아래 새로운 베이징을 건설했다.

명나라는 원나라 성벽의 기초 위에 명나라의 성벽을 쌓고, 원나라의 연춘

각(延春閣)이 있던 자리에 인공 토산을 쌓았다. 산의 이름은 '누를 진(鎭)' 자를 쓴 '진산(鎭山).' 몽골족과 원나라의 기운을 누른다는 뜻이다. 중화인민공화국은 쯔진청의 황성만을 남기고 내성과 외성을 모조리 파괴했다. 봉건왕조의 시대가 끝났다는 의미였다.

지금 관광객들은 쯔진청의 황성만 보고서도 그 엄청난 규모에 놀란다. 만약 내성과 외성까지 합친 옛 베이징을 실제로 볼 수 있다면 얼마나 놀라게 될까? 베이징의 내성 자리는 현재 지하철 2호선이 되었고, 외성 자리는 베이징시 제2환도로가 되었다. 이토록 거대한 궁성이 1950년대까지만 해도 남아 있었다. 그러나 중국인들은 스스로의 손으로 세계 최고의 문화유산을 파괴했다. 너무나 안타까운 인류 문화의 상실이지만, 중국인들의 관점에서 파괴와 재건설은 구시대를 청산하고 새 시대를 여는 역사적 전통이다.

베이징 궁성을 보존하자는 파와 파괴하자는 파의 논쟁이 불붙자 마오쩌둥은 보존파를 비판했다.

장해약은 내가 '과거를 경시하고 미래를 맹신한다.'라고 비판한다. '과거를 경시한다'라고 하는데, 설마 전족을 경시하고 변발을 경시하는 것이 나쁘다는 말은 아니겠지? 내가 보기에는 (옛 도시인) 북경·개봉의 집은 편하지 않고, (새 도시인) 청도·장춘의 집이 좋다. 우리가 과거를 경시하고 미래를 믿지 않는다면 무슨 희망이 있겠는가?[2]

무지막지한 마오쩌둥이라서 가차 없이 베이징 궁성을 부수었던 것일까? 문화를 아끼는 온건파 지도자라면 달랐을까? '영원한 인민의 총리'라고 불릴 만큼 온유하고 문화를 사랑한 저우언라이는 베이징 보존파 양쓰청(梁思成, 양사성)과 2시간이나 대화를 나누었다. 양쓰청은 페루에서 바라본, 노을과 먼 산이 어우러지는 풍경의 아름다움을 찬미했다. 그러나 저우언라이는 이상은(李商隱) 시의 한 구절을 빌려 화답했다. "노을은 더없이 아름답지만 황혼에 가깝구나[夕陽無限好, 只是近黃昏]."[3]

저우언라이의 말은 당시 공산당의 시대정신을 보여준다. 중화인민공화국은 봉건 왕정국가가 아니라, 노동자와 농민을 위한 사회주의국가를 지향했다. 따라서 수도 베이징은 황제들의 절대 권력 대신 사회주의의 이상을 표현해야 했다. 베이징은 크렘린궁전을 중심으로 도시 영역이 고리 모양으로 퍼져가는 모스크바 방식을 채택했고, 전 인민이 하나가 되는 사회주의의 이상을 표현하기 위해 세계 최대의 광장인 톈안먼(天安門, 천안문) 광장을 만들었다.

이처럼 베이징은 수도가 된 이래 시대가 변할 때마다 계속 변신해왔다. 새로운 시대가 시작되었음을 전 대륙에 알려주기 위해서는 베이징 스스로가 파괴 속에서 재탄생되어 새로운 이데올로기를 표현해야 했다. 베이징을 바꾸는 자가 천하를 바꾼다.

생산하지 않고 군림하는 도시, 베이징

도시란 참으로 묘한 존재다. 도시에 사는 사람들은 모내기하지도 않고, 소를 키우지도 않는다. 그러나 도시로 온갖 식재료와 요리가 들어오고, 도시인들은 당연한 권리처럼 산해진미를 즐긴다.

도시는 잉여의 산물이다. 도시 스스로는 생산하는 것이 없다. 다른 지역으로부터 온갖 물자가 유입되지 않는다면 도시는 죽어버린다. 도시를 받쳐주는 외부 지역이 있을 때, 도시는 비로소 살아남을 수 있다. 그러나 정치·경제·문화 권력을 장악한 도시인들은 거꾸로 외부 지역이 자기네 도시를 위해 존재한다고 생각한다.

'으뜸가는[首] 도시[都]'인 수도(首都) 베이징은 도시의 잉여적 특성이 극대화되었다. 천자(天子)의 도시, 정치의 중심인 베이징에는 황족과 재력가, 관료, 선비 들이 모여들었다. 청나라 말기인 1908년에는 베이징 인구 70만 명중 28만 명이 직접 생산 활동을 하지 않았다. 전체 인구의 40퍼센트가 공문서를 꾸미고 간언을 하는 등 붓과 입으로 먹고살았다.[4] 오늘날의 기준으로는 잉여 계층이지만, 이 잉여들이 바로 천하의 정세와 경제, 문화를 좌지우지하던 나으리들이었다. 황제와 관료들은 베이징을 움직였고, 베이징이 움직이면 천하가 움직였다.

수도 베이징은 생산하지 않으나 군림한다. 베이징 자신은 가진 것이 없지만, 전국의 각 지역으로부터 온갖 자원과 특산물을 모아들인다. 일례로 요리를 살펴보더라도 베이징만의 요리나 특산물은 없다. 그러나 전국 각지의 요리를 죄다 불러들이고 맛이 있느니 없느니 품평하며 요리를 발전시켰다. 팔자 좋고 입맛 까다로운 고관대작이 많아서 어지간해서는 합격받기 어려웠다. 그 결과 최고들만 살아남았다. 그 유명한 베이징 카오야(北京烤鴨, 베이징오리 구이)도 산둥성의 오리 요리를 몽골족 궁중 요리사 홀사혜(忽思慧)가 발전시킨 것이다.

요컨대 베이징은 스스로 땀 흘려 일하지 않으면서도, 생색이라는 생색은다 내고 특혜란 특혜는 다 누리며 호의호식하는 대감 나으리 같은 도시다. 호의가 계속 되면 권리인 줄 알고, 특혜가 계속되면 당연하게 여기는 법. 천하가 있기에 베이징이 있는 것이지만, 800여 년 동안 계속 이어져온 특혜는베이징이 천하의 중심이라는 왜곡된 인식을 낳게 했다.

중국인에게 중심이란 어떤 의미를 가질까? 중심이 있기에 동서남북이 있을 수 있다. 모든 것은 중심에서 출발하므로 가장 중요하고 귀한 곳이 된다. 그래서 《여씨춘추(呂氏春秋)》는 말한다.

"제왕은 반드시 천하의 중앙에 위치해야 하니, 그것이 예(禮)다."

"천하의 가운데를 골라 나라를 세우고, 나라의 가운데를 골라 궁궐을 세워야 한다."[5]

'중(中)'은 '가장 좋은 것'이라고 해석할 수 있다. 그래서 중국인이 살던 터전은 중원(中原)이고, 중국인이 세운 나라는 중국(中國)이다. 가장 좋은 땅은 중원이고, 가장 좋은 나라는 중국이다. 중국의 영역 밖에 있는 족속들은 오랑캐에 불과하다.

그토록 중심을 숭상하는 중국인들에게 '중심의 중심', 즉 수도 베이징이 어떤 의미를 가질지는 자명하다. 베이징은 가장 귀하고 높은 존재다. 천하는 마땅히 베이징을 따라야 한다. 베이징어는 중국의 표준어 보통화(普通話)가 되었고, 베이징의 방송국은 중국의 중앙방송(CCTV)이 되었다.

오랑캐의 변방, 천하의 중심이 되다

그런데 생각해보면 매우 아이러니하다. 오늘날 천하의 중심인 베이징은 사실 오랫동안 변방이었다. 베이징은 베이징원인(北京原人, 북경원인)의 흔적이 발견될 만큼 일찍부터 사람이 살던 곳이지만 중국 고대사에 큰 족적을 남기지는 못했다. 베이징은 연나라의 수도 연경(燕京)이었고, 북방의 유목민족인 요와 금의 송나라 공략 기지였다. 주나라부터 요나라, 금나라까지 2000여 년 동안 베이징은 지방 정권의 수도에 불과했다. 오늘날로 치면 중국 각 지역 성(省)의 중심 도시인 성도(省都) 중 하나일 뿐이었다.

몽골족의 원나라가 세계를 정복하고 베이징을 수도로 삼으면서 비로소 베이징이 제국의 수도가 되었다. 명 태조 주원장이 원나라를 물리치고 난징에 도읍을 정하자 베이징의 시대는 끝난 듯했다. 그러나 주원장이 죽고 난 후, 명나라의 수양대군인 영락제(永樂帝) 주체(朱棣)는 조카의 황제 자리를 빼앗았다. '연왕(燕王)' 주체의 근거지는 베이징이었다. 영락제는 정권 찬탈 후, 자신의 홈그라운드인 베이징으로 도읍을 옮겼다. 이로써 베이징은 다시 중심의 자리를 차지했다. 여진족의 청나라는 명나라의 베이징과 쯔진청을 고스란히 물려받았다.

세월이 흐르고 청나라가 붕괴될 때, 야심가 위안스카이(袁世凱, 원세개)는 중화제국(中華帝國)의 황제가 되었고 베이징을 수도로 삼았다. 그러나 다시 대륙을 제패한 장제스의 국민당은 난징을 중화민국의 수도로 정했다. 황제의 도시 베이징의 시대가 저물고 민중의 도시 난징의 시대가 새롭게 개막했다. 하지만 역사는 끝나지 않았다. 마오쩌둥이 이끄는 중국공산당은 국민당을 패퇴시켜 타이완으로 밀어냈다. 영락제가 제위를 찬탈한 후 난징 대신 베이징을 수도로 삼았듯이, 중화인민공화국은 중화민국의 수도 난징 대신 베이징을 수도로 정했다. 갖은 우여곡절 끝에 베이징은 800년 수도의 역사를 오늘도 이어가고 있다.

이처럼 역사를 돌이켜보면 베이징은 정통성을 가진 수도라기에는 어딘가 찜찜하다. 베이징은 변방의 도시였고, 이민족의 경영 기지였으며, 찬탈자의 근거지였다. 그러나 오늘날의 모습은 어떠한가?

중국 정부와 역사학계는 '칭기즈칸도 중국인'이라며 원나라의 역사를 중국의 역사로 끌어들였다. 영락제는 카리스마와 능력을 겸비한 명나라 최고의 군주로 손꼽힌다. 마오쩌둥은 두말할 필요가 있을까? 골리앗 국민당을 물리친 공산당의 다윗으로서 현대 중국을 만들어낸 대영웅으로 추앙받는다. 마찬가지로 '베이징'과 '천하의 중심'은 이제 동의어가 되었다.

사람은 새로운 것을 만들 수 있고, 시간은 새로운 것을 오래된 것으로 만든다. 오랜 세월은 정통성이 없던 왕조에 정통성을 주었고, 강력한 권력은

베이징 北京 京

가짜를 진짜로 만들었다. 베이징에 담긴 역사의 아이러니를 보며 사람과 시간의 힘을 느낀다.

베이징의 정치, 반쪽짜리 자유

베이징의 신발 가게에서 주인이 손님에게 자기네 신발의 우수함을 자랑했다.

"손님, 이 신발을 사십시오. 신발의 수명이 당신의 수명과 같을 겁니다."

"제가 그렇게 빨리 죽을 거라고요?! 믿을 수 없군요!"[6]

말로 먹고사는 사람들이 많았던 베이징답게, 베이징 사람들은 언변과 유머 감각이 뛰어나다. 또한 황제의 도시로서, 정치의 중심지로서 온갖 정치 담론을 생산하던 곳답게, 베이징 사람들은 남녀노소를 불문하고 정치 이야기를 좋아한다.

그러나 베이징 사람들이 정치 이야기를 좋아한다고 해서 자유롭게 정치를 비판할 수 있다는 것은 아니다. 중국도 언론의 자유는 있지만, 반쪽짜리 자유다. 당과 국가, 정부 기관 등에 대해 근본적인 비판을 할 수 없다.

비판조차 허용되지 않으니 집단행동이 용인될 리 없다. 1989년 6월 4일 중국 정치의 중심인 톈안먼 광장에 중국의 학생과 인민 들이 모였다. 덩샤오핑은 탱크까지 동원해가며 시위대를 강경하게 진압했다. 아직도 중국에서는 톈안먼 사건을 자유롭게 말할 수 없다. 중국 정부가 "6월 4일"이라는 말을 인터넷에서 차단하자, 중국 네티즌들은 "5월 35일"이라는 말을 만들었다. 위화는 "지금 우리에겐 '6월 4일'의 자유는 없고 '5월 35일'의 자유만 있"다고 말한다.[7]

인터넷은 검열받고, 톈안먼 광장에는 자유롭게 모일 수 없다. 중국 인민들에게 유일하게 허용된 길은 '상방(上訪)'뿐이다. 베이징의 중앙 관료들에게 자신의 억울함을 아뢰고 정부의 선처를 하소연하는 일이다. 지방에 살던 백성들이 서울까지 올라와서 신문고를 울리는 격이다. 베이징 남역 주변에는 실낱같은 기대를 걸고 상방하러 온 사람들이 넘쳐나고, 상방인들을 위한 쪽방 숙소촌이 문전성시를 이룬다. 사연도 임금 체불, 지방정부와 공안의 비리, 토지 보상, 의료 사고 등 각양각색이다.

지방 공무원들의 입장에서는 상방이 자신의 비리를 폭로하고 출셋길에 지장을 줄 수 있다. 중국이 어떤 나라인가? '위에 정책이 있다면, 아래에는 대책이 있는[上有政策, 下有對策]' 나라가 아니던가. 지방 공무원들은 상방을 저지하는 절방(截訪) 조직을 만든다.

시 단위 이상 지방정부는 대부분 베이징에 절방 조직의 출장소를 두고 최고인민법원이나 국가신방국 같은 상방인 집결지에서 자기 지방에서 올라온 상방인들을 회유하거나 납치하다시피 데려가는 일이 빈번하게 벌어진다.

설령 상방에 성공했다 치더라도 상방인은 마음 편하게 살 수 없다. 고향의 공무원들이 사사건건 트집을 잡고, 심지어는 뇌물 수수 등 억울한 누명을 씌워 가두어버리기도 한다. 유일하게 허용된 언로인 상방마저 좌절되면서 중국 네티즌들은 울분을 토한다. "얼빠진 신문들이 '상방이 줄었다' 써대던데, 사실은 이런 식으로 상방 자체를 막는 거라구."8

현재 중국의 정치는 공산당의 정치다. 그래서 베이징이라는 말은 곧 중국 공산당과 동의어이기도 하다. 중화'인민'공화국에서 진정한 인민의 정치는 언제 실현될 수 있을까?

인류학자 김광억 서울대 명예교수는 2008년 베이징 올림픽 때 베이징 뒷골목인 후퉁(胡同, 호동)을 찾아갔다. 중국 정부는 해외에 초라한 모습을 보여주지 않으려고 후퉁에 담장을 쳐서 출입을 통제했다. 담장에는 "하나의 세계, 하나의 꿈[同一個世界, 同一個夢想]"이라는 올림픽 구호가 붙어 있었다. 후퉁에 살던 허난성 출신 농민공은 구호를 보고 말했다. "저것은 후진타오의 꿈이지, 나의 꿈이 아니야." 중국과 세계가 하나의 꿈을 꾸기는커녕, 베이징 안에서조차 꿈은 제각각이다.

　중국공산당은 하나의 천하를 꿈꾼다. 획일화된 천하를 베이징이, 중국공산당이 통치하기를 바란다. 하나가 아니면 분열이고, 분열은 곧 대혼란을 가져올 거라고 인민들에게 공포를 주입한다. 그러나 '하나의 꿈'을 전 인민에게 강요하기보다, 13억 개의 꿈을 인정하고 품에 안는 자세가 중국에 진정한 안정을 가져오지 않을까?

津

나루 진

톈진

天津

천자의 나루터, 베이징의 항구

❶ 톈진의 젖줄, 하이허 하이허를 따라 금융가, 상점, 문화 지구, 산책로 등이 발달되어 있어 명실상부한 톈진 시민의 중심이다.
❷ 마르코 폴로 동상 중국과 이탈리아 교역의 상징인 마르코 폴로는 이탈리아 풍경구를 대표하는 인물이다.
❸ 톈진 아이 톈진을 조망할 수 있는 톈진 아이.
❹ 진흙 인형 톈진의 명물, 진흙 인형.

⑤ 시카이 성당 1917년 프랑스인이 세운 톈진 최대의 성당이다. 인기 관광지이기도 하여 경건하게 기도하는 사람들, 구경하는 사람들이 많다.
⑥ 도자기의 집 도자기를 건축에 활용했던 가우디에게 영감을 받아 도자기로 도배한 건축물이다.
⑦ 톈진은 공사 중 이미 많은 건물들이 빼곡하게 들어차 있으나 사방에서 여전히 고층 건물 공사가 진행 중이다.
⑧ 빈장다오 톈진의 번화가, 빈장다오.

텐진

텐진 조계지 ■ 하 이 허

텐진항

베이징과 텐진의 관계는 서울과 인천의 관계와 같다. 베이징과 불과 117킬로미터 거리인 텐진은 베이징의 항구도시로 성장하여 베이징에 물자를 공급하는 수운(水運) 기지가 되었다. 영락제는 텐진에서 출항해 쿠데타에 성공했고, 서양 제국주의 열강들은 텐진에 상륙해 베이징의 숨통을 움켜쥐었다. 중국 무술로 세상을 바꾸려던 의화단원들은 열강의 총 앞에 쓰러졌고, 9개국의 조계지가 된 텐진은 '만국 건축 박물관'이 되었다. 오늘날 4대 직할시의 하나인 텐진은 환보하이 경제권의 중심 도시를 꿈꾸지만 베이징의 그늘에서 벗어나기란 쉽지 않다.

중국어를 배우며 중국인과 웬만한 의사소통은 가능해졌지만, 아무래도 중국어의 미묘한 뉘앙스를 다 알아차리기란 쉽지 않다. 여행을 하다가 발랄한 톈진 여대생을 만났다. 내가 인사차 "뭐해(干嘛呀)?"라고 물어보자 그녀는 내 표현이 어색하다며 그 이유를 설명해주었다.

"누나가 가르쳐줄게[姐姐講一下]. '간마야(干嘛呀)?'는 어이없는 상황에서 '도대체 뭐하는 거야?'라는 뜻으로 하는 말이야. 일반적으로 '뭐해?'라고 물어볼 때는 '간마너(干嘛呢)?'라고 해."

나보다 한참이나 어린 친구가 천연덕스럽게 '누나'라고 자칭하자 쓴웃음이 나왔지만, 워낙 발랄하고 귀여우니 모든 게 다 용서가 되었다.

자부심이 강해 20대 중반 청년도 나이 지긋한 사람에게 "이 어르신네가 어찌 네 말을 듣겠느냐?"라고 외치는 곳, 꼬마 아가씨에게도 '누님(大姐)'이라고 불러줘야 하는 곳, 톈진(天津, 천진)이다.

톈진의 약자는 '나루 진(津)' 자다. 톈진은 '천자(天子)의 나루터.' 로마의 카이사르가 "주사위는 던져졌다."라고 말하며 루비콘강(Rubicon江)을 건넜듯, 연왕 주체는 톈진에서 배를 타고 쿠데타를 감행하여 영락제로 등극했다. 한마디로 톈진은 영락제의 루비콘이다.

톈진은 아홉 줄기 강물이 황해로 흘러가는 교통의 요지다. 일찍이 수 양제가 베이징과 항저우를 잇는 대운하를 건설했을 때부터 베이징의 관문 도시인 톈진은 크게 발달했다. 특히 북방 유목민족의 국가 요·금·원이 베이징을 중요 거점으로 삼으면서 톈진의 중요성도 급부상했다. 톈진은 강남의 물자를 베이징에 끌어오기 위한 물류 도시였다.

영락제의 루비콘

주원장은 원나라를 물리치고 명나라를 건국하며 장쑤성 난징을 수도로 삼았다. 송나라 때 강남은 이미 중국 경제의 중심이었지만, 카이펑이나 베이징에 밀려 정치의 중심은 되지 못했다. 주원장은 난징을 수도로 삼아 정치와 경제의 중심을 일치시켰다.

그러나 주원장이 죽고 손자 건문제(建文帝)가 황위를 계승하자, 건문제의 삼촌인 연왕 주체는 반란을 일으켰다. 주체는 톈진에서 수로를 따라 진군하여 '정난의 변(靖難之役)'에 성공한다.[1]

비록 주체가 쿠데타에 성공했으나 민심은 싸늘했다. 애초에 대의명분도 없이 황제가 되고 싶어 일으킨 정변이었다. 명분 없는 정변이라 당대의 관료와 지식인 들도 협조적이지 않았다. 방효유(方孝孺)는 당대 최고의 학자로 건문제의 스승이었다. 영락제의 측근들은 "방효유를 죽이면 천하에 글 읽는 선비가 없어질 것"이라며 살려주길 청했고, 영락제 역시 그의 재주와 명성을 아껴 회유하려 했다. 그러나 방효유는 영락제의 제의를 단칼에 자르고 "연적(燕賊)이 위(位)를 찬탈했다."며 돌직구를 날렸다. 영락제는 방효유의 일가친척과 지인들 873명을 방효유 앞에서 죽인 후, 끝으로 방효유도 죽였다. 사형을 간신히 면한 유배자는 셀 수 없을 정도로 많았다. 이 사건을 '영락의 과만초(瓜蔓抄)'라 부른다. 덩굴을 잡아당겨 오이를 뽑듯 관련자들을 무더기로 살육했다는 뜻이다. 그 결과 명나라 초기의 인재들이 대거 사라졌다. 더욱이 당시 문화의 중심이 강남이었기에 처형당한 사람들은 대부분 강남의 명사들이었다. 강남의 민심은 더욱 영락제에게 등을 돌렸다.

영락제의 책사인 도연(道衍)은 정난의 변 직후 고향인 쑤저우를 찾았다. 20년 만의 금의환향이었으나 고향 사람들에게 냉대를 받았다. 여든 살에 가까웠던 도연의 누이는 도연의 얼굴도 한 번 보지 않고 문전박대했다. "그렇게 지체 높으신 분이 이런 초라한 집에 오실 용무가 있으시겠습니까? 무언가 잘못 아시고 오셨겠지요."[2]

이처럼 민심이 나쁘자 영락제는 자신의 본거지인 베이징을 수도로 삼으며, 강남의 물자를 끌어올리기 위해 대운하를 대규모로 개수했다. 자연스레 톈진은 교역과 물류의 중심지가 되었다. 톈진은 영락제가 황제가 되기 전에는 출병 기지였고, 황제가 되고 난 후에는 물류 센터가 되었다.

베이징의 목줄로서, 군사·경제적 요지로서 톈진은 매우 중요했다. 베이징을 지키려면 톈진을 반드시 지켜야 했고, 베이징에 들어오려면 톈진을 반드시 거쳐야 했다. 근대에 톈진을 지키려는 중국과 톈진에 들어오려는 서양 열강은 첨예하게 맞부딪혔다. 톈진은 중국과 서양이 만나는 동시에 충돌하는 공간이 되었다.

조계지 톈진

톈진의 젖줄 하이허의 강변은 매우 걷기 좋은 길이다. 드넓은 강변에는 최첨단 고층 건물과 함께 근대 유럽식 건축물들이 늘어서 있어 전통과 현대가 잘 어우러져 있다. 유럽풍 건축은 고풍스러우면서도 세련된 아름다움을 뽐낸다. 톈진 최대의 성당인 시카이(西开, 서개) 천주교당은 경건하게 기도하는 천주교인과 놀러온 구경꾼이 모두 즐겨찾는 장소다. 오늘날 톈진에는 서양적 가치와 중국적 가치가 매우 평화롭게 공존하는 것으로 보인다. 그러나 오

톈진 天津

늘이 있기까지 역사는 많은 피를 흘려야 했고, 조계지 톈진은 많은 고통을 받아야 했다.

예나 지금이나 중국은 거대한 공장이며 탐나는 시장이다. 서양 열강은 중국의 귀한 상품을 얻고 중국 시장에 물건을 팔고 싶었으나, 당시 세계경제의 으뜸이던 중국은 폐쇄적 경제체제를 지키려 했다. 중국은 서양을 '천박하게 돈만 밝히는 오랑캐 장사꾼'으로 보았고, 서양은 중국을 '시대의 흐름을 모르는 우물 안 개구리'로 보았다. 서로는 시간이 가면 갈수록 심하게 경멸하며 중국은 서양을 '털북숭이 원숭이'로, 서양은 중국을 '아편 피우는 동양 원숭이'로 보았다. 서로를 이해하지 못하고 경멸하니 자연스레 충돌했다.

해가 지지 않는 국력을 자랑하던 영국은 아편전쟁에서 간단히 승리를 거두었다. 그러나 안이한 청 조정은 아편전쟁을 머나먼 변방 광둥성에서 일어난 해프닝 정도로 취급했다. 영국은 청을 진정으로 굴복시키기 위해서는 베이징을 점령해야만 한다는 것을 깨달았고, 억지 트집을 잡아 2차 아편전쟁을 일으켰다. 과연 영국이 수도권을 점령하자 청나라는 크나큰 충격을 받았다. 영국·프랑스 연합군이 톈진을 점령하자마자 함풍제는 바로 베이징을 버리고 피서산장으로 줄행랑쳤다.

청 조정은 1858년 톈진조약을 맺고 전쟁을 일단 끝냈지만, 곧바로 침략자들을 비난하며 조약 이행을 거부했다. 1860년 영국·프랑스 연합군은 다시 톈진에 상륙했고 이번에는 베이징까지 점령했다. 새로 베이징조약을 맺으며, 수도의 목줄인 톈진마저도 개항하게 되었다.

톈진항은 열렸지만, 톈진인의 마음은 열리지 않았다. 톈진인이 보기에 톈진·베이징 조약은 불합리했고, 서양인은 정복자처럼 안하무인이었다. 특히 서양의 위세를 업은 교회는 매우 무례하게 보였다. 중국 민중들은 '톈주쟈오(天主教, 천주교)'를 '주쟈오(豬叫, 저규)', 즉 '돼지 멱따는 소리'로 바꿔 불렀다.

중국에서 선교 중이던 교회는 고아원 운영에 많은 힘을 쏟았다. 이는 자

선사업이기도 했지만, 선교 활동이 어려운 중국에서 신도를 확보하기에도 좋은 수단이었다. 더욱이 죽어가는 아이에게 세례를 주어 천국으로 인도하는 것은 중요한 실적이어서, 교회는 곧 죽어갈 아이도 기꺼이 받아들였다. 교회가 고아를 데려오면 사례금을 주자, 불량배들은 민가의 아이들을 유괴하여 교회에 사례금을 받고 넘겼다. 중국인의 눈에는 이것부터가 인신매매로 보였는데, 교회에서 죽는 아이들이 많아지자 의혹이 증폭되었다. 서양 선교사들이 아이들의 심장과 눈 등으로 약재를 만든다는 유언비어가 횡행하자 중국 관청에서 수사에 나섰다.

조사 과정에서 중국 관청과 중국인, 서양인 들이 충돌했다. 프랑스 외교관이 중국인을 총으로 쏴 죽이자, 중국인들은 격분하여 서양인과 중국 기독교인 20여 명을 죽이고 교회와 영사관, 고아원을 불태웠다. 1870년 톈진 종교사건은 억울하게 끝났다. 프랑스인이 먼저 발포했음에도 불구하고 청나라는 프랑스에 46만 냥을 배상하고 톈진 지부·지현을 면직시켰으며 15명의 난동자를 처형했다.[3]

제아무리 '선박은 견고하고 화포의 성능은 우수하다[船堅炮利]'지만 결국 중국의 관점에서 서양인은 "하찮은 재주를 가진 교활한 무리"[4]에 불과했다. 왜 찬란한 문명을 가지고 있고 예의범절을 숭상하는 중화가 인간의 도리 따위에는 관심 없고 돈만 밝히는 오랑캐 앞에 무릎을 꿇게 되었는가? 답은 간단하다. 힘이 없기 때문이다. 따라서 나라는 군사력을, 백성은 체력을 길러야 약육강식의 세상에서 살아남을 수 있다.

개항 직후 중국인들은 스포츠를 육체노동으로 생각했다. 운동하는 외국여자를 본 중국인은 주변에 물었다. "저 여자는 공을 차면 돈을 얼마나 받길래, 매일 저처럼 힘들게 사는 거요?"[5]

그러나 이제 체육은 나라를 구원하는 길이 되었다. 톈진 수사학당(天津水師學堂, 당시 해군사관학교)은 생도들에게 검술과 봉술, 권투 등을 가르쳤다. 논객들은 체력을 국력과 동일시했다.

한편 중화 문명에 대한 자부심이 넘치는 중국인들은 서양과 기독교에 대한 반발로 중국 고유의 것에 집착했다. 중국의 전통문화와 체육을 강조하는 두 흐름이 합쳐져 하나의 결론이 나왔다. 중국 무술! 상무(尚武)의 기풍 속에서 텐진의 '무인 곽원갑(霍元甲)'은 높은 명성을 떨쳤고, 의화권(義和拳)이라는 단체는 무술을 수련하며 인기를 모았다. '내공이 깊어지면 칼과 총알도 튕겨낼 수 있다'는 과장은 '무술로 서양 오랑캐들을 몰아낼 수 있다'는 반외세 감정과 결합했다. 급기야 1899년 의화단운동이 일어났다.

의화단운동을 진압하려고 당대 최강국들이 한데 뭉쳤다. 영국·프랑스·독일·러시아·미국·일본·오스트리아·이탈리아가 8개국 연합군을 조직했다. 이들은 각기 절대 강자로 군림하며 식민지를 지배했고, 둘셋씩 연합해 서로 싸운 적은 있었지만 이처럼 단 한 나라만을 상대로 한꺼번에 여덟 나라가 뭉친 적은 없었다. 제국주의 사상 초유의 일이었다.

열강은 뭉쳤건만 중국은 오히려 분열했다. 서태후와 의화단원들이 열강에 맞섰지만, 광둥의 이홍장과 산둥의 위안스카이, 후베이의 장지동 등 당대의 실력자들은 협조하지 않았다. 이들은 의화단을 민란 집단으로 여겼고, 의화단운동도 가망 없다고 판단했다. 이들의 예측대로 무술만 믿은 의화단은 열강의 총 앞에 무력하게 쓰러졌다. 서양 열강은 의화단운동을 '주먹쟁이의 반란(The Boxer Rebellion)'이라고 조롱했고, 대문자 'Boxer'는 '의화단원'을 뜻하게 되었다.

8개국 연합군은 텐진에 상륙하여 베이징을 점령했고, 서태후는 시안으로 도망쳤다. 전쟁이 끝난 후 텐진은 승리한 8개국에 벨기에를 더해 9개국의 조계지가 되었다. 2차 아편전쟁보다도 훨씬 더 비참한 결과였다.

궁하면 변하고, 변하면 통한다던가[窮則變, 變則通]. 청은 가장 중국적인 방식으로 서양을 물리치려 했으나 참패했다. 이제 남은 길은 과감히 전통을 버리고 서양을 따르는 것뿐이었다. 신문물이 중국을 지배했다. 그림은 사진으로, 그림자극은 영화로, 청동거울은 유리거울로 변했다.

더욱 중요한 것은 사고방식의 변화였다. 많은 중국인이 전통 관념을 버리고 서구적 가치를 수용했다. 일례로 중국인은 전통적으로 여행을 두려워했다. 중국은 땅이 너무 넓고 사람들이 워낙 많기에 중국인은 집 떠나기를 겁냈고 꼭 가야 한다면 길일을 따져 움직였다. 그러나 근대식 창가는 이런 관념을 조롱했다.

길흉이란 것이 어디 있단 말인가! …… 기선은 물로 다니고, 마차는 육지를 다니네. 천 리를 오가는데도 참으로 빠르도다. 갖가지 속된 금기들 모두 떨쳐 내고, 오로지 서양 사람들의 장점을 따라 배우세.[6]

서양을 추종하는 분위기는 근대 풍자화에서 더욱 명확하게 드러난다. "(유학생은) 속성 3년 공부면 천하를 다닐 수 있으나, (수재는) 3년을 더 공부한다 한들 촌보도 움직일 수 없네."[7] 이 말은 한나라의 대학자 동중서(董仲舒)의 고사를 빗댄 말이다. 동중서는 하도 열심히 공부하느라 3년 동안 집안의 정원도 보지 못했으나 이제는 퇴물선비의 상징이 되었다. 새로운 시대의 지식인이라면 마땅히 서양 문물을 배우고 세계를 두루 다니는 유학생이 되어야 했다.

톈진 조계지는 세계 각국의 은행이 들어차 국제금융의 중심지가 되었다. 9개국 조계지답게 다양한 풍격의 건축물이 들어서 '만국 건축 박물관'이라는 별명을 얻었다. 청 말의 실력자 위안스카이는 톈진에 중국 최초의 신식 경찰을 만들었고, 중국 최초의 민주적 지역 의회 선거를 감독했다.

근대 톈진은 중국 제2의 공업 도시였고, 1949년 이전만 해도 상하이에 이어 중국에서 두 번째로 큰 도시였다. 오늘날에도 톈진은 1546만 명이 사

톈진 天津

는 대도시로서, 상하이, 베이징에 이어 중국 본토 3위의 인구 밀도와 1인당 GDP(2016년 1만 7889달러)를 자랑한다. 비록 2016년 이후 베이징과 상하이에 추월당했지만, 2015년까지는 톈진이 전국 1위의 1인당 GDP(2015년 1만 7334달러)를 자랑했다.

베이징과 허베이 사이의 샌드위치

톈진은 4대 직할시의 하나로서 중국 정치의 중심 베이징, 경제의 중심 상하이, 내륙 제일의 메트로폴리스 충칭과 어깨를 나란히 하고 있다. 톈진이 이만큼 성장한 것은 베이징과 가깝기 때문이다. 그러나 역설적으로 톈진의 성장에 한계가 있는 것도 베이징과 가깝기 때문이다.

톈진은 베이징과 불과 117킬로미터 거리다. 자동차로 1~2시간밖에 걸리지 않고, 시속 300킬로미터의 고속철도를 타면 불과 30분 만에 도착한다. 중국이 폐쇄적이고 교통이 불편할 때 톈진은 베이징에 진출하기 위한 교두보로서 매우 중요했지만, 베이징에 직접 가기 쉬워진 지금은 중요성이 크게 떨어졌다.

톈진은 톈진 그 자체로서 인정받지 못하고 항상 '베이징의 무엇'으로서만 존재한다. 톈진은 베이징이 바다로 오갈 수 있는 베이징의 항구다. 톈진은 베이징에 비해 인구가 적고 생활환경이 쾌적하며 물가가 싸다. 그래서 베이징 사람들은 주말에 톈진에 와서 바람을 쐬거나 쇼핑을 하고, 결혼식을 올리기도 한다. 즉, 톈진은 베이징의 휴식처이고 할인 쇼핑센터다.

베이징, 톈진, 허베이를 묶어서 '징진지(京津冀, 경진기)' 지역이라 부른다. 수도권이 강남의 경제력에 밀려 체면이 서지 않자, 정부는 수도권을 발전시키기 위해 징진지 프로젝트를 가동했다. 그런데 세 지역이 서로 협력하여 상승작용을 일으키기보다는 한정된 자원을 나눠먹는 제로섬 게임처럼 경쟁해서 지지부진한 편이다.

수도 베이징은 돈 되고 폼 나는 3차 산업으로 가고자 하며, '3고 1저형' 기업들(노동력·자본 투입, 에너지 소모, 오염 물질 배출은 많고, 효율은 낮은 기업들)을 톈진과 허베이가 가져가길 원한다.[8] 톈진과 허베이는 당연히 내키지 않는다. 베이징은 그간 징진지 일대의 인재, 자원, 우수 기업, 고부가가치 산업들을 몽땅 독차지해왔으면서 이제 와서 힘들고 돈 안 되는 것들만 떠넘기려들다니!

다만 허베이는 워낙 낙후되어 있어서 협의에 따라 여러 산업을 받아가 발전을 꾀할 여지가 있다. 그러나 톈진은 이미 상당히 발전한 상태이고, 베이징과 산업구조나 경제 노선도 비슷하며, 시민들의 요구 수준도 높다. 베이징과 허베이 사이에서 샌드위치가 된 셈이다. 톈진의 한 간부는 "베이징과의 합병 이외에 톈진을 발전시킬 방도가 없다."[9]고 탄식했다. 숱한 저개발 지역에 비하면 배부른 엄살이긴 하지만, 베이징에 치이며 사는 톈진의 고충을 단적으로 보여주기도 한다.

동북아 국제 물류와 항운의 중심으로 거듭나려는 톈진의 야망은 빈하이 신구(濱海新區, 빈해신구)에서 드러난다. 톈진 빈하이 신구는 1980년대 광둥성 경제특구, 1990년대 상하이 푸둥 신구(浦東新區, 포동신구)를 잇는 핵심 경제특구로서, 환보하이(環渤海, 환발해) 경제개발구의 중심이다. 2010년 말 이미 〈포춘(Fortune)〉지 선정 500대 기업 중 285개 회사가 투자하고 사무실을 여는 등 외국인 직접투자(FDI)의 성과가 눈부셨다. 미국 보잉(Boeing)사와 함께 세계 항공 시장을 양분하는 유럽 에어버스(Airbus) 항공사는 빈하이에 공장을 세웠다. 원자바오 당시 총리가 고급 제조업을 성장시키고 싶어 하던 고향 톈진의 숙원을 풀어준 셈이다.

톈진 대폭발

그러나 화려하게만 보이던 빈하이의 이면을 적나라하게 보여준 사건이 일어났다. 2015년 8월 12일 밤, 톈진 빈하이에서 대폭발 사고가 일어났다. 근처 빌딩에서 폭발 동영상을 촬영하고 있던 사람은 잠시 후 두 번째 대폭발이 일어나자 충격파로 쓰러졌다. 바닥에 나동그라진 채 천장만 보여주던 핸드폰 영상은 옆에서 다급하게 외치는 소리를 들려주었다. "사람이 쓰러졌어!"

거대한 화염은 불의 신이 강림한 것 같았고, 시커먼 버섯구름은 핵폭탄이 떨어진 듯했다. 다음 날 아침, 톈진항 야적장에 빽빽하게 주차되어 있던 새 차들은 불에 타 잔해만 남았다. 화재 현장은 마치 지구의 내핵으로 통하는 구멍처럼 보였다. 여기에 고인 물웅덩이에는 시안화나트륨이 기준치의 40배를 초과했고, 일부 지점에서는 최대 800배를 초과했다.[10]

한국의 뉴스에서는 한국 교민 아파트의 창문이 박살난 장면을 보도했다. 이 아파트는 사고 현장으로부터 1.8킬로미터나 떨어진 곳이었다. 톈진의 젖줄 하이허에는 물고기들이 떼죽음을 당한 채 둥둥 떠올랐다. 시안화나트륨은 비를 만나 시안화수소가 된다. 시안화수소는 나치가 유대인 학살에 사용한 맹독성 기체다. 중국발 미세먼지에 시달리던 한국 역시 시안화나트륨이 미세먼지와 함께 바람을 타고 와서 독극물 비가 되어 내릴 것이라는 공포에 휩싸였다.

중국의 규정에 따르면, 주거 지역 1킬로미터 내에서는 위험물 창고를 설치할 수 없고, 시안화나트륨은 24톤만 취급할 수 있다. 그러나 루이하이(瑞海) 물류회사는 모든 규정을 어겼다. 애초에 허가도 없이 창고를 운영했고, 아파트 단지가 사고 현장에서 불과 600미터 안에 있었으며, 시안화나트륨을 700톤이나 쌓아두었다. 이렇게까지 규정을 어긴 배경에 위험물을 감독·규제하는 공안국의 묵인이 있었을 것이라는 의혹이 제기되었다.

장멍판(張夢凡)은 사건 당시 현장에서 1킬로미터 거리에 불과한 소방서에서 통신관으로 근무했다. 그는 2016년 8월 12일 BBC 뉴스 인터뷰에서 말했다.

"밤 10시 53분에 신고 전화가 걸려왔고 동료들은 10분 만에 현장에 도착했다. 첫 폭발 후 동료들의 연락을 기다리는 중 열폭풍이 느껴졌다. 지진인가 했는데 두 번째 폭발이 일어났고, 소방서의 문, 지붕, 창문을 날려버렸다. 동료들과 연락을 취하기 위해 모든 수단을 다 동원해 두 명의 운전사와 교신이 되었으나 곧 연락이 끊겼다. 동료들의 휴대폰은 모두 끊겼고 아무도 응답하지 않았다."

결국 그의 동료 여덟 명은 돌아오지 않았고, 그중 가장 어린 친구는 열아홉 살이었다. 173명의 사망자 중 104명이 소방관이었다. 그러나 소방관 가족들은 정부가 사건 발생 후 며칠이 지나도록 생사 여부조차 알려주지 않는다고 오열을 터트렸다.[11]

사건이 터지자 즈펑(只峰) 루이하이 사장이 정신적 충격으로 쓰러져 입원했으며 말을 하지 못한다는 내용의 기사가 사진과 함께 보도되었다. 사건 조사 중 교통운수위원회 행정심비처 둥융춘(董永存) 처장이 추락사한 것도 의혹을 증폭시켰다.

정부의 공식 발표에 따르면, 톈진 대폭발 사건으로 173명이 죽었고(그중 여덟 명 실종), 797명이 부상을 당했다. 건물 304채, 차량 1만 2428대, 컨테이너 7533개가 파괴되었고, 11억 달러의 손해를 입었다.

그러나 많은 중국인이 정부의 발표를 믿지 않았다. 애초에 일어나지 말았어야 할 인재(人災)였다. 주요 관계자들은 규정을 어기고 진상을 은폐했다. 사건 조사는 투명하지 않았고, 처리 방식은 매우 미지근했다. 언론 보도뿐만 아니라 SNS도 철저하게 통제받았다. 사건 처리가 속시원하지 않은데 언로를 막아놓으니 유언비어와 괴담은 더욱 횡행했다. 현지 공영방송인 톈진위

성TV가 뉴스 보도는 하지 않고 한국 드라마 〈조강지처 클럽〉을 방영하자, 많은 이들이 분노했다.

한 중국인 친구는 나에게 물었다.

"외국 언론은 톈진 폭발 사고 희생자를 몇 명이라고 보도했어?"

"외국 언론도 중국의 공식 발표를 인용해서 보도했어."

그는 석연치 않다는 듯이 말했다.

"현장 근처에는 많은 거주민이 있었고, 세 차례나 투입된 소방수들은 제대로 살아남지 못했어. 그런데 죽은 사람이 200명도 안 되겠어?"

"넌 몇 명이 죽었는지 알아?"

"그거야 나도 모르지. 하지만 중국인들은 언론에 보도된 사망자 수보다 대충 다섯 배쯤 많을 거라고 생각해. 이 사건뿐만 아니라 다른 일들에 대해서도."

그리고 그는 덧붙였다.

"내 친구 한 명은 소방관으로 2~3년 정도 일했는데, 톈진 폭발 사고가 일어난 후 퇴직하고 딴 일자리를 구하더군."

그의 말은 정확한 정보와 사실에 근거하지 않은 추측에 불과해 신빙성은 떨어진다. 그러나 톈진 폭발 사고를 비롯해 많은 사건·사고에 대해서 정부와 언론이 신뢰를 받고 있지 못하다는 분위기만큼은 확실히 알 수 있었다.

톈진 빈하이 신구의 폭발 사고는 중국의 두 얼굴을 보여준다. 중국은 외견상 화려하고 힘차게 발전하고 있다. 그러나 그 이면에는 온갖 부정부패를 저지르고 법규를 무시하는 사업가가 있고, 막대한 피해를 입고서도 진상을 은폐하고 언론을 통제하는 정부가 있다. 물론 중국은 아직도 발전 중에 있고, 성장통을 겪고 있다고도 볼 수 있다. 그러나 이런 사건·사고 들이 성장의 밑거름이 되기 위해서는 철저하게 원인을 규명하고 불합리를 시정하는 한편, 죄지은 자를 처벌하고 인민들과 소통·합의하는 과정이 필요하다. 그렇지 않고서는 이런 사건들이 재발할 뿐이다.

중국의 2015년은 대형 인재의 해였다. 광둥성 선전에서는 산비탈에 건축·산업 폐기물을 위법으로 쌓은 것이 무너져 일곱 명이 죽고 70여 명이 실종되었으며, 상하이 황푸장(黃浦江, 황포강)에서는 새해맞이 레이저쇼를 보려고 31만 명의 인파가 몰렸다가 35명이 죽고 43명이 부상당한 압사 사고가 일어났다.[12] 주장 삼각주의 중심 선전, 창장 삼각주의 중심 상하이, 환보하이의 중심 톈진에서 벌어진 인재는 중국 성장의 그림자를 드러냈다.

또한 톈진 폭발 사고 1주년 즈음 2016년 8월 11일 후베이성 당양시(當陽市)에서는 화력발전소의 고압 증기관이 폭발해 21명이 죽고 다섯 명이 부상당했다.

수도의 관문이며 환보하이 경제권의 중심으로 성장해온 톈진. 그러나 톈진도 고속 성장 이면에 수많은 숙제가 산적한 중국의 현실을 공유하고 있다.

톈진 天津 津

내 천

쓰촨성

四川省

험한 고산준령, 풍요로운 천부지국

❶ 쑹판의 전경 험준한 산들이 둘러친 분지에 발달한 도시. 쓰촨성의 축소판을 방불케 한다.
❷ 싼싱두이 문화 고대 촉나라는 독창적이고 정교한 싼싱두이 문화를 꽃피웠다.
❸ 러산 대불 산을 통째로 깎아 만든 초대형 불상이다.

❹ 제갈량의 출사표 제갈량은 끝내 큰 뜻을 이루지 못하고 세상을 떠나 청두의 우후쓰를 찾는 이들을 안타깝게 한다.
❺ 변검 순식간에 가면을 바꾸는 쓰촨의 대표적 예술극인 변검.
❻ 판다 쓰촨성을 넘어서 중국을 대표하는 동물.
❼ 어메이산 보현보살의 성지로서 중국 불교 4대 명산 중 하나이며, 무협지에 자주 등장하는 아미파의 무대로서 한국인들에게 친근한 명산이다.
❽ 주자이거우의 여행자 한 아이가 소수민족 의상을 입고 즐거워 하고 있다.

쓰촨성의 험한 고산준령은 하늘의 빗장이다. 그러나 그 빗장을 열고 안으로 들어가면 '하늘의 곳간'이 있다. 쓰촨성은 광활한 분지에 큰 강이 흘러 온갖 물산이 풍부하다. 이를 기반으로 촉나라는 싼싱두이 문명을 꽃피웠고, 진 시황과 유방은 천하를 통일했으며, 제갈량은 위나라의 간담을 서늘하게 했다. 풍요로운 물산은 여유로운 문화를 만들었다. 활달하고 유쾌한 쓰촨 사람들은 감칠맛 나는 쓰촨요리를 먹으며 즐겁게 수다 떤다. 실속 있고 알차게 인생을 즐기는 쓰촨의 문화는 숨가쁘게 앞만 보고 달려가는 중국에 중요한 화두를 던진다.

쓰촨 아가씨들은 무척 사랑스럽다. 전반적으로 잘 웃고 성격이 시원시원하며, 어떤 이야기를 하든 즐겁게 대화를 이어가는 재주가 있다. 숙소에서 일하는 아가씨에게 고향이 어디냐고 묻자, 그녀는 야릇한 웃음을 흘리며 쯔궁(自貢, 자공)이라고 말했다.

"왜 그리 미묘하게 웃어요?"

"우리 고향은 공룡이 발견된 것으로 유명한데, 중국에서는 못생긴 여자를 '공룡(恐龍)'이라 부르거든요. 그래서 우리 동네 여자들은 못생겼다는 이미지가 있어요."

그녀의 말이 겸손 어린 농담으로 들릴 정도로 그녀는 예뻤다. 그래서 중국인들이 "베이징에 가면 자기 지위가 낮음을 깨닫게 되고, 쓰촨에 가면 자신이 너무 빨리 결혼했음을 깨닫게 된다."고 말하나 보다.

쓰촨 여자를 '촨메이즈(川妹子, 천매자)'라고 부른다. 강가에 사는 누이동생의 이미지가 떠오른다. 그 별칭이 아깝지 않게 쓰촨 여자들은 강물이 흐르듯 활달하고, 냇물이 흐르듯 끊임없이 조잘거린다. 쓰촨성(四川省, 사천성)의 약칭 '내 천(川)' 자와 참 잘 어울리는 별명이다.

천부지국(天府之國)의 촉(蜀)나라

쓰촨성의 약칭은 '내 천(川)' 자다. 쓰촨은 송나라 때 행정구역인 천협사로(川峽四路)의 줄임말이다. 그러나 '창장·민장(岷江, 민강)·퉈장(沱江, 타강)·자링장(嘉陵江, 가릉강) 등 네 줄기 큰 강이 흐르는 땅'이라는 설이 쓰촨의 이미지를 더 선명하게 보여준다.

쓰촨은 험준한 산속에 거대한 평야가 있는 분지다. 풍부한 강물이 광활한 땅을 촉촉하게 적셔주고, 기후가 온화하여 온갖 동식물이 잘 자란다. 굳게 닫혀 있지만 막상 문을 열면 풍부한 물산이 넘쳐나는 곳이라 천부지국(天府之國), 즉 '하늘의 곳간[天府]'이라 불렸다. 얼마나 물산이 풍부해야 하늘의 곳간이 될 수 있을까?《전국책(戰國策)》은 말한다.

전답이 비옥하고 좋으며, 백성이 많고 재물이 풍부하며, 만승의 전차가 구비되어 있어 떨쳐 일어나면 백만 대군을 일으킬 수 있고, 비옥한 광야가 천 리나 뻗어 있고, 축적된 재물이 넉넉하며, 지세가 편안한 곳을 일러 천부(天府)라고 할 수 있다.[1]

이토록 좋은 땅에 촉나라 사람들이 살았다. 쓰촨의 또 다른 약칭 '나라 이름 촉(蜀)'은 벌레가 머리로 실을 토해내는 모양을 본뜬 글자로, 원래 누에를 뜻했다. 촉나라 사람들이 누에를 숭상한 것에서 짐작할 수 있듯이, 촉나라는 일찍부터 양잠업이 발달했다.

풍요로운 경제 덕분에 촉나라는 상(商)·주(周) 시대에 이미 고도의 청동 문명을 꽃피웠다. 촉의 싼싱두이(三星堆, 삼성퇴) 도성은 상나라의 초기 도성보다 크고 중기 도성과 비슷하다. 촉나라의 국력이 고대 중원의 패자인 상나라와 엇비슷했음을 짐작할 수 있다.

또한 중원과 판이한 싼싱두이의 유물은 촉나라 문화의 독창성을 보여준다. 상나라의 유물이 추상적·기하학적 문양의 제기(祭器)인 데 반해, 촉나라의 유물은 사람이나 새를 생생하게 표현한 조각상이다. 높이 2.6미터, 무게 180킬로그램의 청동 인간상은 규모도 크고 조형미도 뛰어나다. 개 조각상은 소니의 로봇 애완견 아이보(Aibo)를 떠올리게 할 만큼 현대적이다. 부리부리한 눈의 청동상은 황허문명보다는 오히려 마야문명을 연상케 한다.

뛰어난 국력과 독창적인 문화. 촉나라 사람들이 어찌 자부심을 가지지 않을 수 있겠는가? 쓰촨에서 태어난 이백은 호방하게 노래했다.

잠총과 어부	蠶叢及魚鳧
나라를 세운 지 얼마나 아득한가?	開國何茫然
그로부터 사만팔천 년 동안	爾來四萬八千歲
진나라와 서로 왕래하지 않았네	不與秦塞通人烟[2]

— 이백, 〈촉으로 가는 길, 어려워라[蜀道難]〉 중에서

이백 특유의 과장이 넘쳐나지만, 동시에 촉나라의 독자적이고 오랜 역사에 대한 자부심이 드러난다. 그러나 점점 중원의 세력이 성장하며 촉나라까지 영향을 받게 되었다. 중원의 패자 상나라는 주변 나라들을 침략하고 약탈하여 국고를 채웠다. 힘없는 작은 나라들은 점차 상나라에 저항하는 동맹을 맺었다. 동맹의 맹주인 주나라는 결국 상나라 정벌에 성공하는데, 이때 촉나라와 이웃 파(巴, 지금의 충칭시)나라의 활약이 컸다.

(주나라) 무왕이 상나라를 정벌하는 데 파촉(巴蜀)의 도움을 받았다. 파촉의 군사들이 앞과 뒤에서 노래를 부르고 춤을 추니 상군은 창을 거꾸로 들고 항복했다.[3]

그러나 중원을 장악하고 나자 주나라는 지척에 있는 강국 촉나라가 불편해졌다. 주나라는 상나라를 정벌한 지 불과 37일 만에 촉나라를 공격했지만 촉 정벌에는 실패했다. 목야 전투(기원전 1130년에서 기원전 1018년 사이에 일어난 것으로 추정) 후 약 800년 뒤인 기원전 316년 진(秦)나라가 촉을 정벌하여 비로소 중국에 복속시켰다.

진(秦)·한(漢) 통일의 밑거름

신흥 강국 진나라는 이웃 촉나라의 풍부한 물자와 전략적 위치가 탐났다. 진나라의 신하 사마조(司馬錯)와 전진황(田眞黃)은 촉을 정벌할 필요성을 역설했다.

촉나라는…… 원래 부유한 땅으로 포백(布帛)과 금은(金銀)을 얻을 수 있으니, 이를 군수물자로 사용할 수 있습니다. 또한 촉나라는 수로로 초나라와 통하니, 파나라의 날랜 병사들을 이용해 큰 배를 띄워 동쪽에서 초나라를 치면 쉽게 점령할 수 있습니다. 촉나라를 얻게 되면 마땅히 초를 얻게 될 것이고, 초나라가 망하면 천하를 모두 병합할 수 있을 것입니다.[4]

그러나 강군(強軍)을 자랑하던 진나라도 촉을 쉽게 정벌할 수는 없었다. 촉 정벌에 대한 전설을 들어보자. 진나라는 촉나라 안으로 뚫고 들어갈 방도가 없었다. 그래서 소의 석상을 만들어 꼬리에 금을 입혀서는 '금똥을 싸는 소'라고 소문을 내며 촉나라 국경 앞에 갖다놓았다. 이에 촉나라 왕이 소 석상을 가져오느라고 진나라까지 길을 뚫자, 진나라는 이 길로 들어와 촉을 정벌했다. 즉, 이 전설은 촉이 스스로 길을 열어주지 않으면 외부에서 뚫고 들어오기란 거의 불가능함을 말해준다.

촉의 풍부한 물자는 진나라가 천하 통일을 이루는 원동력이 되었다. "촉나라가 귀속되자 진나라는 더욱 강력해졌고, 재원이 풍부하여 제후들을 우습게 여겼"으니 "진나라의 6국 병합은 촉나라로부터 시작되었다."[5]

그러나 여전히 많은 중원인은 촉을 산속의 오지로만 여겼다. 항우는 천하를 장악한 뒤에 눈엣가시인 유방을 파·촉·한중의 왕으로 임명했다. 진나라가 유배를 보내던 첩첩산중 파촉에 유방을 가두어놓으려는 속셈이었다.

처음에는 항우의 속셈이 맞아떨어지는 듯했다. 파촉에 들어가게 된 유방의 군대는 사기가 크게 떨어졌고, 많은 장병들이 탈영했다. 유방이 난정(南鄭, 남정)에 이르는 동안 달아난 장수만 수십 명이었다. 역발상의 귀재 한신은 고향으로 돌아가고 싶어 안달이 난 병사들의 기세를 활용했다. 한중으로 떠난 지 불과 넉 달 뒤에 유방은 관중을 쳤다. 그사이 파촉은 유방의 든든한 후방 지원 기지가 되어주었다.

항우가 팽성 전투에서 3만 정병으로 유방의 56만 대군을 박살내자 유방은 몰락의 위기에 빠졌다. 이때, 소하(蕭何)는 관중과 촉의 물자를 총동원하여 유방이 빨리 재기하게 해주었다. 유방은 항우에게 연전연패하다가 해하 전투, 단 한 번의 싸움으로 항우를 제압하고 중국을 통일했다. 항우가 유방을 가두려고 보낸 파촉이 오히려 항우를 죽인 꼴이 되었다.

유비와 제갈량, 촉한(蜀漢)을 세우다

유방의 천하 통일에서 힌트를 얻어 'Again 해하 전투'를 꿈꾼 영웅들이 후한 말에 등장했다. 바로 제갈량과 유비이다. 일세의 효웅으로 이름을 날리면서도 변변한 기반도 없이 떠돌아다니던 유비는 삼고초려 끝에 제갈량을 만났다. 제갈량은 물산이 풍부한 익주와 전략적 요충지인 형주를 얻으면 조조, 손권과 함께 능히 천하를 삼분할 수 있다는 융중대를 설파하며, 쓰촨의 중요성을 역설했다.

조조가 유비·손권 연합군에게 적벽대전에서 패한 뒤, 촉의 유장(劉璋)은 조조 대신 종친인 유비와 연합하기로 했다. 유장은 유비에게 군대와 물자를 지원하며 북쪽 한중의 장로를 쳐달라고 부탁했으나, 이성계가 위화도에서 회군하듯 유비는 가맹(葭萌)에서 군대를 돌려 유장을 공격했다.

결국 유장은 난세 속에 사라지고, 떠돌이 유비는 형주와 익주를 얻어 촉한(蜀漢)의 황제가 되었다. 훗날 촉한은 형주를 잃고 세력이 크게 꺾였지만, 제갈량은 쓰촨 하나만 가지고도 중원을 차지한 위나라의 간담을 여러 번 서늘하게 했다.

234년 제갈량이 죽은 후, 후계자인 장완(蔣琬)이 촉의 국정을 안정시켰다. 244년 위나라는 세 갈래 대군으로 촉나라를 침공했지만, 험준한 산맥에 가로막혀 지리멸렬하게 진군하다가, 낙곡(駱谷)에서 하후현(夏侯玄)의 6만 대군이 몰살당했다. 역시 촉은 내부 단합만 잘되어 있으면 난공불락의 요새였다.

그러나 충신 장완과 비의(費褘)·동윤(董允)이 모두 세상을 떠난 뒤, 촉의 후주 유선(劉禪)이 간신 황호(黃皓)를 가까이하며 촉나라의 기강이 무너져갔다. 충분히 힘을 비축한 위나라는 전면적인 공세를 벌였다. 종회(鐘會)와 제갈서(諸葛緒)의 13만, 등애(鄧艾)의 3만 대군이 촉으로 밀려들었다.

강유(姜維)가 검각(劍閣)에서 종회의 대군을 잘 막아내고 있는 사이, 등애가 초인적인 활약을 펼쳤다. 아무도 넘지 못할 것이라 여겼던 험준한 산맥을 넘어 촉을 기습 공격했다. 이를 위해 등애는 사람이 살지 않는 땅을 700여 리(약 280킬로미터)나 행군하며 "산을 뚫어서 길을 내고 계곡에 다리를 만들었다. 산은 높고 계곡은 깊었으므로 작업은 매우 어려웠고, 또 식량 수송의 어려움으로 인해 거의 위기에 이르게 되었다. 등애는 모전(毛氈)으로 자신의 몸을 감싸고 산기슭을 따라 내려갔다. 장수와 병사들은 모두 나무를 붙잡고 낭떠러지를 기어오르며 서로 이어서 전진하였다."[6]

이때 등애의 나이는 자그마치 예순여덟 살이었다. 그런 노구를 이끌고 험준한 산맥을 올랐고, 담요로 몸을 감싼 채 데굴데굴 구르며 산을 내려갔다. 더욱이 이때는 음력 10월의 겨울이었다.

목숨을 건 기습은 대성공을 거두었다. 제갈량의 아들 제갈첨(諸葛瞻)이 등애군에게 전사한 후, 촉나라는 허망하게 멸망했다. 이후 사마염의 진나라는 촉에서 창장의 상류를 타고 내려가 오나라를 정벌하여 천하를 통일했다.

내륙 깊숙이 위치한 '하늘의 곳간'은 근현대 중국사에서도 빛을 발했다. 일본이 만주, 상하이를 시작으로 중국을 급속히 잠식해오자 국민당은 충칭시(당시는 쓰촨성)에 임시정부를 세웠다. 쓰촨은 일본군이 쳐들어오기 힘들고 물산이 풍부해 든든한 후방이었다. 중국 대륙을 거의 절반이나 잠식한 일본도 끝내 쓰촨까지는 쳐들어오지 못했다. 또한 쓰촨은 당시 곡물 징수량 전국 1위를 차지했다.[7] 중국이 중일전쟁에 승리할 수 있었던 데에는 쓰촨의 공이 매우 컸다.

훗날 공산당이 국민당을 몰아내고 대륙을 차지했을 때, 중국의 중요 공업지대는 모두 동부 연해 지역에 있었다. 연해는 한국과 일본, 타이완, 필리핀 등 미국의 세력권과 맞닿아 있기 때문에 만약 전쟁이 일어난다면 중국은 순식간에 모든 생산능력을 잃어버릴 판이었다. 그래서 공산당은 연해 생산 기지의 일부를 쓰촨으로 옮겨 전략 공업지대로 육성했다.

마침 한국전쟁과 베트남전쟁이 연달아 일어나자 쓰촨의 군수 공장은 호황을 누렸고, 노동자에 대한 대우도 당시 중국 기준으로는 매우 좋았다. 지아장커(賈樟柯) 감독의 영화 〈24시티(二十四城記)〉에 따르면, 힘들었던 1960년대에도 이 지역 노동자들에게는 매달 두 근의 고기가 배급되었다고 한다. 3000만 명이 굶어 죽었다던 대약진운동 때를 말하는 것이리라. 자연스레 이곳의 노동자들은 자식이 대학에 가지 말고 평생 고향에서 노동자로 살길 원했다.

활달하고 소탈한 쓰촨 사람들

전략적으로 그토록 중요한 땅이지만, 정작 쓰촨인들은 매우 평온하다. 오랜 세월 동안 천하의 난리를 산이 막아주었고, 전쟁이 나더라도 후방이었기 때문일까?

쓰촨을 여행할 때 에스파냐 친구 하비에르를 만났다. 그는 쓰촨에 반해 쓰촨에서 에스파냐어 강사를 하며 살고 있었다.

"보통 서양인들은 중국인들이 시끄럽다고 싫어하는데, 나는 오히려 편해. 아마 에스파냐인들도 중국인들처럼 시끌벅적하기 때문인가 봐."

그러고 보니 쓰촨인이나 에스파냐인이나 먹고 마시며 수다 떠는 걸 좋아하는 공통점이 있다. 사교적·외향적·낙천적인 성격도 비슷하다.

중국의 큰 도시는 어디나 인민공원이 있지만, 쓰촨의 성도 청두(成都, 성도)의 인민공원이 제일 개성적이다. 구김살 없고 소탈한 청두 사람들의 노는 모습이 무척 흥겹다. 싸이의 〈강남스타일〉에 맞춰 아저씨와 아줌마 들이 막춤을 추다가, 패션쇼 스타일의 음악이 나오니 폼을 재며 레드 카펫을 밟는다. 소박한 옷차림과 당당한 태도, 매우 신선하고 유쾌한 패션쇼 워킹이었다. '나는 내 인생의 주인공'임을 당당하고 유머러스하게 보여주었다.

한편 이들을 아랑곳하지 않고 바로 옆에서 요가나 서예, 합창 등 자기만의 세계를 즐기는 이들이 가득했다. 물론 이들을 한가롭게 바라보며 차 한 잔을 즐기고 안마와 귀청소를 받는 이들도 많았다.

쓰촨인들은 제갈량을 숭상하지만, "바보 셋이 모이면 제갈량보다 낫다(三

個臭皮匠, 頂個諸葛亮]."고도 말한다. 이 같은 인민들의 자신감이 대륙의 역사를 바꿔왔으리라.

쓰촨의 자랑 중 빼놓을 수 없는 것이 쓰촨요리[川菜, 천채]다. 한국인들이 중국에 와서 힘들어하는 것 중 하나가 너무 기름이 많아 느끼한 중국요리다. 그러나 매콤한 쓰촨요리는 한국인의 입맛에 잘 맞는다. 매콤함이 기름의 느끼함을 덜어주고, 오히려 감칠맛을 살린다.

쓰촨요리는 재료가 싸고 구하기 쉬우며, 조리법도 간편·신속하고, 맛과 영양까지 좋다. 가정식으로서 최적이다. 여기서 쓰촨의 중요한 문화 코드인 '실속'을 발견할 수 있다.

'진귀한 중국요리' 하면 광둥요리[粤菜, 월채]다. 중국의 요리 영화에서 볼 수 있듯 곰 발바닥, 상어 지느러미, 원숭이 골 등 희한한 재료를 현란하게 요리하여 조각품처럼 멋지게 차려놓는다. 그러나 대표적인 쓰촨요리는 마포더우푸(麻婆豆腐, 마파두부), 후이궈러우(回鍋肉, 회과육), 가지 볶음(魚香茄子, 어향가자) 등이다. 두부·돼지고기·가지 등 흔하디흔한 재료에, 요리 초보도 간단하게 만들 수 있을 만큼 쉽다. 그래서 중국인들은 말한다. "체면치레로 대접하려면 광둥요리를 시키고, 실속 있게 먹으려면 쓰촨요리를 시켜라."

중원이 천하에 널리 '내가 제일 잘나가'라고 떠들 때, 산속의 쓰촨은 천하가 알아주든 말든 조용히 실속을 차렸다. 매콤한 삼겹살 볶음 요리라서 한국인이 특히 좋아하는 후이궈러우는 '먹다 남은 고기를 어떻게 하면 맛있게 먹을 수 있을까' 궁리하다 나온 요리다. 솥에서 나온 고기[肉]가 다시 솥[鍋]으로 돌아가니[回] 후이궈러우(回鍋肉)다. 물산이 풍부해도 낭비하지 않고, 보란 듯이 과시하지 않는다. 그래서 더욱 내실 있게 살 수 있다.

중원이 오랑캐들에게 중원의 힘을 과시하는 완리창청을 쌓은 반면, 쓰촨은 2200년 전에 거대한 수리 시설인 두장옌(都江堰, 도강언)을 만들었다. 완리창청은 전시 상황이 아닌 평상시에는 겉치레에 불과하지만, 두장옌은 2000

년이 넘는 세월 동안 풍부한 작물을 선사했다.

중원이 용이나 호랑이를 숭상할 때, 촉은 누에를 숭상했다. 용과 호랑이는 폼 나고 멋지다. 그러나 그뿐이다. 이에 반해 누에는 초라해 보여도 아름다운 비단을 만들 수 있다. 실속을 중시하는 쓰촨인답다.

제갈량이 쓰촨인들의 사랑을 받는 것도 실속과 무관하지 않다. 제갈량은 천재 전략가 이전에 명재상이었다. 그는 두장옌의 수리 시설을 보강하여 '평년만 되어도 다른 곳의 풍년이요, 흉년이라 해도 다른 곳의 평년'이 되도록 했다. 또한 제갈량은 촉의 특산물인 비단 생산을 장려하고, 염색 공정을 개량했다. 촉나라 비단인 촉금(蜀錦)은 적대국인 위나라마저도 수입하지 않을 수 없는 명품이었다. 제갈량의 사당인 우후쓰(武侯祠, 무후사) 바로 옆은 찐리(錦里, 금리) 거리다. '비단의 마을'이란 이름답게 원래 비단 직조공들이 모여 살던 곳이었다. 제갈량과 비단의 각별한 사이를 보여준다.

이 외에도 제갈량은 제염·제철업을 육성하여 경제를 발전시켰고, 공평무사한 법 집행을 통해 상을 주어도 시기하는 이가 없고 벌을 받아도 억울해하는 이가 없게 했다. 제갈량이 천재 병법가이기만 했다면, 결코 오늘처럼 많은 사람들의 사랑을 받을 수 없었을 것이다.

오늘날 찐리 거리에는 유비·관우·장비 삼형제와 제갈량의 자취를 찾는 관광객들이 넘쳐난다. 옛말에 "죽은 제갈공명이 살아 있는 사마중달을 쫓아 버렸다[死孔明走生仲達]."지만, 오늘날 죽은 제갈공명은 살아 있는 수많은 민중을 먹여 살리고 있다.

개혁개방의 영웅, 덩샤오핑

실속을 중시하는 쓰촨이 배출한 또 다른 큰 인물은 바로 덩샤오핑(鄧小平, 등

232

소평)이다. 이름 자체도 얼마나 소박한가? '작고 평범한 덩씨'라는 뜻이니. 이름값 하듯 덩샤오핑은 150센티미터의 짜리몽땅한 키에 질그릇처럼 투박한 용모였다. 그에게는 후난인 마오쩌둥의 위풍도, 장쑤인 저우언라이의 준수함도 없었다.

덩샤오핑은 중국공산당의 초창기 멤버로서 거의 평생을 공산당과 영욕을 함께 해왔다. 그 과정에서 군사·정치·외교 등 다양한 일을 해냈지만, 사실 어떤 분야에도 전문가가 아니었다. 개혁개방을 이끌어서 경제에 밝을 거라는 인상과는 달리, 덩샤오핑 스스로도 "경제학 분야에 있어 나는 문외한"[8]임을 인정했다.

그러나 덩샤오핑은 대세를 파악하고, 그 요점을 단 한마디의 슬로건으로 표현하는 일에 능했다. 항일전쟁 시기에 덩샤오핑은 "먹을 것을 가진 자가 결국 모든 것을 가진 자"[9]라고 말했고, 경제가 피폐해진 대약진운동 시기에는 "노란색이든 흰색이든 무슨 상관인가, 쥐를 잡는 고양이가 좋은 고양이다."[10]라며 핵심을 찔렀다.

그의 정책은 복잡한 계산이 아니라 명쾌한 상식을 통해 나왔고, 적절한 인사 관리를 통해 추진되었다. 모든 일에 대세와 사람들의 욕구를 따랐고, 자신은 물꼬를 트고 수위를 조절하는 일에 힘썼다. 그래서 덩샤오핑은 아등바등 무리하지 않고 주위를 닦달하지 않으면서도 탁월한 성과를 거두었다. 중국 제왕학에서 강조하는 '무위지치(無為之治)'를 실천한 셈이다.

사실을 말하자면 덩은 모든 일을 조금씩 할 줄 알았지만 어느 분야에도 전문가가 아니었다. 정치만 제외하고 말이다. 덩은 자신이 다른 무엇이 아닌 정치인임을 보여주었고, 그가 정통했던 것은 바로 인간관계와 조직력이었다. 그러나 한편으로 생각해보면 그것만으로도 충분하다. 그것이 정치의 모든 것은 아니더라도 핵심이기 때문이다.[11]

쓰촨성 四川省

덩샤오핑은 정치적 안정을 중시하여 '오직 사회주의만이 중국을 구할 수 있다'고 주장하기는 했지만, 기실 그 자신은 특정한 주의와 사상에 경도되지 않았다. 생사를 넘나드는 대장정 중에도 《자치통감(資治通鑑)》을 애독했고, 시를 즐겨 지었으며, 사상적 무장에도 투철했던 마오쩌둥과 달리, 덩샤오핑은 역사와 고전, 사상 이야기를 많이 하지 않았다. 사회주의에서 절대적 권위를 지닌 마르크스(Karl Marx), 엥겔스(Friedrich Engels)에 대해서도 유보적인 평가를 내렸다. "마르크스와 엥겔스는 지난 세기의 사람들이다. 대단한 사람들이었지만, 그들이 다시 살아나서 오늘날 우리의 모든 문제를 풀어줄 것이라고 기대해서는 안 된다."[12]

마오쩌둥의 고향 후난성에서 사회주의 교육에 힘쓰고 있다는 이야기를 들었을 때는 슬쩍 비꼬기도 했다. "사회주의 교육이라고? 교육에 참여하는 인민들을 먼저 잘 먹여서 굶주리지 않게 해주게."[13]

덩샤오핑이 외교 노선을 천명한 24자 방침에는 그 어떤 사상과 가치도 찾아볼 수 없다. 외교 정책이라기보다 오히려 동양 처세술의 핵심을 요약한 듯하다.

상황을 냉정하게 관찰하고	冷靜觀察
우리의 입지를 확고히 지켜	站穩脚筋
도전에 침착하게 대처하며	沈着應付
우리의 힘을 과시하지 말고 때를 기다리며	韜光養晦
재주를 감추고 못난 척하여	善于守拙
결코 앞으로 나서지 마라.	絶不當頭[14]

이런 점에서 실용주의가 이론 없는 이론인 것처럼 덩샤오핑주의가 '철학 없는 철학'이라는 평가는 꽤 적절하다. 덩샤오핑 자신도 색깔을 자랑하는

고양이보다는 쥐를 잘 잡는 고양이가 되기를 바랐을 것이다.

덩샤오핑의 성격 역시 쓰촨인의 실용주의와 무관하지 않다. 덩샤오핑이 소년 시절 동향 친구들과 함께 프랑스 유학을 갈 때 상하이 조계지에서 '중국인과 개는 출입 금지'란 팻말을 보았다. 한 소년이 격분하여 팻말을 떼어 버리려고 했다. "여기는 중국 땅인데 중국인들을 개처럼 취급하다니!" 그러자 다른 친구가 말렸다. "바보 같으니라구! 그 빌어먹을 나무 조각 하나 떼버린다고 문제가 다 해결되니?"[15]

이름에 집착하지 않고 냉정하게 현실을 바라보는 쓰촨인다운 태도다.

여유를 위한 실용주의

그런데 쓰촨의 실용주의와 자본주의적 실용주의는 다른 측면이 있다. 자본주의는 최대한의 효율, 최대한의 속도를 강조한다. 일찍 개혁개방을 한 광둥성이나 상하이는 자본주의적 실용주의가 강한 편이다. 그러나 쓰촨의 실용주의는 삶을 좀 더 윤택하게 만들기 위한 실용주의다. 무엇을 위해 잘살려고 하는가? 어떤 삶이 좋은 삶인가? 좋아하는 사람들과 맛있는 음식을 먹고 즐거운 대화를 나누면 그만이다.

따라서 쓰촨의 실용주의는 돈을 많이 버는 것에 있지 않다. 주어진 여건에 따라 적당히 돈을 벌고 불필요한 낭비는 하지 않되, 인생을 누릴 수 있는 일에는 아낌없이 지갑을 연다. 역사책에 따르면, 촉나라 사람들은 예로부터 "농사에 부지런하고 사치하기를 바라며 문학을 존중하고 오락을 좋아한다." 또한 "음악을 좋아하고 고민을 적게 하며 사치하기를 즐기고 허황된 칭찬에 기뻐한다."[16]

다만 쓰촨인이 진정 사치하기를 좋아하는 것은 돈이 아니라 시간, 인생의 유일한 자원인 시간이다. 여행은 목적지에 도달하는 것뿐만이 아니라 여정 자체가 중요한 경험이다. 마찬가지로 인생 역시 하나의 특정한 목적이나 부귀영화를 누리기 위해 살기보다 삶의 매 순간을 즐겁게 보낼 때 더욱 풍요롭게 살 수 있다.

그래서 바쁘게 살아가는 중국인들은 쓰촨에 반한다. 선전의 한 회사원은 쓰촨을 여행하며 감탄했다. "이렇게 느긋할 수가[好安逸呀]!" 그는 그동안 왜 바쁘게 살아야 하는지도 모른 채 바쁘게 살았던 자신의 인생을 되짚어보았다. 중국은 그동안 급속한 성장을 이루었지만 그 와중에 피로와 고단함도 심각하게 쌓였다. 이제 삶의 질을 되돌아보기 시작한 중국인들은 쓰촨성을 주목한다.

베이징 대학교에서 2014년 졸업생이 가고 싶은 도시를 설문 조사한 결과, 청두는 3위를 차지해 부자 도시인 상하이와 선전을 앞질렀다. 아시아개발은행(ADB)의 거주 적합도 조사에서 청두는 중국 33개 도시 중 당당하게 1위였다. 청두는 대기, 수질, 환경 관리 등 객관적 지표와 쾌적함, 여유로움, 느린 생활 리듬 등 주관적 지표가 모두 우수한 도시다.[17]

쓰촨의 자랑인 요리는 두말할 필요가 있을까? 텅쉰(腾讯, 중국에서 가장 인기 있는 무료 메신저)이 2013년 1000만여 명의 네티즌에게 행복도 조사를 했을 때, 음식 영역에서는 쓰촨이 단연 1등을 차지했다.

한 푼의 돈을 더 벌기보다 한마디의 말을 사람들과 더 나누려고 하는 곳, 한 등급 위의 지위를 탐하기보다 차 한잔의 여유를 누리려 하는 곳. 쓰촨의 여유로움은 내일의 중국에 중요한 힌트를 줄 것이다.

渝

변할 유

충칭

重慶

화끈한 파의 땅, 서부 제일의 메트로폴리스

❶ 창장 케이블카 창장을 건너는 케이블카.
❷ 제팡베이 충칭시 중심에 자리 잡고 있는 대표
적인 랜드마크다.
❸ 훙야둥의 야경 충칭은 구릉에 지어진 높은 건
물과 멋진 야경으로 '작은 홍콩(小香港)'이라는
별명을 얻었다.

❹ 츠치커우 충칭의 인사동.
❺ 바이디청 유비가 육손에게 이릉대전에서 대패하고 최후를 맞이한 비운의 성이다.
❻ 창장 크루즈 여행 소삼협을 구경하는 관광객.
❼ 충칭 훠궈 충칭 요리는 쓰촨요리보다 훨씬 더 맵다.
❽ 충칭의 짐꾼, 빵빵 험한 구릉지대에서 충칭 짐꾼들은 멜대 하나로 무엇이든 운반한다.

쓰촨요리가 매콤하다면, 충칭 요리는 매콤하다 못해 화끈하다. 쓰촨인이 활달하다면, 충칭인은 활달하다 못해 다혈질이다. 닮은 듯 다른 파촉 문화권에서 충칭은 파(巴) 문화의 중심지다. 충칭시는 험한 창장을 참호 삼고 구릉 위에서 사방을 살필 수 있는 요충지다. 장제스는 충칭을 중화민국의 임시 수도로 삼고 항일 전쟁을 독려했다. 오늘날 충칭은 서부 유일의 직할시이고, 내륙 최고의 메트로폴리스이며, 화려한 야경을 자랑하는 '작은 홍콩(小香港)'이다. 그러나 한편에는 싼샤 댐 건설로 생긴 수많은 철거민들이 있고, 멜대 하나로 연명하는 짐꾼들이 있다.

충칭(重慶, 중경)에서 서양 여행자들과 함께 훠궈(火鍋, 채소, 고기, 해산물, 면류 등 다양한 재료를 넣고 데쳐 먹는 중국의 전통 음식)를 먹으러 갔다. 서양인들은 대체로 매운 것을 못 먹는 데다 충칭 훠궈가 워낙 맵기로 유명해서 '조금 매운맛[微辣]'으로 시켰다. 곧 새빨간 훠궈가 나왔다. 입에 대는 순간 깜짝 놀랄 정도로 매워 종업원을 불렀다.

"우리는 조금 매운 걸 시켰는데요. 잘못 나온 거 아닌가요?"

"이게 조금 매운 거예요."

쓰촨 훠궈도 맵다고 유명하지만 충칭 훠궈는 차원이 다를 정도로 매웠다. 이게 조금 매운 거라면 '극도로 매운맛[加麻加辣]'은 도대체 얼마나 맵다는 말일까? 론리 플래닛이 충칭 훠궈를 '물로 된 불(liquid fire)'이라고 부른 것은 꽤나 적절한 표현이었다. 훠궈만큼이나 화끈한 사람들이 사는 곳이 충칭이다.

충칭의 약칭은 '변할 유(渝)' 자다. 충칭은 창장의 지류인 자링장의 옛 이름 유수(渝水)를 따서 수나라 때 유주(渝州)였다. 강 이름이 지역을 대표하는 명칭이 되었듯이 충칭은 강을 끼고 발달한 도시다.

남송의 황태자 조돈(趙惇)이 이 지역 왕이 된 지 한 달 만에 광종(光宗)으로 즉위했기 때문에 '경사가 두 번 겹쳤다[雙重喜慶]'며 충칭(重慶)이라고 불렀다.[1] '겹경사의 도시'라는 말이다.

충칭 重慶

촉(蜀) 문화의 극단화, 파(巴) 문화

흰 옷깃 여미며 가옵신 님의
다시 오지 못하는 파촉(巴蜀) 삼만 리

미당 서정주의 절창 〈귀촉도(歸蜀途, 촉으로 돌아가는 길)〉가 기억나는가? 파촉 중에서 파(巴)는 충칭이고, 촉(蜀)은 쓰촨성이다. 쓰촨성과 충칭은 파촉 문화권으로 묶일 만큼 비슷하면서도 각자의 개성이 있다.

쓰촨은 험준한 산악 지대 안에 펼쳐진 거대한 평야 지대로 외부와 접촉하기 힘들고 내부는 풍요롭다. 풍족한 환경에서 산을 울타리 삼아 조용히 숨어 살 수 있다. 그러나 충칭은 거친 강물로 에워싸인 험한 구릉지대다. 안이나 밖이나 척박한 만큼 충칭의 문화는 쓰촨에 비해 거칠고 극단적인 성향을 보인다.

쓰촨도 흐린 날이 많아 "촉의 개는 해를 보면 짖는다[蜀犬吠日]."는 말이 있지만, 충칭은 아예 '안개의 도시'다. 습기가 많다 못해 안개가 자욱하다. 산과 강이 빚어낸 안개는 여름을 찜통더위로 만든다. 그래서 충칭은 '중국의 3대 화로(충칭·우한·난징)'로 불릴 만큼 중국에서 가장 더운 곳으로 유명하다.

'촉(蜀)'은 머리로 실을 뿜는 벌레, 즉 누에를 본뜬 글자다. 반면, '파(巴)'는 기다란 몸에 머리가 달린 동물, 즉 뱀을 본뜬 글자다. 촉나라 사람들은 누에를 숭상하고 파나라 사람들은 뱀을 숭상한 만큼, 두 지역은 초창기부터 색깔이 달랐다. 충칭은 쓰촨과 일맥상통하면서도 극단적인 성향을 띤다.

쓰촨인이 활달하다면 충칭인은 다혈질이다. 명랑하고 외향적인 면은 쓰촨과 비슷하지만, 욕도 잘하고 싸움도 잘한다.

충칭 사람들은 일단 말다툼을 시작하면 두세 마디만 주고받아도 주먹다짐

이 벌어진다. 그들은 친구 때문에 싸우는 일이 많으며 여자들도 예외가 아니다.[2]

밤에 불과 100명의 전사를 이끌고 기습하여 조조의 40만 대군을 유린했던 용장 감녕(甘寧)이 충칭 출신이다.

한편 "쓰촨 사람들은 빈말을 잘하지만 충칭 사람들은 진솔하다."며 충칭을 더 좋아하는 사람들도 있다.

충칭의 극단적인 성향은 음식에도 나타난다. 쓰촨도 매운 음식으로 유명하지만, 충칭은 쓰촨보다 훨씬 더 맵게 먹는다. 충칭 음식을 먹다 보면 구강 마취 주사를 맞은 것처럼 입안이 얼얼해진다.

유비·장비의 영욕이 어려 있는 산수지성(山水之城)

충칭의 성격에 큰 영향을 준 지형을 좀 더 고찰해보자. 충칭의 지형도를 보면 이 지역의 중요성을 한눈에 파악할 수 있다. 충칭은 자링장과 창장의 두 줄기 거대한 강물을 끼고 있는 반도형 구릉지대로 '산수지성(山水之城)'이라 불린다. 창장은 충칭에서 자링장과 합쳐져 크게 용틀임하며 중국 대륙을 가로지른다.

충칭은 반도이기 때문에 물길과 육로 교통이 모두 발달했고, 쓰촨성·후베이성·장쑤성·상하이 등 중국의 핵심 지역과 두루 통한다. 높은 구릉지대이기 때문에 주변 지역을 감시하기도 쉽고 외적의 침입으로부터 지키기도 쉽다. 거친 창장은 천연의 참호였고, 충칭은 높은 지역에 버티고 선 철옹성이었다.

충칭은 한나라 때 강을 끼고 있어 강주(江州)로 불렸다. 강주는 촉의 관문으로서 오랜 난세에도 외부의 침입을 허용하지 않은 요충지였다. 유비가 촉을 공략할 때, 장비가 형주에서 물길을 따라 도달한 곳이 바로 이 강주성이었다. 당시 강주성을 지키던 이는 백전노장 엄안(嚴顏)이었다. 만인지적 (萬人之敵)의 용맹을 천하에 떨치던 장비도 강주성을 힘만으로는 뺏지 못했다. 장비는 엄안을 지략으로 사로잡고 의(義)로써 감복시켜 유비를 섬기게 했다.

장비는 강주를 점령하며 지(智)·인(仁)·용(勇)을 모두 발휘해 장수로서의 원숙함이 절정에 이르렀음을 보여주었다. 무난하게 촉을 접수한 유비는 황제의 자리에 올랐다. 충칭은 유비와 장비에게 영광의 장소였다.

그러나 영광의 장소는 이내 오욕의 장소로 바뀌었다. 형주에서 조조를 위협하며 승승장구하던 관우가 손권에게 기습을 당해 전사하자, 유비와 장비는 동오를 향해 복수의 칼을 갈았다. 관우가 죽은 후, 장비는 연일 폭음하며 부하들을 닦달했다. 결국 학대를 견디다 못한 부하들은 장비가 잠든 틈에 그의 목을 베었다. 삼국시대 최고의 용맹을 자랑하던 장수로서 무척 허망한 최후였다.

관우의 복수를 하기도 전에 장비마저 잃은 유비는 제갈량을 비롯한 모든 중신의 반대를 무릅쓰고 대군을 이끌고 오나라로 진군했다. 그러나 222년 오나라의 샛별 육손에게 대참패를 당했다. 이것이 바로 삼국지 3대 대전 중 하나인 이릉대전이다. 이릉에서 패한 유비는 강주성의 변두리인 바이디청 (白帝城, 백제성)으로 간신히 도망쳤다. 유비는 촉의 모든 국력을 긁어모은 대군을 잃어버려 신하와 백성을 대할 면목이 없었다. 복수를 포기할 수도 없고, 계속할 수도 없었다. 결국 유비는 성도(成都)로 돌아가지 않고 223년 바이디청에서 죽음을 맞았다.

창장을 따라가는 싼샤 크루즈 여행은 충칭을 출발하여 장비의 사당 장비묘(張飛廟), 유비가 최후를 맞은 바이디청을 거쳐, 유비의 대군이 몰살당한 이창에서 끝을 맺는다. 촉한의 굴욕사나 다름없는 경로다. 그러나 짚신을 짜던 일개 청년이 황제가 된 성공 스토리, 인의로써 천하를 얻으려던 아름다운 꿈, 끝까지 의리를 지키다가 최후를 맞은 비극은 여전히 《삼국지연의》의 모든 독자에게 깊은 감동을 선사한다.

복수심에 불타던 유비의 대군은 엄청난 기세로 신속하게 진격했다. 그 결과 전선이 길게 늘어지고 병력이 분산되어 육손은 단 한 번의 싸움으로 유비를 격퇴했다. 장제스는 이 전략을 중일전쟁에서 활용했다. 육손이 유비의 동진(東進)을 막았듯이, 장제스는 일본의 서진(西進)을 막았다.

1937년 장제스는 충칭을 국민당 정부의 임시 수도로 정하고 대일전선을 폈다. 대한민국 임시정부도 상하이에서 충칭으로 옮겨갔다. 광활한 대륙 그 자체를 활용하여 적의 힘을 빼는 육손의 전법은 1700년 뒤에도 성공했다. 단숨에 만주와 상하이를 점령한 일본은 중국 대륙 전체를 장악하려 했지만 대륙 깊숙이 들어갈수록 예기가 꺾였다.

더욱이 충칭의 지세(地勢)는 안에서 밖으로 나아가기는 쉬우나, 밖에서 안을 점령하기는 어려워 방어에 유리했다. 충칭의 짙은 안개와 잦은 비 때문에 공군으로 공습하기도 어려웠고, 산과 강으로 에워싸여 육군으로 진군하기도 힘들었다.

충칭은 국민당의 임시 수도가 되면서 한층 성장했다. 공업뿐만 아니라 정치와 학문도 발전하여 종합 도시로서의 면모를 갖추게 되었다. 한때 쓰촨성의 일부로 편입되었지만, 1997년 다시 직할시로 승격되었다. 오늘날 충칭은 서부 유일의 직할시, 내륙 최고의 메트로폴리스다.

충칭 重慶

싼샤 댐의 빛과 그림자

충칭의 싼샤는 10위안 지폐의 뒷면에 실릴 만큼 중국을 대표하는 명소다. 그런데 이 지역은 싼샤 댐이 건설되면서 자연 경관이 크게 변했다. 수면이 자그마치 160미터 이상 상승하는 바람에 협곡이 예전만큼 웅장하게 보이지 않는다. 유비가 최후를 맞은 바이디청은 원래 삼면이 창장에 접하고 한 면은 산으로 이어지는 요새였지만, 댐 건설 후 수위가 상승하자 사면이 모두 강에 에워싸인 섬이 되었다.

그러나 사라진 것은 경치뿐만이 아니다. 싼샤 댐이 건설되면서 약 2000개의 마을이 사라졌다. 창장의 물길을 따라 꽃핀 수많은 마을과 문화, 역사가 통째로 사라지고, 100만 명이 넘는 이주민이 생겼다.

싼샤 댐은 오늘의 중국을 상징적으로 보여준다. 물위로는 지상 최대의 콘크리트 덩어리가 세계 최고의 발전량을 자랑한다. 한편 물밑으로는 방대한 수몰지구가 묻혀 있다. 거대한 물량과 압도적인 수치, 경제 발전을 자랑하는 중국의 이면에는 신음 소리조차 내지 못한 채 희생당하는 중국인들이 있다.

충칭의 싼샤 박물관은 중국이 자랑하고 싶은 것만 보여준다. 싼샤 댐이 건설되면서 홍수가 방지되고, 서부의 풍부한 전기로 동부의 경제 발전을 도우며, 물류 경제가 발전하고 있다면서 좋은 점만 부각시킨다. 선각자 쑨원의 숙원 사업을 이룬 공산당의 치적을 홍보할 뿐, 물밑에 어떤 마을들이 있었고 살던 사람들이 어디로 갔는지, 어떻게 살고 있는지는 알려주지 않는다. 박물관은 많은 것을 말하고 있지만, 동시에 많은 것을 은폐하고 있다.

싼샤의 이면을 알려주는 이야기는 없을까? 이때, 지아장커(賈樟柯) 감독의 영화 〈스틸 라이프(三峽好人)〉를 만났다. 2006년 베네치아 영화제 황금사자상 수상작인 이 영화는 사실 미리 기획된 영화가 아니었다. 지아장커는 화가 친구 류샤오동(劉小東)의 부탁으로 싼샤 노동자를 그리는 류샤오동의 모습을 담으러 같이 싼샤에 갔다. 싼샤는 댐 건설을 앞두고 철거 작업이 한창 진행 중이었고, 류샤오동은 현장 인부 열한 명의 모습을 화폭에 담았다. 그런데 그중 한 노동자가 작업 중 벽에 깔려 죽었다. 류 일행은 그의 가족을 찾아 죽음을 알렸다. 가족들은 슬퍼했지만 놀라지는 않았다. 이웃에도 모두 일하러 객지로 떠난 가족들이 있었고, 그중 누군가는 계속 죽어가고 있었기 때문이다.

충격과 슬픔에 일하기 힘들어진 류 일행은 기분 전환을 위해 방콕으로 떠났다. 류는 방콕에서 열한 명의 타이 여자를 그렸다. 중국인이 좋아하는 음양 대칭을 맞추며 죽은 자의 원혼을 위로한 것이다. 그런데 때마침 타이에 수해가 일어나자, 여자 모델 한 명이 수재가 난 고향을 찾으러 갔다.

싼샤나 타이나 물난리가 난 상황 자체는 비슷하지만, 하나는 그 때문에 고향이 사라졌고, 하나는 고향을 찾았다. 비록 삶의 터전이 파괴되었더라도 돌아갈 곳이 있으면 사람들이 다시 모이고 재기할 수 있다. 그러나 돌아갈 곳 자체가 사라진다면 어떤 희망이 있을까?

2000년 된 도시가 2년 만에 사라지고, 가족을 잃으며 사람이 죽어가지만 아무도 이에 대해 이야기하지 못하는 상황. 지아장커는 이를 기억하기 위해 〈스틸 라이프〉를 찍었다. 이 영화에서 산시(陝西) 노동자 한산밍은 아내와 딸을 찾아 16년 만에 아내의 고향에 온다. 그러나 쓰촨성이었던 곳이 충칭시가 되어 행정구역 자체가 바뀌었고, 간신히 찾아간 고향은 이미 창장 아래로 깊이 잠겨 있다.

"한국 드라마는 뭘 만들든 멜로드라마가 되고, 중국 드라마는 뭘 만들든 무협 드라마가 된다."는 말이 있다. 이에 대한 해답을 지아장커가 제시해주었다. 지아장커는 〈스틸 라이프〉를 자기 나름의 무협 영화라고 말했다.[3] 한순간에 가족과 고향을 잃고 맨몸으로 정처 없이 대륙을 떠도는 사람들, 중국인들 자신이 바로 무림을 떠도는 강호인(江湖人)이기 때문이다.

충칭의 인간 명물은 짐꾼 빵빵(棒棒)이다. 중국의 도시는 대체로 평야 지대지만, 충칭만큼은 예외적으로 구릉지대다. 다른 도시처럼 수레를 이용할 수가 없어서 오직 발로만 짐을 운반하는 짐꾼이 생겨났다. 대나무 작대기 하나로 짐을 운반하기에 '막대기 방(棒)' 자를 두 개 붙여 '빵빵'이라 불렀다.

이들은 이미 수백 년의 역사를 갖고 있지만, 1990년대 싼샤 댐 건설 이후로 폭증했다. 변변한 기술 없는 촌구석 뜨내기들이 무작정 도시로 오자 그나마 하기 쉬운 일이 짐꾼이었다. 빵빵족은 하루 50위안을 간신히 벌며 자기 체중보다도 무거운 짐을 지고 중국에서 가장 무덥고 가장 가파른 도시를 오르내린다. 강호의 협객이 칼 한 자루로 험난한 무림을 헤쳐가듯, 충칭의 빵빵은 멜대 하나로 대도시의 무게를 떠받치고 있다. 이들 역시 무림의 강호인인 셈이다.

변해가는 것은 싼샤만이 아니다. 2012년 충칭은 중심 번화가인 제팡베이(解放碑, 해방비) 거리부터 창장변까지 모든 곳이 공사 중이었다. 사방에서 고층 빌딩이 한창 올라가고, 숙소 앞에서는 창장 대교가 건설 중이었다. 서부 제일의 메트로폴리스라지만 한창 개발 중이라 매우 어수선했다. 폐허 같은 부두에는 낡은 유람선들이 줄지어 정박해 있었다. 도시 전체가 정리 안 된 공사판 같았다.

그러나 중국인들은 어수선한 순간도 놓치지 않고 즐기기 위해 폐허 같은 강변을 소박한 유원지처럼 꾸렸다. 공기총으로 풍선을 맞춰서 인형을 얻고, 소형 로드러너[沙灘車]로 자갈이 깔린 강변을 질주했다. 엉성한 강변 카페에서 차를 마시고 강변에서 연을 날렸다. 한편에서는 강바닥을 캐며 보물찾기에 여념이 없었다. 화물선이 빠뜨린 보물이라도 찾으려는 것일까? 정작 찾은 보물(?)은 옛날 동전, 열쇠, 도자기 파편, 예쁜 돌 등 소박하기 이를 데 없는 것뿐이었지만.

그 위에서는 또 다른 대교 공사가 한창 진행 중이었다. 충칭에는 곧 사라져버릴 것들, 곧 생길 것들로 가득했다. 흥청거리는 큰길 뒤편에는 '철거[拆]'라고 쓰인 집들이 가득했다. 그중 한 집에는 플래카드가 붙어 있었다. "환경보호 모범도시, 5개 충칭 건설을 추진하자[創建環保模範城市, 助推五個重慶建設]." 과연 철거되는 집주인은 이 표어를 어떻게 생각할까?

충칭은 면적이 8만 2368제곱킬로미터로 세계에서 가장 큰 도시다. 오스트리아(8만 3879제곱킬로미터)와 거의 비슷하고, 한국의 82퍼센트에 달하는 크기다. 3200만 명의 충칭 인구는 800만 오스트리아 인구를 압도한다. 이 거대한 지역의 곳곳에서 개발이 진행 중이다. 쉴 새 없이 옛 건물을 철거하고 새 건물을 짓는다. 그 과정에서 자연스레 마찰이 생긴다. 원래 거주하던 사람이 이주하지 않고 남은 경우 '못집[釘子戶]'이라 부른다. 주변은 다 개발되었는데 못처럼 혼자 튀어나와 움직이지 않음을 빗댄 표현이다.

2007년 충칭은 '사상 최고의 못집[史上最牛釘子戶]'[4]을 만들어낸다. 상권 개발에 불복하고 홀로 남은 못집의 주위를 파내어 20미터의 구덩이를 만들었다. 사진을 보면 백척간두 절벽 위에 살짝 얹혀진 집 같다. 그래도 집주인 우핑(吳蘋, 오빈)은 꿋꿋이 버티며 나가지 않았다. 결국 법원은 국가 이익을 구실로 강제 철거 명령을 내렸다. 우핑의 재산권은 무시되었고, 상권 개발은 국가 이익이 되었다. 세계에서 가장 큰 도시 충칭이건만, 인민은 못만 한 땅에서도 살 수 없는 걸까?

국부민궁(國富民窮)이 불러온 보시라이 열풍

서부 대개발의 거점 도시이며, 2011년 〈포춘〉 지가 선정한 최고의 신흥 비즈니스 도시 충칭. 2007~2012년 동안 부유층이 무려 80퍼센트나 증가하여 부유층 수 증가가 가장 빠른 곳 충칭. 그러나 충칭의 주민 소득 증가는

충칭 重慶

도시의 성장에 미치지 못했다. 충칭의 화려한 발전 아래에는 양극화의 그림 자가 짙게 드리워져 있다. 국가는 부유해지지만 국민은 오히려 가난해진다 [國富民窮]. 모든 인민이 평등하게 사는 것이 이상인 사회주의국가에서 양극 화가 심하게 진행되니 불만이 생기지 않을 리 없다. 보시라이(薄熙來) 열풍은 바로 이러한 모순에서 나왔다.

보시라이를 둘러싼 의혹은 한둘이 아니다. 막대한 뇌물 수수, 부적절한 성 관계, 아내의 살인, 미국 대사관 도피, 무기징역 판결로 이어진 보시라이의 몰락은 그 어떤 막장 드라마보다도 화려하다. 그러나 의혹을 제쳐놓고 보면, 보시라이는 인민의 신망을 한 몸에 얻던 유능한 정치가였다.

보시라이는 랴오닝성 다롄(大連, 대련) 시장으로 재직할 때 매우 정력적으 로 활동했다. 퇴임할 때는 자신 있게 "우리는 일하느라 늙었지만 다롄은 젊 어졌다."[5]고 말했다. 근거 없는 자신감이 아니다. 훗날 우샹후이가 다롄을 여행할 때 택시 기사에게 물었다.

"다롄 사람들이 보시라이를 좋아합니까?"
"그리워하죠."
그는 다롄이 지금처럼 발전한 것이 모두 보시라이 덕분이라고 했다.[6]

이처럼 다롄 사람들은 보시라이가 퇴임한 후에도 그를 다롄 발전의 공로 자로 여기며 그리워했다.

당시 시진핑은 이미 차세대 지도부에 안착해서 튈 필요가 없었지만, 보시 라이는 계속 외지를 떠돌아 지도부 안에 진입하기 어려웠다. 어떻게든 당과 인민의 신망을 얻을 필요가 있었다. 중앙 정계에서 멀리 떨어진 충칭 시장 에 임명된 것은 사실상 좌천이었다. 그러나 야심가 보시라이는 포기하지 않 고 역전을 노렸다.

충칭 시장 보시라이의 활약은 눈부셨다. 그는 '충칭 모델'을 제창했다. 선부론(先富論)에 입각하여 성장을 우선시한 광둥 모델을 반성하고, 공동 부유론(共同富裕論)에 입각하여 부의 분배와 형평성을 강조했다. 보시라이의 정책으로 사회복지·주거·의료 등 다방면에서 삶의 질이 향상되었다. 그러면서도 충칭의 성장률은 10퍼센트가 넘었다.

또한 보시라이는 과감하게 부패를 척결하고, 조직폭력배와 전쟁을 벌여 사회 분위기를 일신했다. 2009년 63개 범죄 조직원과 배후의 고위 공무원 3348명을 체포하여 '현대판 포청천'이란 칭송을 받았고 보시라이의 측근이자 공안국장인 왕리쥔(王立軍, 왕립군)의 인기도 높았다.[7]

2010년 충칭은 '중국에서 가장 행복한 도시' 열 곳 중 한 곳으로 선정되었다. 4대 직할시 중 유일한 기록으로, 베이징과 상하이도 이루지 못한 위업이었다. 〈인민일보〉의 설문 조사 결과 보시라이는 책임감 있는 지도자 1등에 올라 스타 정치인으로 부상했다.

그러나 애초에 당내 지지 기반이 약한 상태에서 차세대 지도부에 들어가기란 힘들었던 것일까? 보시라이는 의혹에 휩싸인 채 2012년 정계에서 불명예스러운 강제 추방을 당했고 2013년 무기징역 신세가 되었다. 인민들은 보시라이의 갑작스런 몰락을 보며 수군거렸다. "돼지와 사람은 튀면 먼저 죽는다."

미국 작가 피터 헤슬러(Peter Hessler)는 1996년부터 2년간 충칭 창장변의 작은 마을 푸링에서 영어 교사로 일한 적이 있다. 그때 가르쳤던 한 학생은 보시라이의 개혁이 자기네 같은 변두리 작은 학교까지 영향을 미쳤다며 그의 실각을 안타까워했다. "왕리쥔은 사람들에게 안정감을 줬고 보시라이는 우리에게 희망을 심어줬어요. 그들은 완전하지는 않았지만 정말 대단한 일을 한 거예요."[8]

보시라이는 사라졌지만 이후 시진핑의 행보는 여러모로 보시라이를 떠올

충칭 重慶

리게 한다. 시진핑 역시 부패 척결과 사회주의 가치를 강조하는 한편, 무리한 성장에 대한 반성으로 신창타이(新常態, 고도 성장기를 지나 새로운 상태인 안정 성장 시대를 맞이하고 있다는 뜻의 중국식 표현) 개념을 제시하고 있지 않은가? 중국의 민심이 갈구하는 가치이기 때문이다.

서부 제일의 메트로폴리스

아침에 구름 사이로 백제성을 떠나　　　　　　　　　　　朝辭白帝彩雲間

천 리 길 강릉을 하루에 돌아왔네　　　　　　　　　　千里江陵一日還[9]

이백의 노래처럼 충칭은 당나라 때에도 쉽고 빠르게 중국의 배꼽 강릉(징저우)을 오갈 수 있던 교통의 요지였다. 오늘날에도 충칭은 중국의 중부와 서부를 잇는 요충지이자 서부 제일의 메트로폴리스로서 거듭 발전하고 있다. 21세기판 비단길인 위신어우(渝新歐, 투신구) 열차는 충칭에서 출발하여 러시아, 폴란드를 거쳐 독일에까지 이른다.

정부도 전폭적으로 충칭을 후원하고 있다. 충칭의 량장 신구(兩江新區, 양강신구)는 다양한 혜택을 받아 '신특구 중의 특구'로 불린다. 신구 설립 3년 만에 500대 글로벌 기업 중 118개가 입주했다. 이 외에도 쓰촨성과 묶어 서부의 광활한 시장을 발전시키려는 '청위(成渝, 성투) 경제구 발전규획'도 일찍이 2011년에 제정되었다. 여러모로 충칭은 중국 서부 진출의 거점이다.

안일한 쓰촨보다 진취적인 성격도 장점이다. "젊어서는 촉에 들어가지 말고, 늙어서는 촉에서 나오지 말라[少不入川, 老不出蜀]."는 속담이 있다. 젊어서 쓰촨에 들어가면 너무 일찍 패기를 잃고 안일함에 젖게 되니 가지 말고, 반대로 나이가 들면 이만큼 편한 곳도 없으니 나오지 말라는 얘기다. 이에 비해 충칭은 거칠고 경박한 대신 적극적이라서, 야심 찬 청년은 쓰촨보다는 충칭을 선호한다.

밤이 되면 충칭은 화려한 야경을 자랑한다. 좁은 땅, 많은 언덕에 고층 건물들이 빽빽이 들어찬 풍경은 홍콩과 비슷해서 '작은 홍콩[小香港]'이라는 별명을 얻었다. 흐린 날씨, 낡은 건물이 어둠 속에 몸을 감추며 화려한 조명이 빛난다. 충칭의 밤은 낮보다 아름답다.

다만 성장의 현란한 불빛에 현혹되어 어둠 속에 묻힌 소외 계층을 잊지 않는 것만큼은 충칭의 숙제로 남아 있다. 덩샤오핑의 선부론은 성장 우선 모델이다. 그러나 "먼저 일부분이 부자가 되게 하라[让一部分人先富起来].".고 시작한 선부론도 결국은 다음과 같이 끝을 맺는다. "이들이 우리 아직 가난한 사람들을 잊지 말기를 바란다[希望这批人别忘了我们这批还没有富的].".

2017년 10월 18일 중국공산당 19차 전국대표대회에서 시진핑은 장장 3시간 30분의 마라톤 연설을 하면서, 2050년까지 세계의 리더가 되겠다는 야심을 드러냈다. 그러나 많은 중국인은 시진핑이 "내가 가장 걱정하는 건 여전히 가난하고 어려운 사람들입니다[我最牽掛的還是困難群眾].".라고 말하는 장면을 캡처해 SNS에 올리며 말했다. "나는 주석님이 가장 걱정하는 사람이다[我是主席最牽掛的人].".

충칭 重慶

湘

강이름 **상**

후난성

湖南省

중국의 스파르타, 중국의 프로이센

❶ 펑황 고성의 야경 펑황 고성은 명·청대 문화가 잘 남아 있어 2008년 유네스코 세계 문화유산으로 지정되었다.

❷ 난팡 장성 명나라는 변경의 소수민족을 제압하기 위해 380리의 난팡 장성을 쌓았다.

❸ 장자제의 원숭이 원숭이가 여행객이 갖고 온 컵라면을 훔쳐 먹고 있다.

❹ 장자제 기이한 봉우리가 숲처럼 즐비하게 늘어선 중국의 대표 관광지로, 영화 〈아바타〉에도 영감을 준 것으로 유명하다.

❺ 마오쩌둥 후난성은 마오쩌둥의 고향으로 곳곳에서 마오의 흔적을 볼 수 있다.

❻ 웨양러우 중국 최대의 호수였던 둥팅호에 세워진 유명한 누각으로 많은 시인 묵객들이 찾은 곳이다.

❼ 펑황 고성의 아침 뱃사공이 유유히 삿대를 저으며 아침노을 속으로 들어가고 있다.

한때 중국 최대의 담수호였던 둥팅호와 창장 최대의 지류인 샹장(湘江)이 있는 후난성은 강호(江湖)의 고향이다. 남방의 풍토에 익숙치 않던 중원 사람들에게 후난은 '독기 서린 장우만연(瘴雨蠻烟)의 땅'이었지만, 강남이 개발되자 천하의 기근을 끝낼 만큼 풍부한 쌀을 생산하며 호상(湖湘) 문화를 꽃피웠다. 도망자와 산적이 모여 살던 야성적인 땅은 '중국의 스파르타, 중국의 프로이센'이 되었다. 후난성 출신의 증국번은 태평천국운동을 진압하여 청나라를 안정시켰고, 마오쩌둥은 장제스를 물리치고 중화인민공화국을 열었다.

라메이즈 라~ 라메이즈 라~   辣妹子辣, 辣妹子辣

라메이즈~ 라메이즈~ 랄랄라~   辣妹子, 辣妹子, 辣辣辣

가무잡잡한 피부에 또렷한 이목구비, 찰랑거리는 긴 생머리에 날씬한 몸매, 건강미가 물씬 풍기는 후난 아가씨는 경쾌하게 노래했다.

후난 아가씨는 매워.

후난 아가씨는 맵지.

후난 아가씨는 맵고 화끈하고 열정적이라네.

후난인 마오쩌둥은 "고추를 먹지 않으면 혁명을 할 수 없다[不吃辣椒不革命]."고 말했고, 후난 민요는 "매운 고추를 먹으면 어떠한 역경도 물리칠 수 있다[要吃辣椒不怕辣]."고 노래한다.

그만큼 후난인은 매운 것을 즐겨 먹는다. 네 줄기 강물이 교차하는 쓰촨성의 아가씨가 촨메이즈라고 불리듯이, 후난성(湖南省, 호남성) 아가씨는 라메이즈(辣妹子, 랄매자)라고 불린다. 공교롭게도 '매울 랄(辣)' 자는 경쾌한 유성음이라 노래의 맛을 한껏 살린다. 랄랄라!

후난성의 약칭은 '강 이름 상(湘)' 자다. 후난성은 중국 최대의 담수호였던 둥팅호의 남쪽에 있고, 창장 최대의 지류인 샹장(湘江, 상강)이 흐르는 땅이다.

후난성 湖南省

후난성은 중국 남부답게 산지가 많아 서북쪽은 우링산맥(武陵山脉, 무릉산맥), 서쪽은 쉐펑산맥(雪峰山脉, 설봉산맥), 동남쪽은 난링산맥으로 둘러싸여 있다. 평야 지대는 총면적의 20퍼센트에 불과하지만, 둥팅호와 샹장의 풍부한 물은 비옥한 토지를 만들어주었다. "후난에 벼꽃이 피면 천하의 기근이 끝난다."고 할 만큼 후난의 농업생산력은 높았다.

북방인이 꽈배기나 죽으로 아침 식사를 대강 때울 때, 후난인은 쌀밥을 든든하게 먹었다.

베이징이나 상하이 등 다른 도시에서처럼 보통 아침에 진밥이나 죽을 먹는 것과는 아주 다른 식습관이었다. 후난성은 대규모의 쌀 생산지 가운데 한 곳이었기 때문에, 아침에 죽을 먹는다는 것은 끼니마다 밥 한 공기조차 먹을 수 없을 정도로 궁핍하다는 걸 의미했다.[1]

그러나 이 풍족함은 훗날 개발된 후에야 진가를 발휘할 수 있었다. 애초에 초나라의 중심이었던 후베이성부터가 중원과는 상당히 판이한 독자성을 갖고 있었다. 그나마 후베이는 중원과 맞붙어 있고 교통이 편리해 중원과 교류하면서 상당 부분 닮아갔으나, 후난은 멀고먼 변방이고 험한 산으로 둘러싸인 미개척지였다.

두려운 장우만연(瘴雨蠻烟)의 땅

후난성에 중국 오악 중 남악(南岳)인 형산(衡山, 형산)이 있다. 중국 오악은 고대 중원의 세력권 범위를 상징한다. 즉, 후난성의 중간인 형산 지역까지는 중원의 세력이 가까스로 미쳤지만, 그 아래로는 '세상의 바깥[世外]'이었다.

오지 후난은 유배자와 피난민 들에게 비탄과 수심을 더해주었다. 초나라의 충신 굴원(屈原)은 후난에 유배되자 "세상은 취해 있는데 혼자서만 깨어 있다."고 노래하며 미뤄장(汨羅江, 멱라강)에 몸을 던졌고, 당나라의 두보는 웨양러우(岳陽樓, 악양루)에 올라 외롭고 고단한 신세를 한탄했다.

| 가족과 벗에게서도 소식 한 글자 없고 | 親朋無一字 |
| 늙고 병든 몸이 의지할 것은 외로운 배 한 척뿐이네 | 老病有孤舟 |

— 두보, 〈등악양루(登岳陽樓)〉 중에서

미개척지 후난에 대한 두려움은 남송 시대의 시인 엄우(嚴羽)의 노래에서도 드러난다.

| 상강의 남쪽으로 가면 다니는 사람 없으니 | 湘江南去少人行 |
| 장우만연으로 흰 풀이 난다네 | 瘴雨蠻烟白草生[2] |

— 엄우, 〈답우인(答友人)〉 중에서

'장우만연(瘴雨蠻烟)'은 '남방 오랑캐 땅의 독기 서린 연기와 비'라는 뜻이다. 멀쩡하던 장정들이 후난에만 가면 별다른 이유 없이 픽픽 쓰러지니 중원인들은 남방 땅에 독기가 있다고 생각했다. 사실은 미개척지였던 만큼 밀림의 모기와 벌레 들이 말라리아[3]와 풍토병을 옮겼기 때문이리라. 중국 전역에서 상당히 개발이 진척된 남송 시대까지도 후난은 중원인에게 경외의 땅이었다.

후난성 湖南省 湘

삼묘(三苗)의 고향, 호상(湖湘) 문화를 꽃피우다

이 거친 땅에 정착을 시작한 것은 먀오족(苗族, 묘족)이었다. 중원의 황제(黃帝) 세력에게 밀려난 동이(東夷)의 치우 세력은 남쪽으로 피난을 떠났다. 중원인에게는 세상의 밖이었지만, 먀오족에게는 포근한 보금자리였다. 산은 외적의 침입을 막아주었고, 산 안쪽에 흐르는 풍부한 물은 훌륭한 곡창지대를 만들어주었다. 후난의 둥팅호와 장시의 포양호 사이는 '삼묘(三苗)의 고향'이 되었다.

먀오족이 정착한 후난에 남방의 맹주 초(楚)나라가 나타났다. 그러나 초나라의 중심은 후베이였고, 후난은 아직 개발되지 않은 곳이라 유배지로 쓰였다. 초나라의 충신 굴원이 미뤄장에 몸을 던진 이후 그의 죽음을 안타깝게 여긴 사람들은 물고기들이 그의 시신을 먹지 않도록 강에 밥을 퍼부었다. 이 활동은 관습으로 굳어져 단오절(端午節)이 되었다.

한나라는 후베이와 후난을 형주(荊州)로 묶었다. 당시 형주의 중심은 양양과 강릉 등 후베이 지역이었고, 미개척지인 후난은 남형주로 따로 불리기도 했다. 다만 개척이 안 된 상태에서도 후난의 생산력은 이미 탁월하여, 사마천도 "장사(長沙)는 초의 곡창"이라고 말했다. 장사는 곧 오늘날 후난의 성도인 창사다.

후한 말 동오의 손견은 도적을 토벌한 공로로 장사 태수로 임명되었다. 다만 손견은 동탁을 타도하는 등 중원의 일에 신경 쓰느라 장사에서 기반을 충분히 마련하지 못했고 유표가 형주를 차지했다. 난세 속에서 형주를 평화롭게 지킨 유표가 죽은 뒤, 유비·조조·손권이 형주를 둘러싸고 각축전을 벌였다.

후베이에서 적벽대전이 벌어지고 주유와 조인이 강릉 공방전을 벌이는 등 후난의 지배력에 공백이 생긴 틈을 타서 유비가 형남(荊南) 4군에 손을 뻗쳤다. 《삼국지연의》에서 조운은 영릉(零陵)·계양(桂陽)을, 장비는 무릉(武陵)을 차지했으며, 관우는 황충(黃忠)과 불꽃 튀는 접전을 벌인 후 마침내 장사를 장악하고 맹장 황충과 위연(魏延)을 얻었다. 위와 오가 싸우는 사이 유비는 재빨리 형남 4군을 석권한 것이다.

유비가 촉을 차지하자, 손권은 빌려준 형주를 돌려달라고 했다. 형주를 지키던 관우와 형주를 탈환하려는 노숙의 군대가 대치하며 사태가 험악해지자, 유비는 상장을 경계로 형주를 오나라와 나누었다.[4]

일단 위기 상황은 넘겼지만, 손권은 여전히 불만스러웠다. 관우가 북벌에 나선 사이, 여몽은 관우의 배후를 쳤다. 유비는 관우의 복수를 위해 출전했지만, 결국 이릉대전에서 참패하고 만다. 손권은 유비를 물리치고 형주를 장악하자 수군 훈련을 감독하기 위해 둥팅호에 누각을 세웠다. 이 누각이 바로 그 유명한 둥팅호의 웨양러우다. 웨양러우는 원래 군사시설이었지만, 둥팅호를 한눈에 조망할 수 있어 후대에는 많은 문인들이 낭만적인 시를 남겼다.

그러나 이후 남형주에 대한 기록은 많지 않다. 남형주는 4대 거점인 형남 4군 이외에는 먀오족 등 원주민의 세력이 강하여 오나라의 지배력이 실질적으로 곳곳에 미치지는 못했을 것이다. 후한 초 광무제의 명장 유상(劉尙)·마원(馬援)·종균(宗均)도 무릉만(武陵蠻)을 토벌하는 데 애를 먹었고, 삼국시대 손권의 명장 반준(潘濬)도 자그마치 5만 명이나 동원해서 무릉군 오계의 이민족을 토벌했다.

이민족은 오나라 내부의 불안 요소로서 침공군의 전략적 카드가 되었다. 촉나라 유비는 무릉의 이민족을 포섭해 오나라를 함께 쳤고, 263년 촉을 병합한 위나라도 곽순(郭循)이 밖에서 진격하고 안에서 무릉만이 호응케하는 전략으로 오나라를 치려 했다. 다만 오나라의 명장 육손이 촉나라를, 종리목(鍾離牧)이 위나라를 막아냈다.

중국 전역이 개발되고 교통·무역로가 발달하면서 후난의 중요성이 높아졌다. 후난은 영남(嶺南, 광둥·광시) 지역과 중원을 이어주기 때문이다.

후난성 湖南省 湘

더욱이 후난은 개발이 진행되면서 더욱 풍요로워져 호상(湖湘) 문화를 꽃피웠다. 창사의 웨루 서원(岳麓書院, 악록서원)은 송나라 주자와 명나라 왕양명이 가르침을 편 곳이다. 송·명을 주름잡은 유학자들이 성리학과 양명학을 강론했다. "초나라의 인재들, 이때부터 성하였다(惟楚有材, 於斯為盛)."라는 웨루 서원의 자부심이 부끄럽지 않다. 명나라 최고의 명재상 장거정, 태평천국 운동을 진압하여 청나라를 위기에서 구한 증국번, 신중국의 아버지 마오쩌둥 등 등 명·청·현대를 주름잡은 인물이 후난에서 나왔다.

난팡 장성을 아시나요?

후난의 펑황 고성(鳳凰古城, 봉황고성)은 강가에 자리 잡은 마을이다. 전통적인 모습을 잘 간직한 아름다운 마을로 유명해서 많은 여행객이 찾는다. 그런데 이토록 외따로 떨어진 마을 근처에 생뚱맞게도 거대한 성벽이 있다. 바로 난팡 장성(南方長城, 남방장성)이다.

북방 유목민의 침입을 막기 위해 세워진 완리창청은 너무나 유명하지만, 유목민이 없는 남쪽에도 190킬로미터에 이르는 장성이 있는 것은 잘 알려져 있지 않다. 북방 유목민 못지않게 한족을 두렵게 한 이들이 누구일까? 바로 후난의 먀오족 등 소수민족들이다.

오늘날의 펑황은 먀오족·투자족(土家族)·한족이 함께 어울려 사는 관광 마을이지만, 원래는 한족이 먀오족과 투자족 등을 제압하기 위해 설치한 군사기지였다. 한족 주둔군과 친한파(親漢派) 먀오족은 장성 안에 살고, 반한파(反漢派) 먀오족은 장성 밖에 살았다. 친한파 먀오족은 '잘 익은 먀오족(熟苗, 숙묘)'이라 불렸고, 반한파 먀오족은 '날것 그대로의 먀오족(生苗, 생묘)'이라 불렸다. 산줄기를 따라 쌓인 난팡 장성에 오르니 저 멀리 평지 마을과 산간

마을이 한눈에 들어왔다. 숙묘의 수상한 동태를 감시하기 좋은 위치다.

한족 명나라의 뒤를 이은 만주족 청나라의 태도도 원주민에 대해서는 별 다를 바 없었다. 먀오족과 한족의 혼혈 작가인 선충원(沈從文)은 고향 펑황이 생긴 경위를 이렇게 이야기한다.

단지 2백 년 전 만주인들이 중국을 통치할 때, 남아 있는 묘족들을 진압하고 학살하기 위해 변방 수비대를 파견하여 주둔시키면서 성보(城堡)와 주민이 생겼다. …… 그것들은 180년 전 주도면밀한 계획에 의거, 적당한 거리를 유지하면서 주위 수백 리 내에 균등하게 배치시켜, 구석으로 쫓겨나 한 모퉁이만을 지키면서 늘 '준동'을 일으키는 변방 묘족들의 '반란'을 해결하려 했던 것이다.[5]

'산이 아름답고 물이 아름답고 노래가 아름답고 사람이 아름다운 곳'의 이면에는 치열한 투쟁의 역사가 있다.

후난 최고의 명승지는 단연 장자제(張家界, 장가계)다. 카르스트 바위산들이 하늘을 떠받치는 거대한 기둥처럼 줄지어 늘어선 풍경은 제임스 카메론(James Cameron)의 영화 〈아바타〉에도 큰 영감을 주었다.

그런데 왜 이곳의 이름이 '장씨의 세계'일까? 유방은 한을 건국한 후 황제의 절대 권력을 강화하기 위해 명장 한신과 영포(英布) 등 수많은 공신을 토사구팽했다. 전설에 따르면, 장량은 대숙청을 피해 도를 닦겠다며 후난에 은거했다. 장량은 현지의 투자족에게 수차를 만들어주며 신임을 얻었다. 유방이 죽은 후 여태후가 장량을 제거하려 군대를 보내지만 장량은 투자족을 규합하여 한의 군대를 49일간 막아내며 끝내 저항에 성공했다. 이때부터 이 지역은 '장량 가문의 세계', 즉 장가계(張家界)로 불리게 되었다고 한다.[6] 후난의 전설과 일화는 도망자·유배자·피난민·산적의 이야기이며, 중원과 현

지의 투쟁에 대한 이야기다.

중원에서 멀찍이 떨어진 후난의 첩첩산중은 훌륭한 은신처였다. 먀오족이 피난 온 이래 후난은 도망자들의 온상이었다. 후난에는 "산적들이 머리털만큼 많다[衆盜如毛]."고 악명이 높았다.

중국의 관광객들은 현지 소수민족이나 역사적 특색을 살린 옷을 입고 사진 찍는 것을 좋아한다. 평황 고성에서 여자는 화려한 먀오족 옷을 입고, 남자는 토비(土匪), 즉 산적의 호랑이 가죽 옷을 입고 사진을 찍는다. 중원에는 눈엣가시였던 먀오족과 산적이 이제는 추억거리가 되었다.

"지금은 모든 것이 마무리되었다. 돌로 쌓은 보루 대다수는 이미 부서지고 진영들 대부분은 민가로 변했으며, 사람들은 거의 동화되었다."[7]

계속 패배하면서도 계속 싸우다

자연이나 사람이나 거칠고 야성적인 후난. 그만큼 후난인의 개성은 강하다. 후난 남자는 '후난 노새[湖南騾子]'라는 별명을 갖고 있다. 고집 센 노새처럼 길들이기 힘들고, 진심으로 승복하지 않는 한 고분고분하지 않다. 게다가 "적과 싸울 때도 칼을 쓰고, 친구를 사귈 때도 칼을 쓴다."고 할 만큼 호전적이다.

반면 강인한 정신력과 불굴의 투혼, 호전성은 군인으로 적격이다. 그래서 "후난인이 없으면 군대를 만들 수 없다[天下無湘不成軍]."는 말이 생겼다. 장쑤인과 저장인 들이 경제력을 바탕으로 학문을 닦아 관료의 길로 나섰을 때, 후베이·후난 사람들은 군사 요충지 출신답게 군인의 길로 나섰다. 그래서 "문인들 중에는 오(吳) 방언을 쓰는 사람이 많고, 무장들 중에는 초(楚) 방언을 쓰는 사람이 많다[文多吳音, 武多楚腔]."[8] "후난에는 장군이 많고 저장에는 책략가가 많"아서 "후난 사람들이 전쟁하면 저장 사람들이 관리한다."[9]

광시성에서 일어난 태평천국의 군대가 후베이의 우창, 장쑤의 난징 등 남방의 주요 대도시를 함락시키며 남중국 일대를 뒤흔들 때, 후난의 창사는 태평천국의 맹공을 꿋꿋이 버텨냈다. 초기에 태평군은 창사를 점령하려다 오히려 전군이 궤멸 직전의 위기에 빠지기도 했다. 태평군은 후베이의 우창, 장쑤의 난징을 함락시키며 기사회생하지만, 다시 한 번 후난과 악연을 맺는다. 무능하고 부패한 관군 대신 태평군을 위협하는 강력한 군대가 후난에서 등장한 것이다. 바로 증국번의 상군(湘軍)이다.

원래 청나라는 소수의 만주족이 다수의 한족을 지배하는 나라였기 때문에 사적 모임과 회합을 극도로 꺼렸다. 그러나 무능하고 의지박약한 관군이 태평천국군에게 연달아 패하는 상황에서 지방의 의용군이 의외로 잘 싸우자 생각을 고쳤다. 일개 무명 인사가 조직한 촌구석의 의용군이 저토록 잘 싸운다면, 현지 유명 인사가 정부의 지원을 받아 조직한 의용군은 더욱 잘 싸울 것이 아닌가?

청 조정은 후난의 증국번에게 군대를 조직하도록 했다. 증국번은 타락한 관군과 전혀 다른 군대를 만들기 위해 원점에서 출발했다. 증국번은 정부와는 관련 없는 근면성실한 사람을 우선적으로 채용했다. 또한 그는 자기 문하생들을 대거 간부로 등용했다. 탁월한 유학자이며 명망 높은 관리였던 증국번을 따르는 인재들은 매우 많았다. 학연과 지연으로 똘똘 뭉친 상군은 뛰어난 단결력과 투지를 보여주었다. 경험은 전혀 없었으나 "계속 패배하면서도 계속 싸웠다[屢敗屢戰]." 결국 이들은 태평천국운동을 진압하는 데 혁혁한 공로를 세웠다.

다만 상군은 청나라를 구하려고 조직되기는 했지만, 사조직은 사조직이었다. 청나라 초기에 우려한 대로 이들 사조직은 지역의 권력을 장악하고 중앙에 반기를 들기 쉬웠다. 더욱이 한족들이 증국번을 중심으로 규합해 만주족을 몰아낼 수도 있는 일 아닌가? 그토록 신망이 높고 유능한 증국번이 황제를 자처한다면 누가 막을 수 있겠는가?

청나라 조정은 조정대로 새로 부상한 한족 관료들을 견제했고, 증국번은 증국번대로 매우 조심스럽게 처신했다. 상군을 해산시키고 태평천국 토벌에 으뜸가는 공로를 세우고서도 공로를 과시하지 않았다. 양강 총독으로 강남에 머물 뿐 중앙 정계에 얼굴을 내미는 것을 극도로 꺼렸다. 충실한 유학자였던 그는 어디까지나 청의 충신으로 남길 원했다.

그러나 증국번의 충성심과는 무관하게 상군은 지역 군벌의 모델이 되었다. 지방의 혈연·지연·학연 등 각종 연줄로 묶인 군벌이 등장했고, 청조는 지방에 대한 통제력을 잃었다. 결국 청은 1911년 우창 봉기 후 각지의 독립 선언과 함께 무너졌다.

신중국의 아버지, 마오쩌둥

이 혼란을 과연 누가 수습할 수 있을까? 중국이 내우외환에 싸여 있던 근대에 위안스카이의 참모인 양두(楊度)는 《후난소년가(湖南少年歌)》에서 "후난 사람이 모두 죽지 않고서는 중화 국가가 진실로 망했다고 말할 수 없다."[10]라고 말했다.

그의 말대로 후난에서 신중국을 탄생시킬 걸출한 인물이 등장했다. 바로 마오쩌둥(毛澤東, 모택동)이다. 그의 이름에 이미 후난의 색이 짙게 배어 있다. '습지 택(澤)'은 쌀농사를 지을 수 있는 소택지다. 할아버지가 되어서도 창장에서 수영하며 건강을 과시한 것은 물에 능한 초나라 사람의 면모를 보여준다. 압도적으로 강력한 장제스의 국민당 군에게 쫓기면서도 결코 뜻을 꺾지 않은 것은 백절불굴의 후난인답다.

소년 마오는 《수호지》를 탐독하며 사회의 부조리에 맞서 싸우는 의적을 꿈꾸었고, 훗날 장시의 징강산에서 양산박을 재현했다. 도적이 머리털만큼 많은 후난의 분위기가 은연중 마오에게 큰 영감을 주었으리라. 훗날 펑더화이(彭德懷, 팽덕회)가 대약진운동을 비판했을 때, 마오는 산적 기질을 버리지 못했음을 보여주는 폭탄선언을 했다. "여러분이 나를 원하지 않는다면 다시 산으로 들어가 농민으로 홍군을 만들어 여러분과 싸우겠다."

"후난인은 성격이 너무 급해 뜨거운 두부를 먹지 못한다."는 말이 있지만, 좀 더 정확히 말한다면 "후난인은 성격이 너무 급해 뜨거운 두부도 단숨에 삼킨다."고 해야 할 것이다. 마오쩌둥 역시 불같은 성미를 지닌 후난인답게 말한 바 있다. "아주 급하니 만 년은 너무 길고 하루 만에 당장 해치워야 한다."[11]

훤칠하게 큰 키에 언변이 뛰어난 데다 열정적인 미남 청년 마오는 탁월한 정치가였다. 학창 시절 마오의 친구였지만 훗날 다른 길을 걷게 된 샤오위(蕭瑜, 소유)는 마오를 이렇게 평가했다.

제가 아는 사실은, 우선 마오쩌둥은 무슨 일을 하든지 아주 신중하게 계획을 세운다는 겁니다. 대단한 책략가이자 조직가이죠. 둘째, 그는 적의 힘을 상당히 정확하게 평가할 줄 압니다. 셋째, 관중을 매료시키죠. 대단한 설득력을 가지고 있어서 그의 말에 넘어가지 않는 사람이 거의 없을 정도입니다. 그의 말에 동조하면 친구가 되고, 그렇지 않으면 적이 됩니다.[12]

국민당에 비해 절대적 열세였던 공산당 군대를 승리로 이끌기 위해 마오는 게릴라 전법의 요체를 명쾌하게 제시했다. "적이 전진하면 우리는 퇴각하고, 적이 멈추면 교란시키며, 적이 피하면 공격하고, 적이 퇴각하면 추격한다[敵進我退, 敵駐我擾, 敵疲我打, 敵退我追]." 한편 군기를 엄격하게 단속하여 민심을 사고 명분을 쌓았다.

중국인에게 마오쩌둥이란?

마오는 결국 기적적인 승리를 거두고 신중국을 건설하여 인민들의 삶을 크게 변화시켰다. 변방의 한 노인의 사례를 들어보자. 차마고도(車馬古道)는 윈난과 티베트가 차와 말을 교역하던 길이다. 교환무역에 종사하던 마방(馬幇)의 삶은 매우 낭만적으로 보이지만, 실상 극도로 힘들고 위험한 삶이었다. 집을 몇 달이나 떠나야 했으며, 천길만길 낭떠러지의 위험천만한 길을 하염없이 가야 했다. 그들은 농사짓는 게 싫어서 마방의 삶에 종사하는 것이 아니었다. 땅이 몇몇 지주에게 집중되어 있어서 농사지을 땅이 없기 때문이었다. 1949년 마오가 신중국 탄생을 선포하고 지주의 땅을 가난한 사람들에게 분배해주자 마방들은 위험한 교역을 하지 않아도 되었다. 마방이었던 루오 노인은 토지를 분배받던 날이 "내 생애 최고의 날이었다."며, 여전히 이때의 감격을 잊지 못했다. 그는 이땅에 농사를 지으면서 "힘든 시절은 끝났다."고 회상했다.[13]

전란에 시달리던 사람들에게 평화와 안정을, 사회의 밑바닥에 있던 사람들에게 평등을 가져다준 마오의 위업은 실로 대단한 것이었다. 이 업적은 마오의 권력을 정당화시켜주었다. 오늘날까지도.

1945년 중국공산당은 마오주의를 공식 이념으로 채택했다. 마오쩌둥은 중국공산당의 시작이며 기준이었고, 마오주의는 어떠한 일탈도 허용되지 않는 절대적 가치였다. 개혁개방 이후 마오주의에 대한 강조는 약해졌지만, 아직도 여전히 "중국공산당의 모든 지혜의 결정체"[14]로 인정받고 있다.

정부 비판적인 사람들은 어떨까? 영화감독 지아장커는 중국 사회의 어두운 일면을 날카롭게 포착한다. 그의 영화는 중국 내에서는 종종 상영 금지되지만 해외에서는 높은 평가를 받는다. 2006년 베네치아 영화제 황금사자상 수상작인 〈스틸 라이프〉의 원제는 '싼샤의 좋은 사람[三峽好人]'이며, 지아장커는 마오쩌둥의 서체를 활용하여 영화 제목을 표시했다.

지아장커는 말한다.

마오쩌둥에 대해서 모두가 비판합니다. 하지만 마오쩌둥은 중국의 정치가들 중 인민의 역량을 진정으로 인식한 유일한 사람입니다. 사람들은 마오쩌둥이 그걸 정치적으로 이용했다고 비판하지만, 나는 마오쩌둥이 인민 스스로에게 자신의 역량을 인식하게 만들었다는 점을 높이 평가합니다. 중국의 인민을 이해하려면 마오쩌둥을 이해해야 합니다. 그리고 더 배워야 합니다.[15]

정치에 별 관심 없는 인민들에게 마오는 어떤 의미일까? 중국 위안화는 모두 마오의 초상화로 도배되어 있다. 마오는 곧 돈이고, 돈은 좋은 것이다. 마오는 21세기 중국의 재물신(財富神)이다.

중국인이 돈과 함께 세상에서 가장 사랑하는 것은 맛있는 음식이다. 창사의 취두부(臭豆腐)는 마오의 평을 홍보 멘트로 쓴다. "냄새는 고약하지만, 맛은 향기롭다[聞起來臭, 吃起來香]."

마오가 학창 시절 즐겨 찾던 식당 '훠궁뎬(火宮殿, 불의 궁전)'은 오늘날에도 창사의 대표 맛집으로 명성을 이어가고 있다. '훠궁뎬'에 세워진 마오 동상 앞에서 관광객들은 줄지어 기념사진을 찍는다.

마오의 이웃집에 살던 탕루이런(湯瑞仁) 여사가 개혁개방 시대에 죽을 팔기 시작했을 때, 동네 사람들은 그녀가 쓸데없이 장사를 해서 동네 체면을 깎아먹는다고 질타했다. 그러나 그녀는 오늘날 전 세계에 300개의 가맹점을 거느린 '마오자판뎬(毛家飯店, 마오네 밥집)'의 주인이 되었다.

마오는 그만큼 친근하고 소탈한 서민의 벗이자 수호신이다.

존재하는 것은 합리적인 것이다?

그러나 시간이 흐르면 사람들의 마음도 변하게 마련이다. 함께 술을 마시던 광둥성 친구가 느닷없이 나에게 까다로운 질문을 던졌다.

"한국인은 중국 정부를 어떻게 생각해?"

중국에서 가장 금기시되는 대화 소재인 정치, 그중에서도 정부에 대해 물어보다니 난감했다. 역으로 친구에게 물어보았다.

"너는 어떻게 생각하는데?"

친구는 의외로 진솔하게 말했다.

"별로야. 그저 '존재하는 것은 합리적인 것이다[存在就合理].'라고 말할 수밖에."

바로 헤겔의 말이 아닌가? "존재하는 것은 이성적이요, 이성적인 것은 존재한다." 헤겔의 미묘한 말을 두고 헤겔의 제자들은 두 부류로 갈라졌다. 보수파인 헤겔 우파는 '존재하는 것은 이성적'임을 강조하며 현 상태를 정당화했다. 반면, 급진파인 헤겔 좌파는 '이성적인 것은 존재한다'에 방점을 찍고 이성의 진보가 실현될 것이라 믿었다.

중국 청년들은 아직 현실을 인정한다. 그러나 그 현실을 용납할 수 없어질 때, 그들은 외칠 것이다. "합리적인 것은 존재해야 한다[合理就存在]!"

한 중국 친구는 나와 함께 술을 마시며 생활의 어려움을 토로하더니 정부를 비판했다.

"정부는 '네 일은 네가 알아서 해라'는 자세야. 그 어떤 것도 도와주지 않아."

그의 정치 이야기는 경제 이야기로 흘렀다.

"문화대혁명 전후의 20년은 잃어버린 세월이었어. 그사이 일본과 한국, 타이완은 눈부시게 발전했지. 만약 중국이 그때 개방했더라면 오늘날 중국은 어땠을까?"

중국 정부는 신중국을 탄생시킨 마오에게서 정당성을 찾는다. 그러나 마오 후반기 최대의 실책인 문화대혁명으로 중국은 크게 망가지며 많은 기회를 놓쳤다. 또한 현재의 정부는 그나마 마오 시절에 있었던 복지마저 걷어치웠다. 현 정권이 마오에게서 정당성을 찾는 것은 과연 얼마나 타당한가?

창사 박물관을 찾았을 때 마침 예술가들의 특별 전시회가 열리고 있었다. 그중 셰샤오저(謝曉澤)의 〈밤의 노래(夜曲)〉 연작을 보고 깜짝 놀랐다. 차들이 뒤집어져 있고, 특히 권위의 상징인 공안 경찰차가 두 대나 엎어져 있었다. 2011년 6월 6일 차오저우(潮州, 조주)와 6월 10일 정청(增城, 증성) 사건을 그린 것이었다.

차오저우 사건은 한 공장주가 61명 노동자의 월급 80만 위안을 주지 않은 데에서 시작되었다. 한 노동자가 2000위안의 월급을 달라고 요구하다 다쳤으며, 그의 아들 역시 폭행당했다. 200명의 이주 노동자들이 항의하다가 진압되었다.

정청 사건은 정부가 고용한 보안요원들이 노점을 단속하다가 쓰촨 출신 스무 살의 임신부를 거칠게 다루고 그녀의 남편을 폭행하며 벌어졌다. 1000여 명의 이주 노동자들이 가세하는 등 시위 군중이 수천 명에 달했다. 경찰은 최루가스를 살포했고, 군중들은 경찰차를 뒤집어엎고 지방 정부 사무실을 불지르는 등 격렬하게 저항했다.

중국 언론들도 쉬쉬하며 넘어간 사건이 창사 박물관의 전시물로 버젓이 걸려 있는 점이 매우 놀라웠다. 창사 박물관은 마오 박물관이라고 해도 좋을 만큼 마오의 서예 작품, 마오의 초상, 마오의 동상, 마오와 양카이후이(楊開慧)의 살림집을 자랑스럽게 전시하고 있다. 그런 곳에서 이토록 정부 비판적인 작품이 전시되고 있다니!

박물관은 묻는 듯했다. "노동자들의 임금을 떼어먹은 자본가는 멀쩡하고, 체불 임금을 달라고 정당한 요구를 하는 노동자들은 진압되는 사회, 어린

후난성 湖南省 湘

임신부마저 거칠게 다루는 공안, 이것이 마오 주석이 꿈꾸던 사회인가?"

마오를 맹목적으로 숭배하기보다 마오의 저항 정신을 되새기는 박물관. 후난인의 불의에 대한 비타협적인 정신, 백절불굴의 의지는 오늘도 강렬하게 살아 있다. 따라서 "후난 사람이 모두 죽지 않고서는 중화 국가가 진실로 망했다고 말할 수 없다."던 양두의 말은 여전히 유효하다.

땅이름 월

광둥성

廣東省

우링산맥 밖의 남월, 변혁의 땅이 되다

①

②

❸ 선전시 전경 날개 형태의 선전 시청. 내일을 향해 나래를 펴는 중국을 보는 듯하다.

❶ 남월의 사루옥의 남월 문제(文帝) 조호가 입었던 사루옥의. 옥과 비단으로 전신을 감싼 수의로 남월의 국력과 문화를 엿볼 수 있다.
❷ 황페이훙의 사자춤 포산시 황페이훙 생가의 사자춤 공연.
❸ 선전시 전경 날개 형태의 선전 시청. 내일을 향해 나래를 펴는 중국을 보는 듯하다.
❹ 중국적인 광둥성 중국은 도시마다 큰 공원이 있고, 저녁이면 사람들이 모여 단체로 춤과 운동을 즐긴다.
❺ 선전의 덩샤오핑 동상 개혁개방의 수혜를 입은 선전은 덩샤오핑의 동상을 만들어 그의 업적을 기리고 있다.

광둥성은 중국 동남부 해안의 끝자락에 있는 데다 난링산맥에 에워싸여 있어 중원과 다른, 독자적인 역사를 시작했다. 중원의 손길이 닿지 않던 때에도 이미 동남아시아 교역의 중심지였던 광둥은 오랜 세월 동안 중국 최대의 대외무역항이었다. 중국과 세계가 만나던 곳답게 서양 열강들이 가장 먼저 눈독을 들인 곳이기도 했지만, 중국이 개혁개방을 가장 먼저 시작한 곳이기도 하다. 혁신의 선두 주자 광둥은 변화의 성과도 가장 먼저 맛보고, 변화의 아픔도 가장 먼저 겪는다.

"하압! 합!"

꼬마들의 기합 소리가 들려왔다. 광저우(廣州, 광주)의 유치원에서 무술 수업을 하고 있었다. 전설적인 무술가 황페이훙(黃飛鴻, 황비홍)과 예원(葉問, 엽문)의 고향 광둥성(廣東省, 광동성)답구나. 빙그레 웃음이 났다. 공원에는 말을 타며 활을 쏘는 조각상이 눈에 띄었다. 남방의 거친 야성과 상무 정신이 느껴졌다.

광둥성의 약자는 '땅 이름 월(粵)' 자다. 옛 중국인들은 창장 남쪽에 살던 종족들을 월족(越族)이라 불렀다. '월(粵)'은 바로 이 '월(越)'과 발음과 뜻이 같고 모양만 다른 동음동의이체자(同音同義異體字)다. 광둥성은 남월의 땅이었고, 남월은 곧 월남(越南, 베트남)이다. 광둥성은 본래 중국의 역사에서 이질적인 땅이었다. 광둥성이라는 이름 자체가 '개척지'라는 뜻이다. 삼국시대 오나라 손권이 광둥성과 광시성을 개척하며 '새롭게 넓혀진 땅'이라는 의미에서 '넓을 광(廣)' 자를 붙였다.

광둥성을 이해하려면 먼저 지리적 특성을 살필 필요가 있다.

첫째, 광둥성은 중국의 중심인 시안·뤄양·베이징과 매우 멀다. 연암 박지원이 감탄한 18세기 청나라의 교통으로도 베이징에서 광저우 역참까지 보통 56일, 급행 27일이나 걸렸다.[1] 오늘날 시속 300킬로미터로 달리는 고속철도로도 9시간에서 10시간 걸리고 일반 기차로는 21시간이 넘게 걸린다.

둘째, 산이 많아 중원과 격리되어 있다. 창장이 험하다 해도 일단 강을 건

너머 그만이다. 그래서 강남은 춘추전국시대부터 이미 중국과 역사를 함께 해왔다. 그러나 광둥은 난링산맥(南嶺山脈, 남령산맥)의 땅이다. 난링산맥은 우링산맥(五嶺山脈, 오령산맥)이라고도 하는데, 즉 위에청링(越城嶺, 월성령), 두팡링(都胖嶺, 도반령), 멍주링(萌渚嶺, 맹저령), 치톈링(騎田嶺, 기전령), 다위링(大庾嶺, 대유령) 등 다섯 개의 험준한 산맥이 광둥을 병풍처럼 둘러싸고 있다. 자연스레 영남(嶺南)은 중원의 손길이 닿기 힘든 땅이었다.

셋째, 북으로는 산으로 막혀 있지만 남으로는 바다로 열려 있다. 또한 중국에서 세 번째로 긴 주장(珠江, 주강)은 풍요로운 삼각주를 만들며 바다로 이어진다. 농사와 무역이 발달하기 좋은 조건이다. 물산이 풍부한 남방의 여러 지역과 무역하며 광둥성은 사마천이 말한 것처럼 일찍부터 경제의 중심지로 발전했다. "반우도 큰 도시 가운데 하나다. 구슬 등의 보옥과 무소의 뿔인 서(犀), 대모(玳瑁, 바다거북), 과일, 삼베 등의 집산지다."[2] 반우(番禺)는 광저우의 옛 이름으로 가깝게는 동남아, 멀게는 아라비아와 로마까지 상인들이 오가던 해상 비단길의 중심지였다. 험한 산은 외부의 침입을 막고 내부는 풍족하니, 광둥은 독자적인 나라를 만들기에 충분했다.

베트남의 뿌리, 남월

진 시황은 천하를 통일한 후 풍족한 반우를 탐내 50만 대군을 파병했다. 험준한 난링산맥을 넘어 머나먼 광둥을 정복하는 것은 대단히 힘든 일이었다. 훗날 진승·오광의 난이 일어날 때, "북으로는 장성을 쌓는 부역이 있고 남으로는 우링을 지키는 군역이 있다."고 말할 정도로 광둥 정벌은 진나라의 대표적인 학정이었다. 그러나 진 시황이 누구인가? 뚝심의 사나이 진 시황은 기어코 광둥 정벌을 밀어붙였고, 결국 광둥성 지역을 최초로 중국에 편입시켰다.

그러나 황제는 멀고 땅은 풍요로우니 딴생각이 들게 마련이다. 더욱이 진시황이 죽고 군웅들이 활개치는 난세가 되자, 광둥의 지배자인 장군 임호(任囂)는 진나라에서 독립하고자 했다. 그러나 뜻을 이루기 전에 병들어 죽게 된 임호는 부관 조타(趙佗)에게 반우를 중심지로 나라를 세우라는 유언을 남겼다.

기원전 203년 조타는 반우를 근거지로 남월국을 세웠다. 유방이 천하를 통일하고 한나라를 열었지만, 오랜 전란으로 피폐한 데다 제후의 반란과 흉노의 침략이 연달아 일어나 멀고먼 남월까지 신경 쓸 여력이 없었다. 한 황제가 남월왕을 임명하는 형식적 조공 관계를 유지하는 선에서 그쳤다.

그나마 유방마저 죽자, 조타는 무제(武帝)로 존호를 높였다. 중국 황제의 밑에 있는 일개 제후에서 벗어나 독립적인 황제가 되어, 복식과 수레 등을 중국 천자와 동등하게 했다. 또한 민월(閩越)·구월(甌越)·낙월(駱越) 일대를 복속시키니 "동서의 길이가 1만여 리에 달했다."[3] 오늘날의 푸젠성·광시성·베트남 북부 등 중국 동남부와 동남아시아 상당 부분을 지배한 것이다.

조타의 남월은 위만조선(衛滿朝鮮)과 닮았다. 연(燕) 출신의 한나라 장군 위만(衛滿)이 상투를 틀고 조선의 옷을 입고 조선에 들어와 위만조선을 세웠듯이, 조타 역시 중국계지만 베트남 식으로 상투를 틀고 남중국과 북베트남을 아우르며 두 문화를 조화시켰다.

한나라가 사신 육가(陸賈)를 파견했을 때, 조타는 머리에 상투를 틀고 다리를 쭉 뻗고 앉아서 그를 맞이했다. 중국 예법이 아닌 현지 관습으로 한나라 황제의 사신을 맞이해 독립성을 드러낸 것이다. 조타는 당차게 말했다. "내가 중국에서 일어나지 않았기 때문에 이곳의 왕이 된 것이지, 만약 내가 그곳에 있었다면 어찌 한의 황제만 못했겠소?"

베트남은 조타를 중국의 침략에 대항한 황제 찌에우 다(Trieu Da)로 숭상하고, 베트남 역사가 레 반 흐우(Le Van Huu)는 《대월사기(大越史記)》에 "진정

한 의미의 베트남 역사는 찌에우 다의 남월부터 시작된다."고 썼다.[4]

기원전 111년 남월은 한 무제에게 멸망당해 5대 93년의 역사를 끝냈다. 한 무제는 남월에 군을 설치했지만, 안타깝게도 남월은 중원인들의 식민지였고 남월의 풍요로움은 수탈의 대상이었다. 중국의 조정은 오직 남방의 물산을 거두어들이는 데에만 관심이 있었다. 현지 주민들은 백성이 아닌 물자 셔틀에 불과했다. 조정이 관심을 갖고 관리 감독해도 부정부패가 판을 치는데, 변방처럼 무관심한 지역은 어떻겠는가? 게다가 변경에 파견된 관리들은 대체로 질이 좋지 않았다. 광동성에 부임한 탐관오리들은 중앙정부의 몫에다 자기 뒷주머니에 챙길 몫까지 쥐어짰다.

윗물이 맑아야 아랫물이 맑다. 상관들이 썩었는데, 하급 관료와 장교, 병사 들은 어떻겠는가? 열악한 만리타향인 데다 주위는 온통 미개인들이다. 병사들은 지역 주둔군이라기보다 점령군처럼 극심한 횡포를 부렸다. 또한 교활한 한족 상인들이 순진한 원주민을 등쳐 먹어도 부패한 한족 관리들은 한족 상인들의 편을 들어 판결을 내렸다. 남월 일대는 여러모로 착취하기 좋은 조건이었고, 필연적으로 반란이 많이 일어날 수밖에 없었다.

후한 광무제 때인 40년 북베트남 지역에서 쯩(Trung) 자매의 난이 일어났다. 43년 복파장군 마원이 반란을 진압해 끝냈지만, 베트남은 오늘도 쯩 자매의 난을 중국의 폭압에 맞선 항쟁으로 기리고 있다.

후한 말 중앙정부의 통제력이 약해졌을 때 광둥은 사섭(士燮)의 영도 아래 다시 반독립 상태가 되었다. 226년 사섭이 죽은 뒤 손권이 양광(兩廣, 광둥·광시) 지역을 정복했으나, 동오의 영웅 손권도 거칠고 드센 양광 지역을 장악하는 데에는 상당히 애를 먹었다. 더욱이 오나라 말기 광저우에서 곽마(郭馬)가 반란을 일으키자, 오나라는 토벌을 위해 명장 도황(陶璜)·도준(陶濬) 형제와 정예병을 파견했다. 하필 이때 진나라가 오나라를 대대적으로 침공하는 바람에, 오나라는 제대로 힘도 못 써보고 멸망했다. 광둥은 간접적으로 오나라의 멸망을 부채질한 셈이다.

역사가 흐르며 남월의 광둥성 지역과 북베트남 지역은 점차 다른 길을 걸었다. 광둥성은 중국에 동화되었고, 북베트남은 남부를 정벌해 오늘날의 베트남을 만들었다.

중국의 통치력이 약했던 북베트남 지역은 계속 자율적인 정체성을 유지했다. 당나라가 멸망한 후 5대10국 시기에 응오 꾸옌(Ngo Quyen, 吳權)은 광둥성을 지배하던 남한(南漢)의 군대를 격파했다. 이로써 응오 꾸옌은 939년 베트남 최초의 독립왕조인 응오 왕조(Nha Ngo, 吳朝)를 열었다.

남쪽의 오랑캐, 불법을 깨닫다

한편, 광둥성이 중원과 동화되는 과정은 순탄치 않았다. 오랜 세월 동안 중원인들은 광둥인을 오랑캐로 여겼다. 육조(六祖) 혜능 대사(慧能大師)의 삶은 당나라 때 중원인들이 광둥인들을 어떻게 차별했는지 생생하게 보여준다.

달마 대사(達磨大師)는 원래 배를 타고 인도에서 광저우로 들어왔지만, 광저우에 오래 머무르지 않고 중원 소림사에서 불법을 크게 떨쳤다. 당나라 때 광둥성의 한 소년이 중원의 홍인 대사(弘忍大師)를 찾아가 가르침을 청하자, 홍인은 물었다.

"어디 사람이고, 여기는 무엇 하러 왔는가?"

"영남 신주 사람으로 부처가 되고자 왔습니다."

"남쪽의 오랑캐가 어찌 감히 부처가 되겠다고 하느냐?"

"사람에게는 남과 북이 있어도, 불성(佛性)에는 남과 북이 없습니다. 불성은 개미에게도 가득하거늘, 어찌 유독 오랑캐에게만 불성이 없겠습니까? 오랑캐의 몸이 스님과 같지 않다 하더라도 불성에 어찌 차별이 있겠습니까?"[5]

귀족과 천민이 엄격하게 나뉘던 시대였다. 중원인과 오랑캐가 섞일 수 없는 때였다. 그러나 소년은 불법을 제대로 닦기 전부터 이미 깨우침을 보여주었다. 구분과 차별이란 애초부터 무의미하고 모든 존재가 평등하다는 소년의 말은 혁명적 선언이었다.

바로 이 소년이 불세출의 선승인 혜능 대사다. 두 고승이 첫 대면에서 주고받은 문답 자체가 중원인들의 광둥성 사람에 대한 편견을 잘 보여준다.

훗날 홍인 대사는 혜능이 깨달음을 얻은 것을 알았지만, 다른 제자들의 반발이 두려워 혜능에게 밤에 몰래 의발을 물려주며 말했다.

"내가 비록 너에게 의발을 전수하기는 했지만, 다른 승려들은 남만의 오랑캐가 의발을 가로챘다고 여겨 너를 가만두지 않을 것이다. 남쪽으로 내려가 숨어살다가 때가 지나면 불법을 전파하도록 하거라."[6]

혜능은 야반도주한 지 15년이 지나서야 간신히 광저우에 모습을 드러냈다. 육조 혜능 대사는 광둥성의 조계(曹溪)에 보림사(寶林寺)를 짓고 설법을 전파하여 조계 대사(曹溪大師)로도 불렸다. 훗날 고려의 도의 국사(道義國師)가 조계 대사의 법통을 이었다며 조계종(曹溪宗)을 창시했고, 오늘날 조계종은 한국 불교의 최대 종파가 되었으니, 저 머나먼 광둥성은 이렇게도 우리와 인연을 맺고 있다.

불법을 닦고 인격을 수양하는 승려들이 이토록 광둥인들을 차별했으니, 일반 대중들은 과연 어느 정도 수준이었을까? 광둥성은 그만큼 오랜 세월을 거쳐서야 중국에 융합될 수 있었다.

변방, 변혁의 땅이 되다

2015년 1월 4일 리커창(李克强) 총리가 광둥성을 찾자, 중국 언론들은 '리커

창의 남순(南巡)'이라며 대서특필했다. 광둥성이 일찍 문호를 열고 덩샤오핑이 개혁개방 의지를 역설한 남순 강화 후 광둥성은 개혁개방의 상징이 되었다. 변방은 변혁의 땅으로 거듭났다.

광둥성이 변혁의 중심이 된 것은 비단 어제오늘의 일이 아니다. 근대 무역이 활발해지자 중국 유일의 대외무역항인 광저우는 중국에서 외국 문물을 접할 수 있는 하나뿐인 장소였다. 일찍부터 무역으로 해외를 방문하다가 현지에서 살게 된 화교들은 고향 광둥성의 가족·친구 들과 서신을 교환하며 중국 밖의 세상을 알려주었다.

제국주의의 시대에 평화로운 교류만 있을 수 없었다. 광둥성은 중국과 서양이 충돌하는 격변의 중심이기도 했다. 인류 역사상 가장 부도덕한 전쟁인 아편전쟁, 청나라의 끝이 멀지 않았음을 알린 태평천국운동이 광둥성을 휩쓸었다.

엄혹한 현실을 타개하기 위해 사상가들도 분투했다. 태평천국운동을 일으킨 홍수전, 서양 제도를 도입하자는 변법자강운동을 일으킨 캉유웨이, 삼민주의(三民主義, 민족·민권·민생)를 주창한 쑨원 등은 모두 광둥인이다. 홍수전은 광저우 선교사의 가르침을 중국식으로 바꿔서 태평천국의 교리로 삼았다. 캉유웨이는 영국령이 된 후 궁벽한 어촌에서 멋진 국제도시로 변신한 홍콩을 보며 서구 시스템에 눈을 떴다. 쑨원은 하와이 화교였던 형 덕분에 영국 학교에서 공부하며 민주주의를 만났다. 새로운 사회를 직접 체험하고 자극을 얻은 광둥인들은 중국의 내일을 그릴 수 있었다.

청나라가 무너지자 각지에서 군벌이 일어난 군웅할거의 시대가 되었다. 외부와 고립된 수도 베이징은 정부의 살림을 제대로 꾸릴 수 없었다. 그러나 광둥성은 풍요로운 물산, 활발한 무역, 부유한 화교의 지원으로 능히 나라를 세울 수 있었다. 쑨원은 광저우를 근거지로 중화민국의 초대 임시 대총통이 되었고, 후계자 장제스는 북벌에 성공하여 중국을 장악했다.

광저우는 국민당뿐만 아니라 공산당의 주요 근거지이기도 했다. 훗날 공산당은 국민당을 물리치고 중국을 재통일하지만, 대약진운동과 문화대혁명으로 정치적 혼란과 경제적 궁핍에 시달렸다. 살림꾼 덩샤오핑은 광둥성에서 시장경제 체제를 실험하고 개혁개방을 실시했다. 개혁개방을 실시한 지불과 30여 년 만에 중국은 가난한 나라에서 미국에 비견되는 강대국으로 거듭났다.

이처럼 중국 근현대사의 중요한 사건과 인물이 광둥성과 얽혀 있다. 광둥성의 근현대사는 곧 중국의 근현대사라고 해도 과언이 아니다.

"삼촌은 어머니와 같다는 말 못 들었어?"

"마오쩌둥 주석이 가족보다 가깝다는 말만 들었어요."

영화 〈도협(賭俠)〉에서 홍콩 삼촌이 광둥성 조카와 주고받은 대화다. 1990년 홍콩과 광둥성의 의식 차이를 잘 풍자하고 있다. 홍콩은 원래 광둥성의 조그만 섬이었지만, 다른 체제로 갈라지며 의식도 크게 달라졌다. 반면 광둥성은 원래 중원과 크게 달랐지만, 긴 세월 동안 중국과 완전히 동화되었다. 이제 광둥성은 중국적인, 너무나 중국적인 곳이다.

선전 박물관을 구경하며 중국인 가이드의 설명을 들었다. 가이드는 전시물을 소개하며 중국의 이모저모에 대해서도 설명해주었다.

"중국은 부동산 소유의 개념이 없습니다. 부동산을 70년 동안 국가로부터 빌려 쓸 뿐입니다."

"그 기간이 지나면 어떻게 되나요?"

"아직까지는 임대 기간이 만료되지 않아서 아무도 모릅니다. 기간을 연장해줄지도 모르고, 거액의 임대료를 다시 내야 할지도 모르죠. 그래서 우리 중국인들은 돈을 벌기 위해 그토록 열심히 일하는 겁니다."

풍요로운 광둥성이지만 앞날을 알 수 없는 불안함이 읽혔다.

설명은 계속 이어졌다. 가이드는 QQ 마스코트를 가리키며 말했다.

"중국에서는 페이스북, 트위터, 유튜브 등을 사용할 수 없습니다. 대신 우리에게는 그와 비슷한 QQ, 웨이보, 유큐 등이 있죠."

"왜 중국에서는 페이스북을 쓸 수 없나요?"

"좋은 질문입니다. 하지만 저는 그에 대해 답변할 수가 없군요. 중국에서는 정부가 모든 것을 결정합니다. 뉴스도 일단 정부에게 먼저 보여줘서 내보내도 좋다는 허가를 받은 후에 보도할 수 있습니다."

선전과 홍콩은 지하철로 오갈 수 있을 만큼 맞붙어 있다. 오늘날 선전의 외양은 홍콩에 비해도 그리 떨어져 보이지 않는다. 중후장대한 건축물은 중국의 자신감과 부유함을 대변한다. 중국에서 평균연령이 가장 젊은 도시답게 거리에는 화사하게 꾸민 젊은 여자들이 많다.

그러나 그런 인접성과 유사성에도 불구하고 선전과 홍콩은 엄연히 체제가 다르고, 언론 자유의 수준이 다르다. 경계 하나로 삶은 크게 달라진다. 내일을 예측할 수 없는 부동산과 차단된 SNS, 둘만 놓고 보더라도 광둥성 역시 중국임을 절감할 수 있다.

고단한 선전속도

"마음이 너무 편해!"

쓰촨성 청두에서 광둥성 선전인을 만났다. 바쁜 도시 선전에서 느긋한 도시 청두로 오자 여유로워 좋단다.

"선전은 엄청 바빠. 빨리빨리, 시간 낭비하지 말라고 하지."

'시간은 돈, 효율은 생명'을 강조하는 선전 생활의 고단함이 느껴졌다.

선전은 중국 개혁개방의 상징이다. 중국 정부가 1978년 외국 기자들을 경제특구 선전에 초대했을 때 기자들의 눈에는 펄 위의 17가구만 보였다. 그러나 개혁개방 30여 년 만에 선전은 1000만 인구가 넘는 대도시로 거듭났다. 거리는 깔끔하고, 사람들은 젊으며, 여자들은 세련되었다.

오늘날 선전은 활력이 넘쳐 보인다. 1982년 국제무역센터를 지을 때는 사흘에 한 층씩 올리더니, 1990년대 디왕(地王, 지왕) 빌딩을 지을 때는 아흐레에 네 층씩 올렸다. 그 결과 '선전속도(深圳速度)'라는 말이 탄생했다.

버락 오바마(Barack Obama)가 스티브 잡스(Steve Jobs)에게 아이폰(Iphone)을 미국에서 생산할 수 없는지 묻자, 잡스는 "그런 일자리는 이제 미국에 돌아오지 않는다."고 잘라 말했다. 중국 노동자의 경쟁력은 인건비가 쌀 뿐만 아니라, 가혹한 노동 강도와 속도를 감내하는 데에 있다.

2007년 아이폰 출시 한 달 전, 화면 내구도 결함을 발견한 스티브 잡스는 6주 안에 흠집 안 나는 유리를 개발하여 아이폰 화면을 교체하라고 했다. 기존 협력업체는 잡스의 빡빡한 요구를 충족시킬 수 없었다. 그러나 선전의 중국 업체는 실험 재료와 인력을 24시간 아무 때나 거의 공짜로 제공했다. 개발을 마치자마자 강화유리를 아이폰 제조사 폭스콘(Foxconn)에 보냈다. "자정 무렵이었지만 관리자들은 기숙사 직원 8000여 명을 깨워 과자 한 조각과 음료만을 제공하고 30분의 준비 시간 뒤에 곧바로 작업에 투입했다." 96시간 만에 하루 1만 대의 아이폰을 생산해냈다.[7] 선전속도가 없었다면 아이폰이 세상의 빛을 보는 것은 더욱 늦어졌을 것이다.

선전속도는 분명히 고속 성장의 중요한 원동력이었다. 그러나 빠른 성장을 위해 사람들은 극도로 바쁘고 피곤해졌다. 속도와 효율성에 대한 피로감은 삶을 팍팍하게 만들고, 과중한 노동 강도는 생명을 위협한다.

대표적인 예가 애플사(Apple Inc.)의 협력업체인 폭스콘이다. 노동 강도가 높기로 악명 높은 폭스콘에서는 2007년부터 2013년까지 노동자 24명이

자살을 시도하여 19명이 죽었다. 자살 사태가 최악이었던 2010년에는 한 해에만 18명의 폭스콘 노동자들이 자살을 기도하여 14명이나 죽었다. 대부분이 앳되고 여린 10대 말에서 20대 초까지의 청춘 남녀들이었다.[8] 그래도 폭스콘의 CEO 궈타이밍(郭台銘)은 아주 당당하다. 폭스콘의 처우는 다른 기업들보다 더 낫다고 뻐긴다.

빈말은 아니다. 광둥성의 주장 삼각주 지역은 제일 먼저 문호를 개방한 덕분에 의류·신발·장난감 등 노동 집약적 산업이 주력이라 임금과 복지 수준이 다른 지역에 비해 낮다. 상하이·장쑤성·저장성 등 창장 삼각주 지역은 광둥성보다 늦게 개발된 대신 후발 주자의 이익을 얻었다. 기술 집약적 산업이 주를 이루고, 임금과 복지 수준도 더 높다. 노동자들이 어디에 취업할지는 자명하다. 광둥성은 2004년부터 농민공이 부족해져 현재는 일자리에 비해 26.5퍼센트의 노동력이 부족하다.

더욱이 세대가 바뀌며 노동자들의 권리 의식은 높아지는 반면, 노동 실태는 여전히 열악하다. 많은 작업장은 노동자들이 다치기 쉬운 환경을 제공하고도 정작 노동자가 다치면 산업재해로 인정해주지 않는다. 필연적으로 노사 갈등이 첨예해지며 파업도 늘어나고 있다. NGO 중국노공통신(中國勞工通信)이 집계한 2011~2016년의 중국 노동쟁의는 8040건이다. 그중 광둥성에서는 전국 최다인 1490건(18.5퍼센트)이 발생했다.[9]

광둥성의 문제는 노동 문제뿐만이 아니다. 광둥인의 이익 추구는 황당한 결과를 낳기도 한다. 그중 하나가 전자 쓰레기 밀수다. 전자제품 폐기물은 많은 유해 물질이 발생해 처치가 곤란한데, 중국은 이를 기꺼이 몰래 사들인다. 광둥성 산터우시(汕頭市, 산두시) 차오난구(潮南区, 조남구) 구이위진(貴嶼鎭, 귀서진)은 세계 최대의 전자제품 쓰레기장이다. 해마다 5000만 톤이 발생하는 전 세계의 전자 쓰레기 중 자그마치 70퍼센트가 여기로 모인다. 후유증은 막대하다. 구이위 일대에서 암과 백혈병의 발병률은 다른 지역 평균의

광둥성 廣東省

다섯 배가 넘고, 혈액이 굳는 병인 혈전증(血栓症)의 발생률은 산터우시 시내에 비해 두 배나 높다.[10]

이에 비하면 '섹스 도시'라는 광둥성 둥관(東莞, 동완)은 차라리 애교로 보인다. 둥관의 성매매업은 30만 명의 종사자, 500억 위안(8조 8000억 원)의 시장으로 추정된다.[11] 둥관은 한때 '둥관에 차가 막히면 전 세계 부품이 부족하다'는 말이 나올 정도로 제조업이 발달한 도시였다. 그러나 임금과 토지비용이 상승하며 공장들이 빠져나가자, 제조업의 빈자리를 성매매업이 채웠다.

광둥성은 가장 먼저 자본주의의 성과를 맛보기도 했지만, 가장 빨리 폐해를 입기도 했다. 개혁개방의 선두 주자 광둥성의 고민이다. 중국 유일의 무역항으로서 중국 밖의 세상을 접할 수 있었던 광둥성. 그래서 광둥성은 가장 먼저 열리고, 가장 먼저 깨어났다. 광둥인들은 고난에 좌절하지 않았다. 오히려 가장 먼저 다른 세상을 꿈꾸고, 가장 먼저 목소리를 냈다. 항상 변화의 선두에 있었기에 가장 먼저 바꾸고, 가장 먼저 고통을 겪었다. 광둥인은 김수영의 시처럼 '바람보다도 더 빨리 눕고, 바람보다도 먼저 일어나는' 풀과도 같다.

중국은 개혁개방으로 민생을 어느 정도 해결했지만, 급속한 발전의 성장통과 후유증을 앓고 있다. 중국의 내일을 먼저 열어왔던 광둥인들이 오늘 중국의 숙제를 어떻게 해결해나갈지 주목하는 이유다.

桂

계수나무 **계**

광시쫭족자치구

廣西壯族自治區

천하제일의 산수, 동남아로 가는 길

❶ 리장 유람 '구이린의 산수는 천하제일(桂林山水甲天下)'이라는 명성을 얻게 해준 곳이다. 중국돈 20위안 지폐에 그려진 곳으로도 유명하다.
❷ 웨량산 카르스트 동굴이 무너져 생긴 아치형 암벽이다. 입구 매표소에는 암벽등반을 금지한다는 표지판이 붙어 있지만, 어찌 된 일인지 암벽등반을 즐기는 서양인들이 눈에 띄었다.
❸ 양쉬 풍경 "구이린의 산수는 천하제일이고, 양쉬의 산수는 구이린 제일이다(桂林山水甲天下, 陽朔山水甲桂林)."라는 말을 듣는 명소다.
❹ 양쉬의 서양인들 중국 중에서는 한적한 편인 양쉬는 서양 여행자들에게 인기가 좋다.

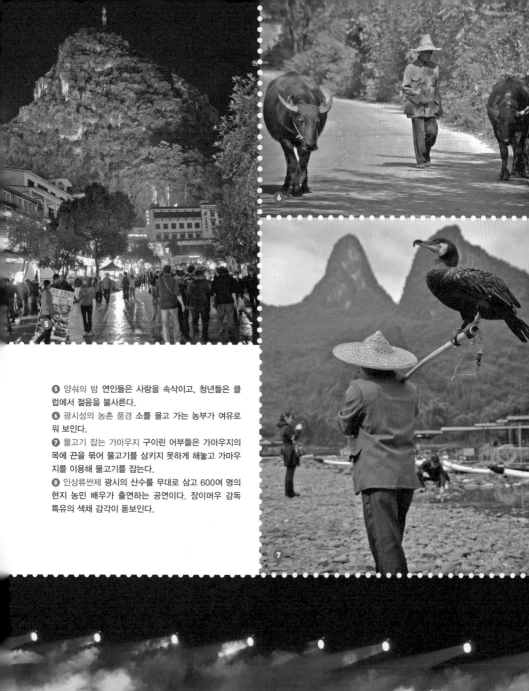

⑤ 양쉬의 밤 연인들은 사랑을 속삭이고, 청년들은 클럽에서 젊음을 불사른다.
⑥ 광시성의 농촌 풍경 소를 몰고 가는 농부가 여유로워 보인다.
⑦ 물고기 잡는 가마우지 구이린 어부들은 가마우지의 목에 끈을 묶어 물고기를 삼키지 못하게 해놓고 가마우지를 이용해 물고기를 잡는다.
⑧ 인상류싼제 광시의 산수를 무대로 삼고 600여 명의 현지 농민 배우가 출연하는 공연이다. 장이머우 감독 특유의 색채 감각이 돋보인다.

룽성 o
구이린 •   리장
난단 o
류저우 •   류장
                구이장
홍수이허
광시좡족자치구
우저우 •
징시 •
           난닝 o
                용장
베이하이

광시좡족자치구는 오랜 세월 동안 광둥성의 배후지였다. 영국이 상하이를 육성하면서 중국 유일의 대외무역항이었 던 광저우가 쇠퇴하자, 광시는 실업난에 시달렸다. 홍수전은 이 빈궁한 사람들을 이끌고 태평천국운동을 일으켜 대 륙을 뒤흔들었다. 오늘날 광시의 아름다운 카르스트 지형은 중국에서 가장 아름다운 곳이라고 찬사를 받고 있다. 또 한 베트남과 국경을 맞닿고 있는 국경 지대로서, 베이부만(北部灣) 경제권으로서 동남아 진출의 교두보로 거듭나려 한다.

영화 〈이별계약(分手合約)〉에서 주인공 커플은 이별 후 오랜만에 재회하여 함께 상점에 간다. 점원이 남자의 취향을 알기 위해 "좋아하는 향이 뭔가요?"라고 물어본다. 남자가 계수나무향이라고 답하자, 여자는 맞장구친다.

"그래, 맞아, 계수나무향! 10월 이른 가을 무렵 비를 머금은 잎의 향!"

계수나무향은 여자가 제일 좋아하는 향이고, 두 남녀가 긴 세월 동안 서로를 잊지 않고 있었음을 확인시켜주는 사랑의 향기다.

중국에서 계수나무향을 맡기 가장 좋은 곳이 어디일까? '계수나무 계(桂)' 가 약칭인 광시좡족자치구(廣西壯族自治區, 광서장족자치구)가 아닐까?

남월왕 조타, 사왕 사섭

진 시황은 중국을 통일하고서도 야망이 사그라들지 않았다. 당시 중국의 영역이 아니었던 남방까지 손을 뻗쳤다. 이때 정복한 광시 일대는 진의 군현인 계림군(桂林郡)이 되었다. 2000년 전에도 이 지역은 계수나무 숲이었으리라.

진 시황이 죽고 중원이 전란에 휩싸이자 장군 조타는 남월의 독립을 선언하고 스스로 황제가 되었다. 남월은 광저우를 중심으로 광둥·광시·북베트남 일대를 석권한 남방의 강자였다. 한(漢)이 천하를 재통일하고 국력을 축적한 후, 한 무제는 남월을 정복했다. 그러나 이때의 정복이란 한의 지배를

광시좡족자치구 廣西壯族自治區 桂

인정하고 세금을 바치는 수준이지, 문화적 통합을 이룬 것은 아니었다.

당시 양광 지역은 인종적인 면에서나 문화적인 면에서 베트남의 송꼬이 강(Songcoi江) 삼각주 주민과 더 비슷했다. 원주민은 원주민대로 중국 문화를 적극적으로 받아들이지 않았고, 중국인도 중국인대로 원주민을 말이 통하지 않는 야만인으로 취급했다.

후한 말 오나라의 대학자 설종(薛綜)은 중원의 전란을 피해 어린 나이에 교주(交州)로 왔다. 당시 교주는 광시·광둥·하이난·북베트남을 포괄했다. 설종은 어려서부터 교주에 살았기에 지역 문화를 잘 알기는 했지만 존중하지는 않았다. "교주 백성은 모임 때마다 남녀가 거리낌 없이 몸을 허락하여 부부가 되고, 형이 죽으면 동생이 형수를 아내로 맞으며, 알몸으로 살면서도 부끄러워하지 않는다."며 "들짐승으로 오직 인간의 얼굴을 하고 있을 뿐"이라고 폄하했다.[1] 또한 설종은 광시가 통치하기 어려운 땅이라고 경고했다. "이곳 땅은 광활하고 인구가 많으며 지세가 험준하고 산림이 좋지 못하므로 이 조건을 이용하여 소란을 일으키기는 쉽지만, 이곳 사람들을 다스림에 복종시키기는 어렵습니다."[2]

경멸하는 사람을 착취하기란 쉬운 일이다. 후한 조정이 임명한 교주 관리들은 이민족에게 곧잘 살해당했다. 정황상 소수민족이 관리들의 가혹한 수탈에 저항하다 살해한 것으로 보인다. 설종 역시 한족 관료의 폐해를 인정했다.

이런 상황에서 누가 교주 지역을 평안하게 할 수 있을까? 중국의 사정에 정통하면서도 현지 문화를 잘 이해하고 포용할 수 있는 인물이어야 했다. 사섭이 바로 그런 사람이었다. 사섭의 선조는 노나라 사람으로 산둥인이었지만, 전란을 피해 광시에 내려와 자리를 잡았다. 사씨 일가는 착실히 기반을 닦아, 6대손인 사섭의 아버지는 일남(日南, 후한 때 지금의 베트남에 있던 도시) 태수를 지냈다.

광시성 정착 7세대인 사섭은 남방의 공기 속에서 자란 사람이었다. 동시에 사섭은 수도 뤄양에서 유학하며 학문으로 명성을 떨칠 만큼 중국 문물과 정세에도 밝았다. 숱한 군웅들이 불꽃처럼 일어났다 스러지는 난세에 사섭은 중원의 조조, 형주의 유표, 동오의 손권 등과 시기적절하게 동맹을 맺기도 하고 대립하기도 했다. 덕분에 중원이 전란에 휩싸인 시기에 교주는 오히려 평안해서, 사섭을 칭송하는 목소리가 높았다.

교지의 사부군(士府君, 사섭)은 학문이 뛰어나고 박식하며 정치적인 업무에도 정통하여 아주 혼란스런 가운데서도 한 군을 보전하였으며, 20여 년 동안 그의 영내에 일이 없고 백성은 가업을 잃지 않았으니 타향을 떠도는 사람은 모두 그의 은혜를 입었습니다.[3]

사섭은 중국의 유교 문화에만 매몰되지 않았다. 인도-동남아-중국을 잇는 해외무역을 통해 큰 재물을 축적하며, 동남아·인도 문화를 융통성 있게 수용했다. 그래서 사섭이 외출할 때마다 "늘 호인(胡人) 수십 명이 길 양쪽에서 향을 태웠다."[4]

사섭이 다스리는 동안 교주 지역은 안정과 번영을 누렸다. 베트남인들은 사섭에게 왕의 칭호를 수여하여 '씨 브엉(Si Vuong, 士王)'이라며 존경을 표한다. 베트남 역사서인《대월사기전서(大越史記全書)》는 "우리나라에서 시서(詩書)가 통하고 예악을 익혀 문명된 국가가 되는 것은 사섭 때로부터"라고 말한다.[5]

사섭은 손권의 신하라 자처하고 향료·진주·조개·유리·비취·코끼리·과일·약재 등을 조공으로 바쳐 교주의 평화를 유지했지만, 손권은 항상 교주의 풍부한 물산을 탐냈다. 사섭이 죽자 손권은 교주를 정벌했다. 이때 명장 여대(呂岱)는 전격전을 감행했다. 주위에서 준비가 충분하지 않다고 우려하

광시좡족자치구 廣西壯族自治區 桂

자 여대는 말했다. "신속하게 하지 않아서 그들(사씨 일가)이 경계하는 마음을 가져 성을 굳게 지키게 하면 일곱 군의 소수민족이 구름처럼 모이고 메아리쳐 호응할 테니 비록 지혜로운 자가 있을지라도 누가 여기에 대처할 수 있겠습니까?"[6]

삼국시대 한족의 전투력은 모든 이민족을 압도하던 시기였다. 그러나 동오의 명장 여대도 구름처럼 많은 소수민족과 험준한 지형을 두려워했다. 여대의 정벌은 성공했지만, 교주는 더 이상 사섭의 시대처럼 평안할 수 없었다. 수탈과 반란의 악순환이 끊이지 않아, 조세 수입이 사섭의 조공만도 못했다. 황금알을 낳는 거위의 배를 가른 격이었다.

하느님의 중국인 아들, 예수의 아우 홍수전

오랜 세월이 흘러 광둥·광시·하이난 지역은 중국에 통합되고 북베트남 지역은 중국에서 벗어나 독립했다. 광시는 중국에 통합되었지만, 청나라 말기 태평천국운동의 진원지가 되어 중국에 일대 파란을 일으켰다.

아편전쟁은 서양의 탐욕과 청의 무능함을 적나라하게 드러내었다. 난징조약에 따라 다섯 개 항구가 개항을 하게 되자, 중국 무역을 독점하던 광저우는 상하이에 무역 중심의 자리를 내주며 경제 침체의 몸살을 앓았다. 인근 광시에서 광저우로 일하러 왔던 많은 노동자도 실업자가 되었다. 고향에 돌아가도 별수 없었다. 원래 가난하던 광시는 때마침 가뭄까지 겹쳐 기근에 허덕였다. 일부 광부들은 허기를 달래려 석탄을 먹을 지경이었다.

게다가 홍콩에 자리 잡은 영국이 광둥 일대의 해적을 소탕하자, 궁지에 몰린 해적은 강을 거슬러 올라가 광시로 도망쳤다. 반청복명(反淸復明)의 비밀결사 천지회(天地會)도 청의 손길이 미치지 않는 광시성에서 암약했다. 먹고살기 힘든 데다 불량배들까지 설치자 민심이 흉흉해졌다. 이때, 지역 토호들은 빈민을 구휼하지 않고 자기 이익만을 챙겼다.

외세의 침탈, 기근과 실업, 불안한 치안과 민심, 무능할 뿐만 아니라 부패하고 탐욕스러운 지배층. 선지자 이사야(Isaiah)는 바로 청나라 말기를 보며 한탄한 듯했다.

너희가 어찌하여 매를 더 맞으려고 더욱 더욱 패역하느냐? …… 너희 땅은 황무하였고 너희 성읍들은 불에 탔고 너희 토지는 너희 목전에 이방인에게 삼키웠으며 이방인에게 파괴됨 같이 황무하였다.[7]

이때, 자칭 '하느님의 아들이며 예수의 아우' 홍수전이 나타났다. 예수가 고향에서는 환영받지 못했지만 가난하고 수고로운 이들에게 산상수훈(山上垂訓)을 설파했듯이, 홍수전은 고향 광둥을 떠나 광시의 척박한 산골 마을에서 "하루하루 근근이 살아가는 것조차 어렵다. 한 달을 살아가기는 더 어렵다."[8]고 한탄하던 이들에게 구원을 약속했다.

광시에서 일어난 태평천국운동은 들불처럼 대륙을 휩쓸었다. 광시인들은 용맹한 군인으로서, 충실한 신자로서 태평천국 초기에는 열정과 활기를, 후기에는 신념과 노련함을 불어넣어주었다. "광시에서 일하다가 실직한 광부 1천여 명"[9]은 화약에 익숙했다. 이들은 태평천국군에서 공성전 전문가로 활약했다. "누구든 하느님의 자녀이고, 모두가 형제자매"라고 외친 태평천국군은 중국 중남부에서 위세를 떨치며 강남의 중심 난징을 11년 동안이나 차지했다.

그러나 태평천군은 끝내 새로운 세상을 만들지 못했다. 홍수전 일가부터 사치와 향락에 빠져들고 부패했으며, 핵심 인물들은 권력을 둘러싸고 내분을 벌였다. 청나라 관군은 무능했지만, 천하의 안정을 지키려는 증국번과 이

광시좡족자치구 廣西壯族自治區 桂

홍장 등 신진 군벌이 등장했다. 결정적으로 서양 열강도 이해득실을 따져본 끝에 이단적인 태평천국군보다는 고분고분한 청나라가 낫다고 판단해 청나라를 지원했다.

비록 14년에 걸친 태평천국운동은 2000만 명의 사망자를 낳은 지옥으로 끝났지만, 청·지주·외세에 분연히 맞선 태평천국의 신화는 오랫동안 민중의 가슴을 울렸다. 태평천국의 이야기를 들으며 자란 어린이들은 훗날 신중국을 여는 주역이 되었다. 신중국의 아버지인 쑨원은 '제2의 홍수전이 되겠다'는 꿈을 품었고, 공산당의 전쟁 영웅인 주더는 '앞으로는 누구에게도 머리를 조아려서는 안 된다'던 태평천국의 명장 석달개(石達開)의 무용담을 들으며 불굴의 의지를 키웠다. 실패로 끝난 실험은 중국의 근대를 여는 시작이기도 했다.

아름다운 카르스트의 땅

뜨거운 역사를 뒤로한 채, 오늘의 광시는 평온하다. 광시의 풍광을 보러 많은 관광객이 각지에서 몰려든다. '구이린의 산수는 천하제일이고, 양쉬의 산수는 구이린 제일[桂林山水甲天下, 陽朔山水甲桂林]'이므로 "구이린 사람이 되기를 바라지 신선이 되기를 바라지 않는다[願作桂林人, 不願作神仙]."[10]

구이린(桂林, 계림)의 산수를 보면 지형의 변천사를 상상해볼 수 있다. 태초에 이곳은 바다였다. 많은 조개와 산호의 사체가 쌓여 석회암이 만들어졌다. 세월이 흘러 유라시아판과 인도판이 충돌하는 지각 변동이 일어나며 해저 석회암이 땅 위로 솟아올랐다.

탄산칼슘이 주성분인 석회암은 탄산이 섞인 물에 잘 녹는다. 중국 남부는 아열대·열대성 기후로 비가 많이 오고 식물이 잘 자란다. 빗물은 대기 중의 이산화탄소를 머금고 지하수는 식물의 뿌리에서 나오는 이산화탄소를 담는다. 탄산수가 끊임없이 석회암을 녹여내면서 계곡과 동굴이 만들어지고, 비교적 산성에 강한 석회암 부위가 남게 되어 오늘날 독특한 모양의 산이 되었다.

그 결과 중국 남부와 동남아 일대에 광활한 카르스트 지형이 생겨났다. 중국의 광시·윈난·구이저우, 베트남의 하롱베이, 라오스의 방비엥 등은 오늘날 대표적인 관광 명소가 되었다. 특히, 광시는 430킬로미터의 리장(漓江, 리강)과 3만 6000개의 봉우리가 어우러지는 절경을 자랑한다.

그러나 중국의 명소는 언제나 엄청난 인파로 붐빈다. 천하 명승지인 구이린도 예외가 아니다. 론리 플래닛은 특유의 독설을 날렸다. "구이린은 관광 의존도가 매우 높다. 이는 잘 관리되고 있고 깨끗하지만, 떼거지 무리들과 부대껴야 하며 대부분의 명소에서 비싼 입장료를 내야 한다는 뜻이다. …… 헨리 키신저는 노적암(芦笛岩)을 '시적인 곳'이라 평했는데, 그때는 중국인 단체 관광객들의 크고 아름다운 아우성이 없었나 보다."

번잡한 중국 여행에 지쳤을 때, 작은 마을 양쉬(陽朔, 양삭)에서는 한적한 분위기를 즐길 수 있을 줄 알았다. 실제로 낮에는 그리 소란스럽지 않았다. 그런데 밤이 되자 갑자기 클럽 음악이 시끄럽게 울리기 시작하더니 새벽 2시가 되어서야 그쳤다. 양쉬가 왜 '중국에서 서양 사위가 가장 많은 마을'이라는 별명이 있는지 짐작이 갔다. 젊은 서양 배낭 여행자들이 낮에는 풍경에 취하고, 밤에는 술과 음악에 취해 놀다가 혈기를 못 이기고…….

숙소를 양쉬 중심에서 외곽으로 옮긴 후에야 비로소 평온한 밤을 보낼 수 있었다. 숙소 매니저인 잭은 무척 유머러스한 쓰촨인이었다. 처음에 양쉬에서 일해달라는 제의를 받았을 때 "KFC도 없는 곳에서는 일하고 싶지 않아요."라며 거절했는데, 양쉬에도 KFC가 생겼다는 말을 듣고 일하게 되었단다.

이때쯤 나는 광시가 좡족자치구인데도 만나는 사람들은 죄다 한족인 게

광시좡족자치구 廣西壯族自治區 桂

의아해서 잭에게 물어보았다.

"광시는 좡족자치구라고 해서 뭔가 특별할 줄 알았는데, 생각보다 큰 차이가 없네?"

"중국엔 56개 민족이 있고, 좡족은 그중 하나일 뿐이야."

잭은 나의 질문에 대수롭지 않다는 듯이 대답했다. 소수민족을 대단찮게 여기는 한족의 시각이 엿보였다.

한족에게 밀려난 소수민족들

좡족은 중국 내 최대 인구(1618만 명)의 소수민족으로, 그중 87퍼센트(1420만 명)가 광시에 산다. '소수'라고는 하지만 네덜란드·과테말라·에콰도르 등 웬만한 나라의 인구와 맞먹는다. 그러나 큰 것을 숭상하는 중국인들에게 소수는 대수롭지 않은 존재다. 4000만 광시인 중 62퍼센트는 한족이고, 좡족은 32퍼센트에 그치며, 3위인 야오족(瑤族, 요족)은 3퍼센트에 불과하다. 더욱이 중심 상권은 한족들이 장악하고 있어서, 짧은 일정의 여행자로서는 좡족을 보기가 의외로 어려웠다.

여대와 설종은 이민족들을 겁냈지만, 한족에게 밀려난 이들 입장에서 보면 강자의 엄살에 불과하다. 야오족의 서사시는 모세(Moses)의 〈출애굽기〉를 방불케 한다. 야오족의 경사스런 혼인날 한족이 쳐들어온다는 소식이 전해졌다.

자만심 넘치는 한족은 야오족을 대단히 깔보았다.

우리는 글자로 춤을 추는 민족이야
우리는 먹[墨]을 가지고 놀 줄 아는 부족이지

......

야오족이 어디서 온 놈들이냐, 부누가 어디서 사는 자들이지?

그래봐야 풀을 베는 민족, 나무나 베는 부족에 불과하지

......

우리보다 가난하지, 우리보다 빈궁해[11]

한족과 야오족의 격차는 압도적이었다. 한족에 맞서기는커녕 안전하게 달아나기도 힘들었다. 현명한 야오족 노인은 북 위에 기장을 뿌려서 새들이 모이를 쪼느라고 북을 둥둥 울리게 했다.[12]

한족들이 경계하며 북이 울리는 마을에 천천히 접근하는 동안 야오족은 무사히 도망칠 수 있었다. 야오족의 눈물 어린 생존 투쟁이 엿보인다.

그러나 이들이 밀려난 땅은 척박했다. 산 전체를 통째로 논으로 만든 룽성(龍勝, 용승)은 차라리 운이 좋은 편이다. 흰바지야오족[白褲瑤族, 백고요족]이 사는 난단현(南丹縣, 남단현)은 고산 협곡 사이에 위치한 땅으로 "7층의 돌에 1촌(寸)의 흙"이라 지력이 약하다. 2~3년 농사짓고 7~8년 휴경하기 일쑤다. 큰 강은 아예 없고 작은 강도 드물다. 비가 많이 와도 걱정이다. 큰 비가 얇은 흙을 쓸어가 농사를 짓지 못하기 때문이다.[13]

야오족은 머리카락을 자르지 않는 풍습이 있다. 그 유래에 대해서는 머리카락을 잘랐더니 영혼을 잃어 죽었다거나 힘을 잃어 전쟁에서 졌다는 등 여러 전설이 있다. 그런데 다양한 전설 속에서 공통된 점은 지나가던 상인에게 머리카락을 팔았더니 중요한 것을 잃었다는 것이다.

상상해보자. 한족 상인이 화려한 도자기, 예쁜 빗과 노리개, 맛있는 향신료 등을 잔뜩 가져왔다. 가진 것 없는 이들이라 돈이 될 만한 물건을 팔다가 급기야는 머리카락까지 팔았다. 가난한 상태에서 과소비를 하게 되니 더욱 가난해졌고, 한족에게 경제적으로 얽매였다. 경제적 예속은 정치·사회적 지

배로 확대되고, 문화적으로도 한족에 동화되어 종족의 정체성까지 잃을 위험에 처한다.

전설 속의 패배는 문화의 패배를, 전설 속의 죽음은 종족의 죽음을 말하는 것이리라. 이런 상황에서 머리카락을 자르지 않는 것은 이제 더 이상 한족의 지배를 받으며 탐욕의 노예로 살지 않겠다는 독립선언이다. 자신의 긍지와 문화, 종족을 지켜가겠다는 의지다.

그러나 전통이란 결국 내용은 잊히고 형식만 남게 마련이다. 이제 야오족은 머리를 푸는 사진을 찍으며 돈을 달라 한다. 장발의 풍습은 한때 자존심을 지키기 위한 수단이었으나, 이제는 돈 버는 수단이 되었다. 손호철 서강대 정치외교학과 교수가 '세계 제일의 장발촌' 룽성에 갔을 때의 일이다.

아낙들이 빠르게 다가와 사진을 찍으라고 했다. 다랑논을 배경으로 자기들이 긴 머리를 푸는 장면을 찍는 데 한 사람당 40위안을 내라는 것이다. 흥정해서 모두 40위안을 주고 사진을 찍었다. 오지 소수민족의 문화까지 상품화되고 있다는 생각이 들어 사진을 찍으면서도 찜찜했다.[14]

동남아로 가는 길

구이린에 처음 갔을 때, 꽤나 당혹스러웠다. 산수로 유명한 곳이라 전원적일 줄 알았는데, 너무나도 도시스러웠기 때문이다. 가이드는 내 당혹감을 눈치챈 듯 말했다.

"구이린은 중국에서 작은 곳입니다. 하지만 시 중심부만 80만 명, 외곽까지 합해 총 500만 명이 사는 곳이라 외국인들에게는 작게 느껴지지 않죠."

그러나 역시 광시의 성도 난닝(南寧, 남녕)에 가보니 구이린이 작긴 작았다.

난닝은 성도답게 큰 건물이 널찍널찍하게 들어서 있었고 사람들도 많아서 훨씬 더 활기 넘쳤다.

난닝에서 아침 7시 30분에 국제 버스를 타자, 7시간 30분 만에 베트남의 수도 하노이에 도착했다. 마치 이웃 동네 가듯 버스로 국경을 넘었다. 한국에서는 느끼기 힘든 대륙의 매력이다.

광시의 약칭 '계(桂)' 자가 말해주듯 진나라가 계림군을 설치한 이래 광시의 중심은 구이린이었다. 그러나 중화인민공화국은 광시의 중심을 베트남과 가까운 난닝에 두었다. 난닝에서 하노이로 가는 중국 도로 위에는 베트남·캄보디아·말레이시아 등 동남아 국기들이 줄지어 서 있다. 중국의 버스를 타고 동남아로 출정 가는 기분이었다. 동남아로 뻗어가려는 중국의 야망이 느껴졌다.

광시는 베트남과 800킬로미터의 국경선을 접한다. 덕분에 광시와 베트남은 전쟁, 국경분쟁, 이민, 이권 다툼 등 크고 작은 일들이 항상 복잡하게 얽힌다. 광시는 베트남을 관리하는 전진기지다. 사이가 나쁠 때는 전쟁터가 되고, 좋을 때는 협력의 장이 된다.

중국은 진나라 이래 왕조가 바뀔 때마다 공식 이벤트처럼 베트남과 전쟁을 벌였다. 그때마다 광시는 베트남 공략을 위한 진군로이자 병참기지가 되었다. 중국은 동남아 일대에서 '중화의 질서'를 유지하고자 했고, 그 열쇠인 베트남에 직간접적으로 지배력을 행사했다.

근대에는 중국과 프랑스가 동남아 패권을 두고 다투었다. 일본이 조선을 대륙 공략의 전진기지로 삼기 위해 손을 뻗치다가 조선에서 청일전쟁을 벌인 것처럼, 프랑스 역시 중국 공략을 위해 베트남을 점령하는 와중에 베트남에서 청프전쟁을 일으켰다. 중국과 맞붙은 반도국의 지정학적 운명은 놀랄 만큼 비슷하다.

그러나 프랑스의 일시적 지배는 중국의 장기적 지배에 비할 바가 아니다.

광시좡족자치구 廣西壯族自治區

2차 세계대전 중 일본은 프랑스에서 베트남을 뺏었다가 패전 후 중국에 지배권을 넘겨주었다. 동남아의 패권을 차지하고 싶었던 프랑스는 중국과 조약을 맺어 베트남의 지배권을 회복했다. 몇몇 베트남인들은 중국군이 철수하고 프랑스군이 재진주하는 상황에 우려를 표했다. 이때 호찌민(Ho Chi Minh, 胡志明)은 지적했다.

> 중국군은 올 때마다 천 년 동안 머물렀습니다. 반면에 프랑스인들은 잠깐만 머무를 수 있습니다. 결국 그들은 떠나게 될 겁니다.[15]

이후 역사는 호찌민의 예상대로 흘렀다. 베트남은 프랑스군과 미군을 차례로 물리치고 독립을 쟁취했다. 베트남의 독립에는 중국, 특히 광시도 한몫했다. 일본이 침공했을 때, 호찌민을 비롯한 베트남 혁명가들은 탄압을 피해 광시의 소도시 징시(靖西, 정서)에 모였다. 베트남이 프랑스·미국과 전쟁을 치를 때, 중국은 대량의 물자와 무기를 지원했고 원활한 보급을 위해 광시에 도로와 철도를 새로 깔았다.

그러나 공동의 적 미국이 물러가자, 중국과 베트남 사이에 미묘한 긴장이 흘렀다. 소련은 라이벌 중국을 견제하기 위해 베트남에 원조를 늘렸고, 중국은 북쪽의 소련과 남쪽의 베트남에게 포위된 상황을 불쾌해했다. 한편, 캄보디아 크메르루주(Khmer Rouge) 정권을 이끈 폴 포트(Pol Pot)는 중국과 친하게 지내며 베트남을 견제했다. 동남아의 패자가 되고 싶은 베트남이 한때 '조공국'이던 캄보디아를 침공하자, 아시아의 맹주를 자처하는 중화인민공화국은 베트남으로 진군하여 1979년 중월전쟁(中越戰爭)을 치렀다.

오랜 다툼 끝에 육지 국경 분쟁이 해결되는가 싶더니 오늘날 중국과 베트남은 남중국해를 두고 다시 분쟁을 벌이고 있다. 역시 베트남으로서는 멀리 있는 미국이나 프랑스보다 국경을 맞대고 있는 중국이 골칫거리다.

소국 베트남이 자국의 안위를 지키는 데 전력을 쏟는 동안, 대제국 중국은 더 넓은 포석을 깔고 있다. 중국은 2007년 난닝과 베이하이(北海, 북해)가 중심인 베이부만(北部灣, 북부만) 경제권 건설에 착수했다. 광둥 중심의 주장 삼각주, 상하이 중심의 창장 삼각주, 텐진 중심의 보하이만(渤海灣, 발해만) 경제권의 뒤를 잇는 중국의 제4경제권이다. 동남아의 관문인 광시의 지리적 이점을 살려 동남아 교역과 21세기 해상 비단길의 주요 기지로 삼겠다는 전략이다.

중국의 긴 역사 동안 소외되었던 광시가 빛을 볼 날이 올 것인가? 중국의 국세 융성과 함께 광시는 21세기 신조공 질서의 전위가 될 것인가?

달 **감**

간쑤성

甘肅省

사막의 오아시스, 대륙의 복도 허시주랑

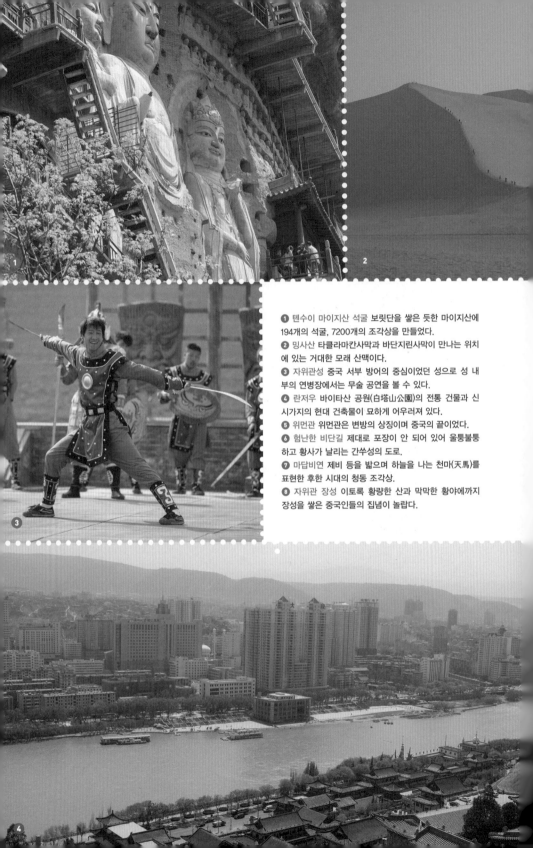

❶ 톈수이 마이지산 석굴 보릿단을 쌓은 듯한 마이지산에 194개의 석굴, 7200개의 조각상을 만들었다.
❷ 밍사산 타클라마칸사막과 바단지린사막이 만나는 위치에 있는 거대한 모래 산맥이다.
❸ 자위관성 중국 서부 방어의 중심이었던 성으로 성 내부의 연병장에서는 무술 공연을 볼 수 있다.
❹ 란저우 바이타산 공원(白塔山公園)의 전통 건물과 신시가지의 현대 건축물이 묘하게 어우러져 있다.
❺ 위먼관 위먼관은 변방의 상징이며 중국의 끝이었다.
❻ 험난한 비단길 제대로 포장이 안 되어 있어 울퉁불퉁하고 황사가 날리는 간쑤성의 도로.
❼ 마답비연 제비 등을 밟으며 하늘을 나는 천마(天馬)를 표현한 후한 시대의 청동 조각상.
❽ 자위관 장성 이토록 황량한 산과 막막한 황야에까지 장성을 쌓은 중국인들의 집념이 놀랍다.

玉門關遺址

5

6

7

8

위먼관 　 ○안시
둔황● △밍사산
　　　　　　자위관
　　　　　　치 ●주취안
　　　　　　렌
　　　　　　산
　　　　　　맨 ●장예
　　　　　　　　△엔지산
　　　　　　　　우웨이

란저우
황 허

간쑤성 　 톈수이

간쑤성은 몽골고원과 티베트고원 사이에 끼어 있는 데다 척박한 땅이 많다. 그러나 몽골과 티베트를 제압할 수 있는 군사적 요충지인 동시에 서역으로 통하는 무역 기지였다. 한 무제는 간쑤성을 넘어서 한혈마를 찾았고, 현장 법사는 천축국의 불경을 구했으며, 대탐험가 장건은 실크로드를 개척했고 마르코 폴로는 《동방견문록》을 썼다. 오늘날 간쑤는 일대일로 전략으로 다시 한 번 세계 최고의 교역로가 되려 하지만, 그 앞길은 결코 쉽지 않아 보인다.

4월은 잔인한 달이라 했던가. 4월 사막지대인 간쑤성(甘肅省, 감숙성)의 공기는 탐욕스러웠다. 젖은 수건을 걸어두면 순식간에 바싹 말랐다. 간쑤성의 공기는 조금의 습기도 허용하지 않았다. 바싹 마르다못해 뻣뻣하게 굳어버린 수건은 흡혈귀가 피 한 방울 남겨두지 않고 빨아먹어 말라비틀어진 시체 같았다.

간쑤의 공기에 물기는 없지만 황사는 많았다. 야외 정원에서 노트북을 펼치면 금세 노트북에 모래 코팅이 입혀졌다. 매년 고비사막에서 일어난 황사는 광활한 대륙과 바다를 지나 한국과 일본을 덮친다. 2000킬로미터 밖 한국의 황사가 성가신 정도라면, 황사 발원지가 바로 코앞인 간쑤성의 황사는 사람을 미치게 만든다. 모래폭풍이 부는 밍사산(鳴沙山, 명사산)은 아예 '모래가 우는 산'이라는 뜻이다.

피부는 거칠어지고 입술은 바짝바짝 타들어갔다. 극도로 건조하니 마음도 황량해지고 생활도 피폐해졌다. 나오느니 탄식뿐이요, 느느니 한숨뿐이었다. 낭만적인 시를 읊으며 기분을 전환해보고 싶어도 중원 밖의 황량함을 한탄하는 시만 떠올랐다.

오랑캐 땅에는 꽃이 없으니　　　　　　　胡地無花草
봄이 와도 봄 같지가 않네.　　　　　　　春來不思春[1]

　　　　　　　　　　　　— 동방규(東方虯), 〈왕소군(王昭君)〉 중에서

봄이 와도 봄 같지 않은 것은 '봄바람이 옥문관을 넘지 못하기' 때문이리라.[2] 중국에서 가는 곳마다 온갖 호들갑을 떨며 찬사를 늘어놓던 마르코 폴로(Marco Polo)조차 간쑤성에 대해서는 말을 아꼈다. 그는 1년이나 머무른 간쑤성의 성도 란저우(蘭州, 난주)를 "지저분한 도시"라고 짤막하게 평했을 뿐이다. 그때에도 간쑤성은 척박하고 황량했으리라.

호(胡)와 강(羌)이 통하는 길

간쑤성의 약칭은 '달 감(甘)' 자다. 간쑤성은 성 서쪽 끄트머리의 두 지역인 간저우(甘州, 감주)와 쑤저우(肅州, 숙주)를 합친 이름이다. '다디단[甘]' '술 같은 샘물[酒泉]'이라니. 황량한 사막으로 뒤덮인 간쑤성의 자연환경을 생각한다면 매우 역설적인 이름이다. 그러나 죽음의 사막에 둘러싸여 있기에 이 지역 사람들은 물의 고마움을 절실히 안다. 수질과 상관없이 물만 있다면 그 자체로 다디단 감로수 같았으리라.

이곳이야말로 옛 중국의 서쪽 끝이었다. 그래서 많은 중국인들이 아는 이 하나 없는 땅에서 외로움과 전쟁에 시달리다 죽을 목숨을 비관하며 술에 취했다.

그러나 한 세계의 끝은 다른 세계의 시작이기도 했다. 이곳을 넘음으로써 장건(張騫)은 비단길을 개척했고, 현장은 천축국에서 불경을 구할 수 있었으며, 마르코 폴로는 《동방견문록(東方見聞錄)》을 남길 수 있었다. 사막과 고원으로 둘러싸인 간쑤성은 극도로 위험한 곳인 동시에 모험이 시작되는 곳이다. 여기서 중국의 천하가 끝나고 새로운 세계로 가는 길이 열린다. 이질적인 두 세계가 만나니 문화가 오가고 무역이 통한다.

간쑤성은 매우 특이하게 생겼다. 보통 영역은 중앙으로부터 고르게 세력이 퍼져 원형 또는 사각형의 형태를 띠게 마련이다. 그러나 간쑤성은 동남쪽에서 서북쪽으로 길고 가늘게 삐죽 튀어나와 있다. 간쑤성은 왜 이토록 독특한 영역을 갖게 되었을까?

간쑤성의 동북방에는 몽골고원이 있고, 서남방에는 티베트고원이 있다. 이 지역들은 오늘날은 다 같은 중국 땅인 네이멍구자치구와 칭하이성이지만, 예전에는 몽골족과 티베트족이 강력한 세력권을 형성했던 곳이다. 양대 고원 사이의 골짜기인 간쑤성은 두툼한 빵 사이에 끼인 치즈 한 장과 같은 땅이었다. 그래서 사마천은 간쑤성을 "호(胡)와 강(羌)이 통하는 길"이라고 말했다.

호전적인 유목민족 사이에 끼인 가냘픈 길. 아슬아슬하게 끊어질 듯 위태롭게 이어지는 길. 폭이 좁고 긴 간쑤성은 생긴 모양 그대로 '길'이다. 동서로는 중국과 서역을 잇고, 남북으로는 몽골과 티베트를 연결하는 이 길은 '황허의 서쪽에 있는 복도'라는 뜻으로 허시주랑(河西走廊, 하서주랑) 또는 허시후이랑(河西回廊, 하서회랑)이라 불렸고, 중세 시대 세계 최고의 교역로인 비단길이 되었다.

중원의 황토 고원은 간쑤성에 이르러 사막이 된다. 그러나 평균 해발 4000미터, 길이 2000킬로미터인 치롄산맥(祁連山脈, 기련산맥)의 만년설이 녹아 흘러내린 물은 간쑤성에 군데군데 오아시스를 만들어주었다. 우웨이(武威, 무위), 장예(張掖, 장액), 주취안(酒泉, 주천), 안시(安西, 안서), 둔황 등 간쑤성의 대표적인 5개 도시는 모두 오아시스를 기반으로 발전했다. 이 도시들은 300~500킬로미터 간격으로 놓여 있어 기나긴 간쑤성을 지날 수 있게 해주었다. 길고 긴 사막길에 점점이 놓인 오아시스 도시들은 고달픈 나그네의 생명을 구원해주는 진주 목걸이와 같았다.

간쑤성은 서역과 중국, 티베트, 몽골 등 다양한 세력과 접하고 있지만, 동시에 어느 나라에서 봐도 중앙으로부터 먼 변방이었다. 광활한 사막으로 둘러싸여 있고 독자적 생활이 가능한 오아시스를 가지고 있어 폐쇄적인가 하

간쑤성 甘肅省

면, 활발하게 무역할 수 있는 개방성이 있다. 따라서 간쑤는 주위의 어느 한 나라가 강해지면 그 나라에 예속되었고, 사방이 혼란해지면 독립적인 소왕국이 되었다. 간쑤는 중앙아시아 일대의 패권국이 어디인지 가르쳐주는 리트머스 시험지이자 중앙아시아를 정탐하는 안테나였다.

한나라 대 흉노

중국의 서북방에는 여러 유목민이 살았다. 일찍이 허난성 서부에서 산시성 (陝西省) 동부까지 살던 유목민들은 '강인(羌人)'이라 불렸다. '강(羌)'은 은허 갑골문에도 44개나 나올 정도로 오래된 문자다. '양(羊)+사람(人)'의 결합 문자로 '양을 기르는 유목민족'이라는 해석과 '밧줄과 족쇄로 묶여 있는 사람'의 형상, 즉 노예를 뜻한다는 해석이 있다. 종합해보면, 이웃 부족에서 노예를 약탈하던 상나라가 양을 기르던 유목민족을 노예로 잡아왔던 것이리라. 상나라가 제물로 바친 1만 4000명 중 강인이 자그마치 8000명이나 차지했다.[3]

중국의 영역이 확장되며 이민족의 명칭도 외연이 확장되었다. 춘추전국시대에 이르면 강족(羌族)은 간쑤성과 칭하이성 일대의 유목민을 부르는 명칭이 되었다. 강족은 진(秦)나라를 상당히 오랫동안 애먹였다. 진나라에서 어린 소양왕(昭襄王) 대신 수렴청정하던 선태후(宣太后)는 강의 족장 의거왕(義渠王)과 내연의 관계를 맺었다. 서방의 안정을 위해 미인계로 의거왕을 포섭한 것이다. 부지런히 힘을 기른 진 소양왕은 기원전 272년 의거왕을 죽이고 구심점을 잃은 강족 부락을 척결했다. 서쪽의 안정을 얻은 진나라는 동쪽으로 나아가 훗날 천하를 통일했고, 강족들은 여기저기 뿔뿔이 흩어졌다.

진나라는 중국을 통일한 뒤 다시 변방으로 눈길을 돌렸다. 몽염(蒙恬) 장군은 30만 대군을 이끌고 흉노군을 격파하며 완리창청을 세웠다. 그러나 진시황이 죽으며 중국 대륙이 혼란에 빠져들 때, 흉노에 묵특선우(冒頓單于, 모돈단우)라는 영웅호걸이 등장했다. 묵특은 동으로 동호를 멸망시키고, 서쪽의 월지(月氏)를 제압하여 북방의 패자로 떠올랐다.

유방이 항우를 물리치고 마침내 천하를 재통일했지만, 당시 중국은 오랜 전란으로 매우 피폐해진 상태였다. 흉노는 쇠약한 한나라의 변경을 마음대로 유린했다. 흉노의 기세를 꺾기 위해 황제 유방이 몸소 친정했으나, 천하를 통일한 유방조차 흉노의 40만 대군에 일주일이나 포위되어 북방의 동토에서 얼어 죽을 뻔했다. 이후 한나라는 거의 100년이나 힘을 기르고 나서야 비로소 흉노를 상대할 수 있었다.

한 무제는 흉노를 제압하기 위해 다각적인 노력을 기울였다. 장건을 대월지에 사신으로 파견하여 흉노를 양면에서 협공하고자 했으며, 위청(衛青)·곽거병(霍去病)·이광(李廣) 등 많은 명장을 전폭적으로 지원했다. 마침내 기원전 121년 곽거병이 간쑤 일대의 허시주랑을 장악하고 오늘날의 몽골공화국 지역까지 흉노를 추격하여 토벌했다.

곽거병의 허시주랑 장악은 한과 흉노의 성쇠를 갈랐다. 허시주랑은 유목민인 흉노가 유일하게 농사를 지을 수 있는 지역이었고, 동서남북 여러 민족과 장사할 수 있는 무역로였다. 또한 엔지산(燕支山, 연지산)은 특산물인 연지를 생산하고, 치롄산은 목축을 할 수 있는 중요한 지역이었다. 허시주랑을 뺏긴 흉노는 비탄에 젖어 노래했다.

연지산을 빼앗겼으니 우리네 여자들의 안색이 사라지겠구나. 기련산을 빼앗겼으니 육축(六畜, 말·소·양·닭·개·돼지)을 기를 수 없게 되었구나.[4]

한 무제가 흉노를 토벌하는 과정에서 빼놓을 수 없는 인물이 등장하는데

간쑤성 甘肅省

바로 대탐험가 장건이다. 대월지 사신으로 파견된 장건은 흉노에게 10년이나 붙잡혀 있다가 가까스로 탈출해 대월지에 도착했다. 원래 목적인 한-대월지의 흉노 협공은 끌어내지 못했지만, 장건의 서역 탐험은 의외의 성과를 가져다주었다.

장건은 중앙아시아 일대의 여러 나라를 방문하여 각국의 외교·교역 관계와 특산물 등의 정보를 수집했다. 또한 몽골 초원과 서역을 잇는 초원 비단길, 간쑤성과 서역을 잇는 사막 비단길, 쓰촨-윈난-버마-인도를 잇는 서남 비단길을 탐색했다. 장건의 정보 덕분에 중국은 외교 관계를 다각화하고 무역로를 확충했으며, 변방의 중요성을 깨닫고 영향력을 확대했다.

군대의 보급은 흉노 정벌에서 매우 까다로운 문제였는데, 장건은 비단길 주변의 물과 풀이 있는 지역과 보급을 얻을 수 있는 국가를 잘 파악하고 있어 대군의 원정을 수월하게 해주었다. 덕분에 일개 궁중 경호대장이던 장건은 박망후(博望侯)에 봉해져 제후의 반열에 올랐다. 박망후란 '견문이 넓고 널리 바라본다'는 뜻으로 장건의 시야가 대단히 넓음을 찬미하는 이름이다.

장건은 대원국(大元國)에 한혈마(汗血馬)가 있다고 보고해서 한 무제의 가슴을 들뜨게 했다. 한 무제는 말과 같은 크기의 금 조각상을 보내 한혈마를 사려고 했지만, 대원국은 이를 무시하고 사신을 죽였다. 격분한 한 무제는 1차 원정군으로 수만 명의 병사와 6000명의 기병을 보냈고, 2차 원정군으로 병사 6만 명과 말 3만 마리, 소 10만 마리, 낙타 1만 마리를 파견했다. 엄청난 대군을 파견한 것 치고는 전리품이 준마 10여 마리, 말 3000마리에 불과해 성과가 신통치 않았지만, 대규모 원정은 의외의 효과를 가져왔다. 서쪽 가장 먼 변방인 간쑤성은 중요한 원정 근거지가 되었다. 수만 병사와 수십만 마리의 소·말·낙타가 오가고 보급과 장사를 하게 되자 간쑤성의 오아시스 도시들은 급격히 성장했다.

동양과 서역의 중계지인 간쑤가 성장하며 교역이 더욱 활발해졌다. 위면

관(玉門關, 옥문관)은 문자 그대로 '서역의 옥이 들어오는 관문'이었다. 서역의 옥, 아라비아의 향료, 로마의 유리 그릇, 중국의 비단이 위먼관을 오갔다. 간 쑤를 거쳐 들어온 천리마가 간쑤의 상징이 되면서 서역은 상상할 수도 없는 귀한 물건들이 잔뜩 있는 곳이라는 로망이 생겼다. 포도·석류·깨·후추·오이·마늘 등 외래 작물과 비파·하프 등 서역 문물이 간쑤를 통해 들어왔다.

서량 군벌과 읍참마속

한 무제가 강역을 넓히고 흉노가 약해지긴 했어도 유목민족들의 저력은 만만치 않았다. 간쑤에서 한나라와 유목민의 힘겨루기는 계속되었다. 그 결과 서량(西涼)의 군인들은 풍부한 실전 경험과 극한 환경에서 살아남은 강인함을 갖추어 한나라 최고의 정예 병력이 되었다. 머나먼 변방이라 중앙의 통제가 약해지면 서량의 군인들은 쉽게 독립 군벌이 될 수 있었다. 동탁·마등(馬騰)·마초·한수(韓遂) 등이 서량을 근거지로 활약한 군벌들이다.

이들 군벌은 한족과 이민족이 어울려 살던 간쑤성의 특징을 잘 보여준다. 동탁은 농사를 짓고 있을 때 강족 무리가 찾아오자, 그 자리에서 밭을 갈던 소를 잡아 대접했다. 이에 감동한 강족은 1000마리의 가축을 동탁에게 선물했다.[5]

또한 마등의 아버지 마평(馬平)은 집이 가난해 아내를 얻을 수 없자 강족 여자를 아내로 맞아 마등을 낳았다. 결국 마등은 한족과 강족의 혼혈아였다. 마초가 조조를 상대로 두 차례나 대규모로 거병할 수 있었던 것도 집안 환경 덕분에 강족과 저족(氐族) 등 유목민의 습속과 문화를 깊이 이해했기 때문이다. 서량을 장악하려면 한족뿐만 아니라 현지 유목민족들 역시 잘 이해하고 포섭할 수 있어야 했다. 그래서 양부(楊阜)는 조조에게 말했다. "마초는

간쑤성 甘肅省

한신과 경포의 용감함을 지녔고, 또 강인(羌人)과 호인(胡人)의 마음이 있습니다. 만일 대군이 돌아가 그에 대한 방비를 엄밀히 하지 못한다면 농상(隴上)의 여러 군은 국가의 소유가 되지 않을 것입니다."[6]

서량 군벌의 힘은 대단했다. 후한 말 실권을 쥔 동탁은 18로 제후 연합군이 모두 달려들었어도 끝내 버텨냈고, 당대 제일의 군략가인 조조는 마초의 용맹과 지략 앞에 탄식했다. "마초가 죽지 않는 한 나에게는 (죽어서) 묻힐 땅이 없을 것이다."[7]

제갈량이 출사표를 내고 북벌에 나섰을 때 간쑤는 핵심 작전 지역이었다. 북벌의 궁극적인 목표는 장안과 뤄양을 차지하여 중원을 제압하는 것이었지만, 촉나라는 형주를 잃은 후 뤄양을 칠 수 없었다. 장안은 천하제일의 방어성인 데다 서량의 조진(曹眞)과 형주의 사마의(司馬懿)가 양쪽에서 보좌했다. 제갈량은 일단 서량부터 차지하여 한 날개를 꺾어버리고 장안을 공략하여 중원의 목줄기를 죄어가는 전략을 세웠다.

마침 위나라와 서량의 사이는 매우 좋지 않았다. 위나라는 서량을 군사 거점과 물자 기지로만 보고, 서량인을 존중하지 않았기 때문이다. 제갈량이 위나라에 불만이 많은 서량인을 포섭하며 신속하게 진군하자, 천수 태수(天水太守) 마준(馬遵)은 현지 백성을 믿지 못하고 도망쳤다. 제갈량의 첫 북벌은 일대 파란을 일으켰다. 천수·남안(南安)·안정(安定)의 삼군이 호응하며 중원의 간담이 서늘해졌다.

제갈량 군은 가정(街亭)에 이르렀다. 가정은 천수·남안·안정 삼군의 중심에 있으며 농서(隴西)·장안·서량을 연결하는 전략적 요충지였다. 이 길목 하나만 차지하면 위의 대군을 쉽게 방어하는 한편, 촉 군은 수십 갈래의 장안 공략 경로가 생겨 승기를 잡을 수 있었다.

그러나 가정 방어의 책임자 마속(馬謖)은 큰 실수를 저질렀다. 마속은 제갈량이 신뢰하던 유망주로 나름 뛰어난 인재였지만, 병법서를 어설프게 읽은 게 화근이었다. 마속은 '높은 곳에서 공격하는 게 유리하다'며 길목을 지키지 않고 산 위에 영채를 지었다. 위의 맹장 장합(張郃)은 노련했다. 마속을 직접 치지 않고 산 주위를 포위해 물과 보급을 끊었다. 마속 군은 기아와 갈증으로 자멸했다.

가정을 잃자 승승장구하던 제갈량의 북벌은 어이없게 끝났다. 애초에 물량 면에서 촉은 위의 상대가 되지 않았다. 촉은 예상치 못한 속도로 위를 치고 연달아 허를 찔러야 서량과 장안을 접수할 수 있었다. 촉은 간쑤와 산시(陝西), 두 지역을 확고하게 장악한 다음에야 비로소 물량 면에서도 위와 붙어볼 만했다. 그전에 기습이 실패한다면 소모전이 되어버리고, 압도적인 물량을 자랑하는 위가 승리할 수밖에 없었다.

판세를 뒤집을 뻔했던 북벌이 실패하자 제갈량은 울면서 아끼던 마속의 목을 쳤다[泣斬馬謖]. 쓰촨과 산시를 연결하는 전략적 요충지인 간쑤는 제갈량의 희망이 되었던 동시에 절망이 되었다.

다만 이 과정에서 제갈량은 강유를 얻었다. 강유는 제갈량의 군사적 후계자가 될 만큼 뛰어난 인재였고, 간쑤 천수 출신으로 서량의 사정에 정통했다. 제갈량이 죽은 후 강유는 간쑤 유목민들과 협력해서 북벌을 진행했다. 간쑤 유목민들이 위나라의 안에서 반란을 일으키면, 강유가 밖에서 위나라를 치는 전략이었다. 그러나 위나라의 지장(智將) 곽회(郭淮)·진태(陳泰)·등애(鄧艾)가 번번히 강유의 북벌을 꺾었다. 훗날 간신 황호의 농단으로 촉나라가 어지러워지자, 등애는 끝내 촉나라를 멸망시켰다.

그러나 위(魏)·진(晉) 나라는 263년 촉을 멸망시키고도 280년에야 오나라를 멸망시켰다. 삼국 통일을 10여 년이나 지연시킨 원인도 간쑤에 있었다. 270년 선비족 독발수기능(禿髮樹機能)은 반란을 일으켜 명장 호열(胡烈)을 죽이고 근 10년이나 농서 일대를 장악했다. 진나라의 명장 마륭(馬隆)은 제갈량의 팔진도(八陣圖)를 운용하며 독발수기능을 제압했지만, 독발수기능의

간쑤성 甘肅省

반란은 대파란의 5호16국을 예고했다.

현장 법사, 사막을 횡단하다

외국 문물이 전파될 때 종교를 빼놓을 수 없다. 간쑤는 중국에 불교를 전해
준 길이다. 간쑤를 통해 불교가 한·중·일 동아시아로 퍼질 수 있었고, 현장
과 혜초가 구법여행(求法旅行)을 할 수 있었다.

　삼장 법사(三藏法師) 현장은 소설 《서유기》 덕분에 매우 친숙하다. 작품 속
에서 현장은 매우 덕망이 높은 고승으로 나오지만, 정작 독자에게는 그 설
정이 전혀 와닿지 않는다. 저팔계의 말만 믿고 손오공을 꾸짖으며 내쫓았으
니 지혜롭지도 않고, 만날 싸우는 손오공과 저팔계를 제대로 중재하지도 못
하니 인덕도 대단찮아 보이며, 위기에 빠지면 "얘들아, 이걸 어쩌면 좋으니!"
하며 울기만 하니 무능해 보인다. 매번 요괴에게 납치되어 손오공 등 제자
가 구하러 가야 하는 민폐 덩어리다.

　《서유기》는 주인공인 손오공을 띄워주기 위해 현장을 크게 깎아내렸다.
그러나 실제 역사 속의 현장은 만능의 천재다. 현장의 별호인 삼장 법사
는 부처의 가르침인 경장(經藏), 그 주석을 모은 논장(論藏), 교단의 생활 규
칙과 계율을 모은 율장(律藏) 등 세 가지에 모두 통달한 자라는 뜻이다. 현장
은 젊은 나이에 '석문(釋門)의 천리마'라는 찬사를 받을 정도로 뛰어난 유망
주였다.

　그뿐만 아니라 현장은 닷새 동안 물 한 모금 제대로 마시지 못하면서도
사막을 횡단했다. 생존술 전문가 베어 그릴스(Bear Grylls) 못지않은 생존력
을 과시하며, 온갖 역경을 이기고 중국에서 인도까지 왕복한 대모험가다. 게
다가 어학의 천재여서 인도에서 수집한 불경 75부 1335권을 번역했다.[8]

현장의 《대당서역기(大唐西域記)》는 중세 중앙아시아와 인도의 정치·외교·사회·문화 전반에 걸친 빼어난 보고서다.

《서유기》에서 현장은 당 태종에게서 국사(國師)로 인정받고 환송을 받으며 불경을 구하러 인도로 떠난다. 중국 안에서는 별 탈 없이 평온하게 여행했지만, 국경 밖을 나서자마자 온갖 기기묘묘한 사건을 만난다.

그러나 실제의 역사는 정반대다. 스물여덟 살의 청년 현장은 당시 불교계의 유망주이긴 했지만, 아직 큰 영향력은 없었고 당 태종을 만난 적도 없었다. 현장은 중국 밖으로 몰래 빠져나가기 위해 홀홀단신으로 지명수배를 피하며 이동하다가 사막에서 죽을 뻔했다. 중국 안에 있을 때 오히려 최대의 위기를 겪었고, 중국 밖에서는 외국에서 온 고승으로 대접받으며 비교적 수월하게 여행했다.

개국 초의 당나라는 몸을 추슬러야 하는 단계였다. 당나라는 귀중한 노동력이자 병력인 백성들의 이동을 철저히 통제했다. 더욱이 간쑤 주변은 토번·돌궐과 상당한 긴장이 감돌고 있어 국경 밖으로 나가는 것을 매우 엄격하게 통제했다.

현장은 동료 승려들과 함께 천축에 가서 불경을 얻어오겠다는 탄원서를 올렸지만, 조정에서는 출국 금지 입장을 고수했다. 모든 이가 포기했을 때, 현장만큼은 의지를 꺾지 않았다. 현장은 나라에서 보내주지 않겠다면 몰래 나가겠다며 밀출국을 계획했다. 현장은 불법(佛法)을 위해서 불법(不法)을 자행하는 것을 꺼리지 않을 만큼 대담한 사나이였다.

현장은 일단 서량에서 한 달 정도 머물면서 불경을 설법했다. 서량에는 서역 상인들이 많아 설법하며 돈도 벌고 서역에 대한 정보도 얻으며 서역어도 배울 수 있었다. 그러나 꼬리가 길면 잡히는 법. 현장이 인도 여행을 꾀한다는 소문을 들은 서량 태수 이대량(李大亮)은 현장에게 장안에 돌아가라고 명령했다. 그러나 간쑤는 불교가 처음으로 들어온 곳답게 불심이 깊은 사람

들이 많았다. 국법을 무릅쓰고 현장의 천축행을 도와주는 간쑤인들이 여기
저기서 나타났다. 서량의 고승 혜위 법사(慧威法師)는 현장에게 길잡이를 붙
여주었고, 과주의 향리 이창은 현장의 지명수배서를 찢었으며, 위먼관의 경
비대장들도 몰래 빠져나갈 수 있는 길을 가르쳐주어 현장의 도망을 도왔다.

국경 밖으로 나가는 마지막 고비는 막하연적(莫賀延磧) 사막 횡단이었다.
막하연적은 현장의 표현대로 "하늘에 나는 새가 없고, 땅에 달리는 짐승도
없는[上無飛鳥, 下無走獸]" 죽음의 사막으로 "사방천지 어디를 둘러봐도 보이는
것이라곤 내 그림자 하나뿐[顧影唯一]"이었다.[9] 실수로 사막에 물을 엎지르자
현장은 절망에 빠져 탄식했다. "천 리 길에 써야 할 밑천이 하루아침에 바닥
났다[千里之資, 一朝斯罄]."[10]

사막의 날씨와 환경은 변화무쌍했다. "밤만 되면 온갖 도깨비와 요괴들이
횃불을 치켜들어 그 찬란하기가 밤하늘에 무수히 떠 있는 별과 같고, 한낮
이면 사나운 폭풍이 모래를 휩쓸어 올려 소나기 퍼붓듯 휘몰아쳤다."[11]

극단적인 피로와 배고픔, 갈증, 긴장으로 별안간 한 무리의 군대가 나타났
다가 사라지는 등 환각 증세에 시달렸다. 이 모든 것은 요괴와 마귀의 장난
으로 여겨졌다. 하늘의 뜻인지 현장은 기적적으로 사막을 횡단하여 무사히
중국 밖으로 나왔다. 현장은 중앙아시아를 거쳐 인도로 가면서 많은 나라와
사람들을 만났다. 현장이 모험하며 겪은 혹독하고 이질적인 환경, 전혀 다른
문화를 가진 나라와 사람들이 자아내는 환상적인 분위기는 《서유기》의 모
티프가 되었다.

현장의 가장 큰 공헌은 물론 불경을 번역하고 해석한 것이지만, 당나라가
국력을 떨치는 데에도 간접적으로 공헌했다. 장건의 정보가 한 무제의 흉
노·대완 원정과 비단길 개척을 도왔듯이, 현장의 《대당서역기》는 당 태종의
서역 공략을 도왔다. 현장의 구법여행은 "박망후(장건)도 전하지 못하고, 반
고와 사마천이라 해도 기록을 남기지 못한"[12] 대위업이었다.

당나라 말기부터 청나라 초기까지 간쑤는 오랫동안 중국의 지배력에서 벗어났다. 한족이 약해지고 유목민족들이 발호했다. 티베트의 토번(吐蕃), 탕구트(Tangut)의 서하(西夏), 몽골족의 원나라 등이 돌아가며 간쑤를 차지했다.

제국의 영향력이 약해졌을 때에는 간쑤의 토착 호족들이 거의 독립적으로 간쑤를 지배했다. 특히, 9세기 중엽에서 11세기 초는 대당 제국이 붕괴하고 5대10국이 일어났으며, 송나라가 중원을 통일한 후에도 요·금·원·서하·토번 등 수많은 유목민족이 다투던 파란의 시대였다. 이 시기 둔황에서는 토착 호족인 장씨와 조씨, 두 가문의 소왕국이 미묘한 세력 균형을 잘 활용해서 200년 동안 살아남았다.

명나라는 원나라를 몰아내고 중국을 다시 통일했지만 간쑤성에 대한 영향력은 전만 못했다. 명대 간쑤의 영역은 서부 끝의 위먼관에서 중부의 자위관(嘉峪關, 가욕관)으로 크게 줄어들었고, 둔황 방어에 몽골족 일파를 활용하는 등 지배력이 현저히 줄었다. 더욱이 투루판(Tulufan)이 침입하여 약탈을 일삼자 1524년 명은 자위관을 폐쇄하고 동서 교통을 차단하는 쇄국정책을 펼쳤다. 그럼에도 불구하고 투루판의 동진을 막지 못해 간쑤성은 16~18세기 동안 투루판 지배기를 맞았다.

청나라 강희제가 숙적 몽골의 중가르(Jungar)를 토벌하는 과정에서 간쑤를 석권하고 주민을 이주시키며 중국의 간쑤성 지배는 비로소 안정되었다. 이민족에게 위협받던 간쑤는 결국 이민족인 만주족 황제에 의해 안정을 찾았다.

서북 늑대의 악전고투

간쑤성은 뜨겁고 건조한 열사(熱沙)의 땅이다. 사람이 살기에 혹독한 날씨이

간쑤성 甘肅省

지만, 동시에 그 때문에 간쑤의 멜론과 수박 등 과일이 달콤하기로 유명하다. 뜨겁고 건조한 날씨가 과일 안의 수분을 날려버려 당도가 높아지기 때문이다.

이처럼 간쑤의 날씨는 의외의 소득을 가져오기도 하는데, 그 부산물 중에서는 문화도 빼놓을 수 없다. 중국의 3대 석굴 중 하나인 둔황 모가오굴 역시 혹독한 환경이 피워낸 꽃이다.

둔황은 중앙아시아로 가는 북도(北道)와 인도로 가는 남도(南道)가 만나는 곳으로, 중국을 오가는 모든 여행자는 이곳을 반드시 지나야 한다. 둔황을 넘으면 '다시 돌아올 수 없는' 죽음의 사막 타클라마칸(Taklamakan)이 기다리고 있다.

둔황의 승려 낙준(樂樽)은 상인과 여행자 들의 불안, 공포를 잘 이용했다. 낙준은 석굴을 아름답게 꾸며서 부처님께 봉헌하면 안전한 여행을 할 수 있다고 선전했다. 극도의 공포심 앞에서 한없이 약해지고 지푸라기 같은 희망이라도 붙들고 싶은 것이 인간이다. 수백 년 동안 많은 이들이 모가오굴에 석굴 사원을 지어 봉헌했다.[13] 그 결과 오늘날 735개의 동굴, 1만 3600여 평의 벽화, 2415개의 채색 조각상을 가진 모가오굴이 탄생했다.

둔황 모가오굴은 석굴 사원으로만 끝나지 않고, 문서 보관소 역할도 했다. 이 또한 간쑤의 날씨가 가져온 또 하나의 선물이다. 일반적으로 문화재는 오랜 세월을 거치며 습기와 곰팡이 등으로 손상되기 쉽다. 그러나 건조한 간쑤에서는 문화재가 잘 썩지 않는다. 모래에 묻혔던 문화재가 모래를 털기만 해도 원래의 자태를 생생하게 자랑한다. 중국 내륙에서는 좀처럼 보기 힘든 문서들도 간쑤에서는 무더기로 출토된다.

특히 모가오굴의 17호 동굴은 '문서가 묻힌 동굴'이라는 뜻으로 장경동(藏經洞)이란 이름이 붙었다. 여기서 출토된 4만여 건의 문서는 둔황 문서로 불리며, 중세사 연구에 매우 중요한 사료가 되었다. 이 문서들만을 연구하는

'둔황학'이라는 학문이 따로 생길 정도다. 역사가 발레리 한센(Valerie Hansen)은 말했다. "실크로드 유적지 중에서 딱 한 군데만 가려면 둔황으로 가야 한다."[14]

이처럼 간쑤는 다디단 과일과 화려한 문화를 갖고 있지만 기본적으로는 상당히 열악한 지역이다. 중국어로 '서북풍을 마신다[喝西北風]'는 말은 '고생한다'라는 뜻일 만큼, 서북 지역은 가난하고 고생 많은 곳이다.

변방 간쑤의 잦은 전쟁은 상황을 더욱 악화시켰다. 일본 사학자 니시무라 겐유(西村元佑)는 둔황 6향의 문서를 검토한 뒤, 모든 장정 중 약 70퍼센트가 병역 복무자였을 것으로 추정했다.[15] 간쑤성에서 널리 읽힌 시들을 보면 민중들의 고초가 생생하게 느껴진다.

16세에 부역을 하고, 20세에 부병에 충당된다. …… 장군은 말 위에서 죽고, 병사는 땅의 군영에서 죽는다. 피는 널리 황야에 흐르고, 백골은 변경에 있다.[16]

병역에 종사하지 않아도 생활은 지극히 어렵다.

빈궁한 촌사람, …… 지금 부부가 되어, 부인은 방아 찧는 일을 하고, 남편은 날품팔이 일을 한다. 황혼 무렵 집에 들어오면 쌀도 없고 땔나무도 없다.[17]

아무리 국법이 지엄하다지만 이토록 험한 땅에 병사를 보내기도 쉽지 않았다. 그래서 조정에서는 사형수나 비행 청소년을 간쑤에 병사로 파견했다. 불량소년이 제아무리 잘못을 저질렀다 해도 결국은 어린 소년이었다. 변방의 사막까지 끌려와 모래 섞인 짬밥을 먹는 심정이 어땠을까?

마초가 조조를 습격해서 거의 죽일 뻔했을 때, 보급품을 관리하던 교위 정비는 소와 말을 서량군을 향해 풀었다. 가난한 서량 병사들이 소와 말을

간쑤성 甘肅省

한 마리라도 챙기려고 난리가 난 틈을 타서 조조는 간신히 위기를 벗어났다. 개개인의 전투력은 강하지만 오합지졸 같던 서량군의 한계를 보여주는 동시에 예로부터 가난했던 간쑤의 일면을 보여준다.

중국인은 북방인을 가리켜 '동북의 호랑이, 서북의 늑대'라고 말한다. 늑대는 호랑이의 위풍은 없지만 혹독한 환경에서도 살아남는 강인한 생존력을 갖고 있다. 그렇다면 오늘날 간쑤인의 삶은 어떨까?

간쑤성의 면적은 45만 4000제곱킬로미터로 한국의 4.5배나 되지만, 70퍼센트가 사막과 고원지대다. 물이 극심하게 부족하고 환경이 열악해 인구는 2600여만 명에 그친다. 2017년 현재 간쑤성의 1인당 명목 GDP는 4343달러로 중국에서 가장 낮다.

가난한 만큼 많은 간쑤인이 외지로 나가서 일한다. 행동 반경이 넓은 늑대답게 아프리카까지 가서 불법으로 일하는 사람도 많다. 가나 정부는 2012년 101명, 2013년 124명의 중국인을 불법 금 채취 혐의로 체포했다. 2005년부터 중국인들이 가나에서 불법적으로 금을 채굴하기 시작해서 2013년 당시에는 5만여 명의 중국인들이 수천 개의 금광을 개발하고 있었고, 이들 대부분이 간쑤인이었다. 중국인답게 통도 커서 가나의 연간 금 채굴량 98톤의 4분의 1에 달하는 24톤의 금을 채굴했다. 많은 중국인이 불법 입국해서 무작정 광산을 개발하는 바람에 하천이 오염되고 환경이 파괴되었다. 더욱이 이들이 조직폭력배와 결탁하자 치안까지 악화되어 가나의 골칫거리가 되었다.[18]

간쑤성에서 가난 탈출은 지상 과제다. 간쑤는 일대일로 프로젝트로 21세기 신 비단길의 중심지가 되어 물류와 관광업 등 서비스업이 활성화되기를 기대한다. 그러나 그 미래가 썩 밝아 보이지는 않는다. 전 란저우 대학 부총장이자 란저우 대학 중앙아시아연구소 소장인 창양쉬(長楊恕, 장양서)는 단언했다. "간쑤성은 서쪽으로는 신장(新疆)보다 못하고, 동쪽으로는 산시성

(陝西省)보다 못한 조건을 가지고 있어, 황금지대를 건설하는 것이 불가능하다."[19] 서북의 늑대는 앞으로도 상당한 시간 동안 악전고투를 해야 할 것으로 보인다.

간쑤성 甘肅省

1 [豫] 허난성(河南省): 중원의 탄생, 중국의 시작

1 조식, 이치수·박세욱 옮김,《조자건집》, 소명출판, 2010, 91쪽.

2 조식, 앞의 책, 98쪽.

3 황허 중류의 평균 함사 농도는 세제곱미터당 44.03킬로그램으로 독보적인 세계 1위다.

4 작가 미상, 편집부 정리, 최형주 옮김,《산해경》, 자유문고, 2004, 390~391쪽.

5 서명수,《허난, 우리는 요괴가 아니다》, 김&정, 2009, 4쪽.

6 박한제,《강남의 낭만과 비극》, 사계절, 2003, 259쪽.

7 http://korean.china.org.cn/ChinaCont/2sessions2012/2011-02/16/content_24689297.htm

8 '하(夏)' 자는 '크다'는 뜻에서 만물이 크게 번성하는 계절인 '여름'이라는 뜻으로 확장되었다.

9 왕하, 김정희 옮김,《민족과 국가: 중국 다민족통일국가 사상의 계보》, 동북아역사재단, 2007, 54쪽.

10 왕하, 앞의 책, 55쪽.

11 니시노 히로요시, 김석희 옮김,《말과 황하와 장성의 중국사》, 북북서, 2007, 210~211쪽.

12 멍레이 외, 고상희 옮김,《1942 대기근》, 글항아리, 2013, 215쪽.

13 멍레이 외, 앞의 책, 110쪽.

14 같은 책, 384쪽.

15 현대중국탐사TF팀,《한국인이 까뒤집어본 중국》, 문화발전, 2011, 115쪽.

16 https://en.wikipedia.org/wiki/List_of_Chinese_administrative_divisions_by_population

https://en.wikipedia.org/wiki/Guangdong

https://en.wikipedia.org/wiki/Shandong

https://en.wikipedia.org/wiki/Henan

17 https://en.wikipedia.org/wiki/List_of_Chinese_administrative_divisions_by_GDP

18 서명수, 앞의 책, 135쪽.

19 이패보, 김희옥 옮김, 《양의 문》 상권, 집영출판사, 2000, 291쪽.

20 이패보, 김희옥 옮김, 《양의 문》 하권, 집영출판사, 2000, 287쪽.

21 가평요, 박하정 옮김, 《폐도》 중(中)권, 일요신문사, 1994, 53쪽.

22 양둥핑, 장영권 옮김, 《중국의 두 얼굴》, 펜타그램, 2008, 514쪽.

23 https://en.wikipedia.org/wiki/List_of_Chinese_administrative_divisions_by_
    GDP_per_capita

24 서명수, 앞의 책, 125쪽.

25 현재까지 역사적 사실로 입증된 중국 역사상 최초의 왕조다. 하나라는 아직 고고학적
    으로 입증되지 않아 전설로만 여겨진다. 정저우 상성은 기원전 1500년경 지어졌다.

26 공원국, 《춘추전국이야기》 3권, 위즈덤하우스, 2010, 116쪽.

2 [陝] 산시성(陝西省): 따스한 장안의 봄

1 사마천, 김원중 옮김, 《사기 표》, 민음사, 2011, 126~127쪽.

2 사마천, 김영수 옮김, 《사기 본기》 2권, 알마, 2010, 215쪽.

3 파(巴)는 오늘날의 충칭직할시, 촉(蜀)은 쓰촨성, 한중은 산시성 한중시(陝西省 漢中市)
    에 해당한다.

4 사마천, 신동준 옮김, 《완역 사기 세가》, 위즈덤하우스, 2015, 830쪽.

5 쑹창빈, 이지연 옮김, 《천추흥망: 수·당나라》, 따뜻한손, 2009, 223쪽.

6 이시다 미키노스케, 이동철 옮김, 《장안의 봄》, 이산, 2004, 23쪽.

7 이시다 미키노스케, 앞의 책, 44쪽.

8 '호인(胡人)'은 원래 '북방 유목민'을 지칭하는 말이었지만, 당나라 때에 이르면 '서역
    인'으로 외연이 확장된다.

9 이시다 미키노스케, 앞의 책, 40쪽.

10 같은 책, 60쪽.

11 같은 책, 346쪽.

12 쑹창빈, 앞의 책, 392쪽.

13 같은 책, 230쪽.

14 왕하이팅, 차혜정 옮김,《넓은 땅 중국인 성격지도》, 새빛에듀넷, 2010, 142쪽.

15 쟈핑와, 김윤진 옮김,《즐거운 인생》 2권, 이레, 2010, 154쪽.

16 왕하이팅, 앞의 책, 148쪽.

17 가평요, 박하정 옮김,《폐도》중(中)권, 일요신문사, 1994, 145쪽.

18 가오샤오, 하진이 옮김,《대륙의 리더 시진핑》, 삼호미디어, 2012, 146쪽.

3   [魯] 산둥성(山東省): 하나의 산, 하나의 강, 하나의 사람

1 유교문화연구소,《서경(書經)》, 성균관대학교출판부, 2011, 181쪽.

2 사마천, 김원중 옮김,《사기열전》 2권, 민음사, 2007, 839쪽.

3 장웨이, 이유진 옮김,《제나라는 어디로 사라졌을까》, 글항아리, 2011, 447쪽.

4 공원국,《춘추전국이야기》 1권, 위즈덤하우스, 2013, 235쪽.

5 장웨이, 앞의 책, 406쪽.

6 이래호,《산동여유》, 불휘미디어, 2013, 23~24쪽.

7 이래호, 앞의 책, 25쪽.

8 최원석 외,《태산, 그 문화를 만나다》, 민속원, 2011, 37~38쪽.

9 유교문화연구소,《맹자》, 성균관대학교출판부, 2006, 954쪽, 원문 윤색.

10 조관희,《세계의 수도, 베이징》, 창비, 2008, 117쪽.

11 정근식·신혜선,《산동에서 떠오르는 동아시아를 보다》, 진인진, 2014, 84쪽.

12 우샹후이, 허유영 옮김,《배낭에 담아 온 중국》, 흐름출판, 2012, 209쪽.

13 우샹후이, 앞의 책, 204쪽.

14 유광종,《중국이 두렵지 않은가》, 책밭, 2014, 246~247쪽.

15 http://news.joins.com/article/2452830

16 김인희,《소호씨 이야기》, 물레, 2009, 241쪽.

17 왕예린, 이지은 옮김,《영혼을 훔친 황제의 금지문자》, 애플북스, 2010, 37쪽.

18 천관런, 강효백·이해원 옮김,《중국 각지 상인》, 한길사, 2004, 266쪽.

4   [晉] 산시성(山西省): 중원의 울타리, 오호(五胡)의 근거지

1   공원국,《춘추전국이야기》2권, 위즈덤하우스, 2010, 109쪽.

2   공원국, 앞의 책, 209~210쪽.

3   사마천, 김원중 옮김,《사기 표》, 민음사, 2011, 126쪽.

4   글자 그대로 '백기를 먹는다'는 뜻이다.

5   후자오량, 김태성 옮김,《중국의 문화지리를 읽는다》, 휴머니스트, 2005, 377쪽.

6   왕하이팅, 차혜정 옮김,《넓은 땅 중국인 성격지도》, 새빛에듀넷, 2010, 152쪽.

7   후자오량, 앞의 책, 376쪽.

8   서명수,《산시, 석탄국수》, 나남, 2014, 163쪽.

9   서명수, 앞의 책, 220쪽.

10   같은 책, 193쪽.

5   [鄂] 후베이성(湖北省): 중국의 배꼽, 병가필쟁지지(兵家必爭之地)

1   오늘날 둥팅호는 토사의 유입과 농지 개간으로 면적이 줄어들어 중국에서 두 번째로
큰 담수호(면적 2820제곱킬로미터)이고, 제일 큰 담수호는 장시성의 포양호(면적 3210제
곱킬로미터)다.

2   이중톈, 심규호 옮김,《독성기》, 에버리치홀딩스, 2010, 459쪽.

3   공원국,《춘추전국이야기》3권, 위즈덤하우스, 2010, 22쪽.

4   공원국, 앞의 책, 80쪽.

5   같은 책, 203쪽.

6   진수, 김원중 옮김,《정사 삼국지: 오서》, 휴머니스트, 2018, 298쪽.

7   나관중, 김구용 옮김,《삼국지연의》4권, 솔, 2007, 85쪽.

8   가와카쓰 요시오, 임대희 옮김,《중국의 역사: 위진남북조》, 혜안, 2004, 240쪽.

9   쉬훙씽·야오룽타오, 이진영 옮김,《천추흥망: 송나라》, 따뜻한손, 2010, 389쪽.

10   http://www.lawandp.com/view/20140318092059372

11   장밍, 허유영 옮김,《신해혁명》, 한얼미디어, 2011, 42쪽.

12   장민, 앞의 책, 66쪽.

13 팡팡, 문현선 옮김,《행위예술》, 비채, 2008, 394쪽.

14 팡팡, 김영철 옮김, 〈풍경〉,《중국 현대 신사실주의 대표작가 소설선》, 책이있는마을, 2001, 64쪽.

15 사마천, 김원중 옮김,《사기열전》 2권, 민음사, 2007, 588쪽.

16 이중톈, 앞의 책, 470쪽.

17 츠리, 김영철 옮김, 〈번뇌 인생〉,《중국 현대 신사실주의 대표작가 소설선》, 책이있는 마을, 2001, 457~458쪽.

18 이중톈, 앞의 책, 471쪽.

19 같은 책, 484쪽.

20 팡팡, 앞의 책, 90쪽.

21 츠리, 앞의 책, 447쪽.

22 같은 책, 514쪽.

23 팡팡, 앞의 책, 85쪽.

24 이중톈, 앞의 책, 480쪽.

25 같은 책, 488쪽.

26 같은 책, 494쪽.

27 왕하이팅, 차혜정 옮김,《넓은 땅 중국인 성격지도》, 새빛에듀넷, 2010, 322쪽.

28 천관런, 강효백·이해원 옮김,《중국 각지 상인》, 한길사, 2004, 370~371쪽.

6 [苏] 장쑤성(江蘇省): 창장은 남북을 가른다

1 사마천, 신동준 옮김,《완역 사기 열전》 2권, 위즈덤하우스, 2015, 962쪽.

2 박한제,《제국으로 가는 긴 여정》, 사계절, 2003, 273쪽.

3 박한제, 앞의 책, 273쪽.

4 최부, 김찬순 옮김,《표해록: 조선 선비, 중국을 표류하다》, 보리, 2006, 221쪽.

5 최부, 앞의 책, 274쪽.

6 같은 책, 276쪽.

7 신경진,《중국도시 이야기: 고찰명》, 문학동네, 2013, 38쪽.

8 왕하이팅, 차혜정 옮김,《넓은 땅 중국인 성격지도》, 새빛에듀넷, 2010, 298쪽.

9 http://www.hani.co.kr/arti/international/china/380842.html

10 http://www.nocutnews.co.kr/news/1166001#csidx6bcf80cbfc6e56abb9c9c50b
5cb15b8

7 [浙] 저장성(浙江省): 오월쟁패(吳越爭霸)의 무대, 중국의 살림 밑천

1 진수, 김원중 옮김, 《정사 삼국지: 오서》, 휴머니스트, 2018, 56~57쪽.

2 쉬훙씽·야오룽타오, 이진영 옮김, 《천추흥망: 송나라》, 따뜻한손, 2010, 382쪽.

3 왕하이팅, 차혜정 옮김, 《넓은 땅 중국인 성격지도》, 새빛에듀넷, 2010, 305~307쪽.

4 LG 경제연구원, 《LG 瞭望中国》, 2014년 9월, 54호, 58쪽.

5 http://www.hani.co.kr/arti/international/globaleconomy/680290.html

6 LG 경제연구원, 《LG 瞭望中国》, 2014년 5월, 52호, 4쪽.

7 http://www.ajunews.com/view/20141223090802162

8 오광진, 《중국 경제를 움직이는 6가지 코드》, 서해문집, 2012, 298쪽.

9 LG 경제연구원, 《LG 瞭望中国》, 2013년 5월, 46호, 13~16쪽.

10 유교문화연구소, 《맹자》, 성균관대학교출판부, 2006, 101~104쪽.

11 위화, 김태성 옮김, 《사람의 목소리는 빛보다 멀리 간다》, 문학동네, 2012, 165쪽.

12 위화, 앞의 책, 169~170쪽.

13 http://news.joins.com/article/12567357

8 [皖] 안후이성(安徽省): 강남의 머리, 중원의 목구멍

1 량치차오, 박희성·문세나 옮김, 《리훙장 평전》, 프리스마, 2013, 188쪽.

2 량치차오, 앞의 책, 189쪽.

3 천구이디·우춘타오, 박영철 옮김, 《중국 농민 르포》, 길, 2014, 146쪽.

4 천구이디·우춘타오, 앞의 책, 37쪽.

5 같은 책, 224쪽.

6 같은 책, 225쪽.

 주

7   같은 책, 248쪽.

8   같은 책, 475쪽.

9   [冀] 허베이성(河北省): 800년 수도권, 중원과 북방의 접점

1   서인범,《연행사의 길을 가다》, 한길사, 2014, 357쪽.

2   사마천, 신동준 옮김,《완역 사기 열전》1권, 위즈덤하우스, 2015, 667쪽.

3   공원국,《춘추전국이야기》8권, 위즈덤하우스, 2015, 134쪽.

4   사마천, 김원중 옮김,《사기열전》1권, 민음사, 2007, 651쪽, 윤색.

5   사마광, 신동준 옮김,《자치통감 삼국지》상권, 살림, 2004, 198쪽.

6   박지원, 김혈조 옮김,《열하일기》1권, 돌베개, 2009, 330쪽.

7   웨난·진취엔, 심규호·유소영 옮김,《열하의 피서산장》1권, 일빛, 2005, 76쪽.

8   웨난·진취엔, 앞의 책, 34쪽.

9   웨난·진취엔, 심규호·유소영 옮김,《열하의 피서산장》2권, 일빛, 2005, 325~326쪽.

10 웨난·진취엔, 앞의 책, 71쪽.

11 티에닝, 김태성 옮김,《목욕하는 여인들》, 실천문학사, 2008, 15쪽.

12 첸강, 장성철·장용화 옮김,《지진, 한가운데 선 사람들》, 시니북스, 2005, 85쪽.

13 첸강, 앞의 책, 368쪽.

14 같은 책, 305~306쪽.

15 http://gosiga.cafe24.com/bbs/zboard.php?id=22&page=1&sn1=&divpage=1&s
n=off&ss=on&sc=on&select_arrange=headnum&desc=asc&no=71&PHPSESSI
D=8c207e4f1f92b15225f0d59e21967765

10   [京] 베이징(北京): 오랑캐의 수도, 천하의 중심이 되다

1   박지원, 김혈조 옮김,《열하일기》3권, 돌베개, 2009, 254쪽.

2   주융, 김양수 옮김,《베이징을 걷다》, 미래인, 2008, 137쪽.

3   주융, 앞의 책, 147쪽.

4   이중톈, 심규호 옮김,《독성기》, 에버리치홀딩스, 2010, 310쪽.

5   주융, 앞의 책, 6쪽.

6   천관런, 강효백·이해원 옮김,《중국 각지 상인》, 한길사, 2004, 106쪽.

7   위화, 김태성 옮김,《사람의 목소리는 빛보다 멀리 간다》, 문학동네, 2012, 13쪽.

8   박만원,《5억 네티즌, 중국의 본심을 말하다》, 매일경제신문사, 2012, 278쪽.

11   [津] 톈진(天津): 천자의 나루터, 베이징의 항구

1   삼촌이 조카의 왕위를 빼앗은 점에서, 영락제와 건문제의 관계는 세조와 단종의 관계와 같다. 실제로 1402년 영락제가 즉위한 지 불과 50여 년 뒤인 1455년 수양대군은 단종을 퇴위시키고 세조가 되었다.

2   데라다 다카노부, 서인범·송정수 옮김,《중국의 역사: 대명제국》, 혜안, 2006, 74~75쪽.

3   문정진 외,《중국 근대의 풍경》, 그린비, 2008, 52~53쪽.

4   문정진 외, 앞의 책, 236쪽.

5   같은 책, 318쪽.

6   같은 책, 333쪽.

7   같은 책, 333쪽.

8   LG 경제연구원,《LG 瞭望中国》, 2014년 5월, 52호, 62쪽.

9   모방푸, 전경아 옮김,《지도로 읽는다! 중국 도감》, 이다미디어, 2016, 26쪽.

10   http://news.joins.com/article/18497951

11   http://www.bbc.com/news/av/world-asia-china-37046940/tianjin-firefighter-the-blast-that-killed-my-team

12   http://www.hani.co.kr/arti/international/china/723483.html

12   [川] 쓰촨성(四川省): 험한 고산준령, 풍요로운 천부지국

1   이중톈, 심규호 옮김,《독성기》, 에버리치홀딩스, 2010, 386~387쪽.

2   황젠화, 이해원 옮김,《삼성퇴의 황금가면》, 일빛, 2002, 13쪽.

주 註

3   웨난, 심규호 옮김,《삼성퇴의 청동문명》2권, 일빛, 2006, 270~271쪽.

4   웨난, 앞의 책, 74쪽.

5   같은 책, 75~76쪽.

6   진수, 김원중 옮김,《정사 삼국지 : 위서》2권, 휴머니스트, 2018, 524쪽.

7   멍레이 외, 고상희 옮김,《1942 대기근》, 글항아리, 2013, 35쪽.

8   벤저민 양, 권기대 옮김,《덩샤오핑 평전》, 황금가지, 2004, 329쪽.

9   벤저민 양, 앞의 책, 7쪽.

10 같은 책, 219쪽.

11 같은 책, 397쪽.

12 같은 책, 319쪽.

13 같은 책, 370쪽.

14 같은 책, 367쪽.

15 같은 책, 56쪽.

16 이중톈, 앞의 책, 425쪽.

17 LG 경제연구원,《LG 瞭望中国》, 2014년 9월, 54호, 60쪽.

13 [渝] 충칭(重慶): 화끈한 파의 땅, 서부 제일의 메트로폴리스

1   https://ko.wikipedia.org/wiki/충칭_시

2   왕하이팅, 차혜정 옮김,《넓은 땅 중국인 성격지도》, 새빛에듀넷, 2010, 190쪽.

3   http://www.cine21.com/news/view/?mag_id=42355

4   http://www.epochtimes.com/b5/7/3/23/n1655272.htm

5   오광진,《중국 경제를 움직이는 6가지 코드》, 서해문집, 2012, 21쪽.

6   우샹후이, 허유영 옮김,《배낭에 담아 온 중국》, 흐름출판, 2012, 199쪽.

7   LG 경제연구원,《LG 瞭望中国》, 2011년 7월, 35호, 30쪽.

8   피터 헤슬러, '다시 찾은 강변 도시 푸링', 〈내셔널 지오그래픽〉, 와이비엠, 2013년 3
    월, 84쪽.

9   아주뉴스코퍼레이션,《걸어서 삼국지 기행》, 형설Life, 2012, 329쪽.

14 [湘] 후난성(湖南省): 중국의 스파르타, 중국의 프로이센

1 샤오위, 강성희 옮김, 《마오의 무전 여행》, 프리미어프레스, 2007, 180쪽.

2 http://terms.naver.com/entry.nhn?docId=1666420&cid=41748&category Id=41752

3 말라리아(Malaria)라는 말도 '나쁜(mal) 공기(aria) 때문에 생기는 병'이라는 뜻이다.

4 진수, 김원중 옮김, 《정사 삼국지: 오서》, 휴머니스트, 2018, 303쪽.

5 선충원, 이권홍 옮김, 《자연의 아들》, 학고방, 2008, 13~14쪽.

6 서명수, 《후난, 마오로드》, 나남, 2015, 312쪽.

7 선충원, 앞의 책, 14쪽.

8 후자오량, 김태성 옮김, 《중국의 문화지리를 읽는다》, 휴머니스트, 2005, 293쪽.

9 후자오량, 앞의 책, 293쪽.

10 신경진, 《중국도시 이야기: 고찰명》, 문학동네, 2013, 123쪽.

11 천관런, 강효백·이해원 옮김, 《중국 각지 상인》, 한길사, 2004, 235쪽.

12 샤오위, 앞의 책, 109쪽.

13 마크 젠킨스, '차마고도', 〈내셔널 지오그래픽〉, 와이비엠, 2010년 5월, 12쪽.

14 http://kr.people.com.cn/7598350.html

15 http://www.cine21.com/news/view/?mag_id=42356

15 [粵] 광둥성(廣東省): 우링산맥 밖의 남월, 변혁의 땅이 되다

1 이중톈, 심규호 옮김, 《독성기》, 에버리치홀딩스, 2010, 303쪽.

2 사마천, 신동준 옮김, 《사기 열전》 2권, 위즈덤하우스, 2015, 961쪽.

3 같은 책, 497쪽.

4 유인선, 《(새로 쓴) 베트남의 역사》, 이산, 2002, 35~37쪽.

5 후루타 쇼킨·다나카 료쇼, 《혜능》, 현음사, 1993, 66~67쪽.

6 채지충, 홍순도 옮김, 《채지충의 불교 경전 이야기》, 김영사, 2010, 266~269쪽.

7 http://www.hani.co.kr/arti/economy/it/515904.html

8 https://en.wikipedia.org/wiki/Foxconn_suicides

주

9 http://maps.clb.org.hk/strikes/en

10 http://www.ohmynews.com/NWS_Web/view/at_pg.aspx?CNTN_CD=
A0000950703

11 http://www.g-enews.com/view.php?ud=201402231048030088515_1

16 [桂] 광시좡족자치구(廣西壯族自治區): 천하제일의 산수, 동남아로 가는 길

1 진수, 김원중 옮김,《정사 삼국지: 오서》, 휴머니스트, 2018, 267쪽.

2 진수, 앞의 책, 267쪽.

3 같은 책, 268쪽.

4 같은 책, 157쪽.

5 유인선,《베트남과 그 이웃 중국》, 창비, 2012, 63쪽.

6 진수, 앞의 책, 508쪽.

7 《성서》,〈이사야서〉, 1장 5~7절. 조너선 D. 스펜스, 양희웅 옮김,《신의 아들: 홍수전
과 태평천국》, 이산, 2006, 108쪽.

8 조너선 D. 스펜스, 앞의 책, 148쪽.

9 같은 책, 259쪽.

10 신경진,《중국도시 이야기: 고찰명》, 문학동네, 2013, 174쪽.

11 김선자,《중국 소수민족 신화기행》, 안티쿠스, 2010, 436~437쪽.

12 김선자, 앞의 책, 437쪽.

13 김인희,《흰바지야오족 사회와 신앙》, 경인문화사, 2004, 17쪽.

14 손호철,《레드 로드》, 이매진, 2008, 107쪽.

15 유인선, 앞의 책, 331쪽.

17 [甘] 간쑤성(甘肅省): 사막의 오아시스, 대륙의 복도 허시주랑

1 진기환 역해,《정선 당시 절구》, 명문당, 2015, 88쪽, 윤색.

2 진기환 역해, 앞의 책, 142쪽, 윤색.

3   가오홍레이, 김선자 옮김,《절반의 중국사》, 메디치미디어, 2017, 963~964쪽.

4   백양, 김영수 옮김,《백양 중국사》, 역사의아침, 2014, 82쪽.

5   진수, 김원중 옮김,《정사 삼국지: 위서》1권, 휴머니스트, 2018, 256쪽.

6   진수, 김원중 옮김,《정사 삼국지: 촉서》, 휴머니스트, 2018, 151쪽.

7   진수, 앞의 책, 151쪽.

8   카노 나오사다 외, 강미혜 옮김,《천하의 모험가》, 솔, 2002, 273쪽.

9   첸원중, 임홍빈 옮김,《현장 서유기》, 에버리치홀딩스, 2010, 120~121쪽.

10   첸원중, 앞의 책, 127쪽.

11   같은 책, 129쪽.

12   같은 책, 569쪽.

13   박한제,《제국으로 가는 긴 여정》, 사계절, 2003, 169쪽.

14   발레리 한센,《실크로드 — 7개의 도시》, 소와당, 2015, 289쪽.

15   나가사와 카즈토시, 민병훈 옮김,《돈황의 역사와 문화》, 사계절, 2010, 179쪽.

16   나가사와 카즈토시, 앞의 책, 180쪽.

17   같은 책, 180쪽.

18   http://news.joins.com/article/11735785

19   LG 경제연구원,《LG 瞭望中国》, 2014년 3월, 53411호, 34쪽.

주 註

한 글자 중국: 중국의 탄생

한 지역 한 글자만 알면 중국이 보인다

지은이 | 김용한

1판 1쇄 발행일 2018년 10월 29일

발행인 | 김학원
편집주간 | 김민기 황서현
기획 | 문성환 박상경 임은선 김보희 최윤영 전두현 최인영 이보람 정민애 임재희 이문경 이효온
디자인 | 김태형 유주현 구현석 박인규 한예슬
마케팅 | 이한주 김창규 김한밀 윤민영 김규빈 송희진
저자·독자서비스 | 조다영 윤경희 이현주 이령은(humanist@humanistbooks.com)
조판 | 홍영사
스캔·출력 | 이희수 com.
용지 | 화인페이퍼
인쇄 | 청아문화사
제본 | 정민제본

발행처 | (주) 휴머니스트 출판그룹
출판등록 | 제313-2007-000007호(2007년 1월 5일)
주소 | (03991) 서울시 마포구 동교로23길 76(연남동)
전화 | 02-335-4422 팩스 | 02-334-3427
홈페이지 | www.humanistbooks.com

ⓒ 김용한, 2018

ISBN 979-11-6080-169-9   04910
ISBN 979-11-6080-168-2   (세트)

* 이 도서의 국립중앙도서관 출판시도서목록(CIP)은 e-CIP홈페이지(http://www.nl.go.kr/ecip)와
  국가자료공동목록시스템(http://www.nl.go.kr/kolisnet)에서 이용하실 수 있습니다.
  (CIP제어번호: CIP2018032583)

만든 사람들
편집주간 | 황서현
기획 | 박상경(psk2001@humanistbooks.com) 전두현 이효온
편집 | 임미영
디자인 | 민진기디자인

* 이 도서는 한국출판문화산업진흥원 2018년 우수출판콘텐츠 제작 지원 사업 선정작입니다.